MINERVA
はじめて学ぶ
保育

名須川知子/大方美香
[監修]

保育原理

戸江茂博
[編著]

ミネルヴァ書房

監修者のことば

　本シリーズは、保育者を志す人たちが保育を学ぶときにはじめて手に取ることを想定したテキストになります。保育や幼児教育、その関連領域に関わる新進気鋭の研究者や実践者の参画を得て、このテキストはつくられました。

　2015年に「子ども・子育て支援新制度」がスタートし、2018年には新しい「保育所保育指針」「幼稚園教育要領」「幼保連携型認定こども園教育・保育要領」が施行されました。新「保育所保育指針」においては0～2歳児の保育の充実や、保育所における幼児教育の重要性が提示され、新「幼稚園教育要領」では、3歳児からの教育の充実、新「幼保連携型認定こども園教育・保育要領」では、0歳児からの3つの視点と、3歳児からの5つの領域の連続性が示されています。また、新指針・要領共通で、小学校からの学びの基盤としての「幼児期の終わりまでに育ってほしい姿」が10項目の形で提示されました。

　つまり、これから保育者を目指す人たちは、今後は保育所・幼稚園・認定こども園が共通の枠組みで、高い専門性をもって、子どもの健やかな育ちや豊かな学びを支えていく時代となる、ということを理解しておかなくてはなりません。

　また、新指針・要領においては、保育における全体的な計画の作成や評価のあり方、また、小学校への接続についても充実を図る必要性が示されました。保育者は、乳幼児の自発的な遊びのなかでの学びをとらえ、一人ひとりの子どもの成長発達に合わせて、小学校へつなぎ支えていく役割であることが、ますます求められています。

　保育をめぐる現在の動向は日々変化しており、まさに激動の時期といえます。最新の動向を常に学ぼうという姿勢が、これからの保育者にはますます必要となるでしょう。そこで本シリーズでは、保育者が知っておくべき最新の動向については豊富に、これから学ぼうとする人にもわかりやすく解説しています。一方で、昔から変わらず重要とされている基礎的な事項についても押さえられるように配慮してあります。また、テキストを読んだあとで、さらに学習を進めたい人のための参考図書も掲載しています。

　みなさんが卒業し、実際に保育者になってからも、迷いがあったときや学びの振り返りとして、このテキストを手元において読まれることを期待しています。

2019年5月

名須川知子
大方　美香

はじめに

　保育および保育実践に関連する多様な分野があるなかで、「原理」という名称がついているのは、「保育原理」と「教育原理」のみです。「原理」というと、なにか難しそうな感じがするのですが、基礎的なこと、基本的なこと、という意味合いで理解していただければよいかと思います。「教育原理」と「保育原理」は、ともに保育者養成における「保育の本質・目的に関する科目」に位置付けられており、「教育原理」は教育の基礎や基本原則について、「保育原理」は保育の基礎や基本原則について学ぶ科目です。

　「保育原理」では、具体的には次の4つの柱を中心に、学びを進めていきます。一つは、保育とは一体何だろうか、保育はなぜ、何のために行われているのか、といったことについて考えます。保育の本質や意義や目的について考えていくのです。次に、保育所など、保育が行われている場をイメージしながら、保育をどのように進めていけばよいかについて考えます。また、保育を支えている制度について考えます。そしてさらには、よりよい保育を進めていくための原理を探るために、保育の思想や諸外国の保育の姿を学びます。

　本書は、2年ほど前に上梓するはずのものでした。ところが、およそ2年前の3月に「保育所保育指針」「幼稚園教育要領」「幼保連携型認定こども園教育・保育要領」の改定（訂）版が公布されたのです。もちろん、その半年くらい前には、改定（訂）は予感されていましたので、そのころに本書の監修者、編者、執筆者合意のもとに、本書の刊行を遅らせることを決めたのです。

　「保育所保育指針」「幼稚園教育要領」「幼保連携型認定こども園教育・保育要領」は、保育所、幼稚園、認定こども園における教育・保育のガイドラインです。そこには、保育所、幼稚園、認定こども園における教育・保育の見方、考え方、また子ども観が通底しています。それらを理解し、踏まえることなしに、保育所や幼稚園の保育の原理を語ることはできないのです。したがって本書は、改定（訂）された「保育所保育指針」「幼稚園教育要領」「幼保連携型認定こども園教育・保育要領」において重視されている教育・保育の見方、考え方、子ども観などを十分に取り込んだ記述内容となっています。

　本書はおもに、保育士資格や幼稚園教員免許を取得しようとする方の、学びの過程で使用されるテキストを目指して編集してきましたが、執筆者一同、保育所や幼稚園における教育・保育のあり方や姿をイメージしながら記述を進めてきましたので、保育所や幼稚園の教育・保育入門というような意味合いももち合わせています。資格や免許の取得を目指して専門的に学ぼうとしている方だけではなく、保育所や幼稚園について知りたいと思っている方にもおすすめできるものと考えています。できるだけ多くの方が本書を手に取ってくださることを願ってやみません。

2019年5月

戸江　茂博

目次

はじめに

第1章 保育の意義

レッスン1	保育とは	2

①保育とは…2 ②保育の理念…8

レッスン2	保育の社会的意義	15

①家庭保育…15 ②施設保育…17 ③保育の社会的役割や機能…21 ④保護者との協働…23

レッスン3	現代社会における子育てと保育	30

①子育て新時代…30 ②保育の現代的な課題…36

第2章 保育の基本

レッスン4	子ども理解	50

①保育における子どもの理解…50 ②子ども理解を深める方法…55 ③子ども理解に基づいた評価…56

レッスン5	子どもの発達に応じた保育	59

①「保育所保育指針」の改定と子どもの発達…59 ②子どもの発達の特徴や保育上の配慮…67

レッスン6	環境をとおして行う保育	73

①保育と環境…73 ②環境をとおしての保育…76 ③環境構成の実際(ケーススタディ)…81

レッスン7	保育者の倫理と役割	84

①保育士という資格…84 ②保育者の倫理…87 ③保育者の役割…93

レッスン8	保育制度の基本	98

①保育制度の基本を学ぶということ…98 ②保育制度が整うまで…98 ③幼稚園と保育所という2つの保育制度…101 ④認定こども園制度…105 ⑤子ども・子育て支援新制度…108

第3章　保育の内容と方法

- **レッスン 9　保育の目的、目標、ねらい**　　　　　　　　　　　　　　　　　　114
  - ①保育の目的と目標…114　②保育の構造と保育の「ねらい及び内容」…120
- **レッスン10　保育の内容：生活と遊びと学び**　　　　　　　　　　　　　　　126
  - ①保育における保育内容の考え方…126　②保育における「内容」とは…128　③保育の連続性と総合性…131　④「保育所保育指針」の改定と保育内容…132　⑤遊びをとおした総合的な保育…136
- **レッスン11　保育の計画と評価：全体的な計画・指導計画**　　　　　　　　　145
  - ①保育の計画とは…145　②保育の計画の種類…146　③指導計画の作成…149　④先の見通しを考えてみる…152　⑤保育の振り返りと評価：保育の質の向上のために…154
- **レッスン12　保育の方法**　　　　　　　　　　　　　　　　　　　　　　　158
  - ①「保育の方法」とは何か…158　②「保育の方法」を考えてみる…159　③「保育所保育指針」に示される「保育の方法」…161　④「幼稚園教育要領」に示される「保育の方法」…164　⑤育てていきたいことと「保育の方法」…166

第4章　保育の歴史的変遷と思想

- **レッスン13　外国の保育思想**　　　　　　　　　　　　　　　　　　　　　172
  - ①ヨーロッパで保育に関して影響を与えた思想…172　②ヨーロッパにおける保育の草創期…176　③欧米における保育実践の取り組み…182
- **レッスン14　特徴のある海外の教育**　　　　　　　　　　　　　　　　　　189
  - ①モンテッソーリ・メソッド…189　②シュタイナー教育…191　③コダーイ・メソッド…193　④フレネ教育…194　⑤「森の幼稚園」活動…195　⑥レッジョ・エミリア・アプローチ…196
- **レッスン15　わが国の保育の歴史**　　　　　　　　　　　　　　　　　　　202
  - ①わが国における集団保育の始まり…202　②保育内容の整備と改良…206　③戦中の保育…209　④戦後の保育…210　⑤現代の保育…212

さくいん…217

●　この科目の学習目標　●

「指定保育士養成施設の指定及び運営の基準について」（平成15年12月9日付け雇児発第1209001号、最新改正子発0427第3号）において5つの目標が明示されている。①保育の意義及び目的について理解する。②保育に関する法令及び制度を理解する。③保育所保育指針における保育の基本について理解する。④保育の思想と歴史的変遷について理解する。⑤保育の現状と課題について理解する。本書も、これらの目標を達成するように、内容を考えている。

第1章

保育の意義

本章では、「保育」とは誰のためにあるのか、何のためにあるのかについて学んでいきます。まずは保育という言葉の意味について知り、その後に保育の社会的な意義や、現代的な背景について、理解していきましょう。

レッスン1　保育とは
レッスン2　保育の社会的意義
レッスン3　現代社会における子育てと保育

レッスン 1

保育とは

このレッスンでは、保育とはどのような営みなのかを、保育所や幼稚園における保育のあり方をイメージしながら考えていきます。「保育」という言葉は、いつから使われるようになり、今、どのような意義をもつのでしょうか。「保育」の意味を確かなものとすることは、これからの学びのための重要な出発点となります。

1. 保育とは

1 育児・子育てと保育

「保育」とは、子どものいのちを守り、輝かせることです。生まれた子どものいのちを守り、養う行為は、私たち人類がこの地球上に誕生して以来、長い間続けてきた営みです。そして、それは育児や子育てとして、家族の、社会の、そして人類の存続に関わる、不可欠で普遍的な営為として行われてきました。保育、教育の営みが継続されなければ、人類はとうの昔に滅びてしまっています。ドイツの哲学者カント（Kant, I.）は、「人間は教育によってはじめて人間になることができる。人間とは、教育が人間から作り出したものにほかならない。ここで注意すべきことは、人間はただ人間によってのみ教育されることということ、しかも、同じように教育された人間によってのみ教育される[†1]」と述べました。まさに、先の世代による、後の世代に対する子育て、教育の営為が人類を存続させてきたのです。

　子どもが一人前になるように世話をし、養育していくことを、通常「育児」や「子育て」といいます。「育児」は、哺乳や身の回りの世話を中心に、子どもをかわいがり、育み、養うことです。個々の親による、家庭での乳幼児期の子どもに対する世話や養いを意味しています。親や家族による、やや私的なニュアンスをもって使われる言葉といってよいでしょう。「子育て」もほぼ同じような意味で使われますが、「子育て」は、乳幼児期から児童期に至るまでの、やや長い期間の子どもの養い、育みをイメージさせると同時に、親や家族だけではなく、まわりの皆で子どもを養い、育んでいくような意味合いも含んでいます。

　これに対して、「保育」は、「育児」や「子育て」の意味ももちながら、特に保育所や幼稚園などの施設で、幼い子どもの発達に配慮しなが

▶出典
†1　カント／三井善止訳『人間学・教育学』玉川大学出版部、1986年、318頁

ら、計画的に行われる養い、育みを意味します。したがって、社会的な意義を含蓄(がんちく)した言い方ですが、「保育」という言葉が社会のなかで受け入れられていくにしたがって、さらに広義に用いられるようになりました。家庭における「育児」と同じような意味合いで、「家庭保育」という言い方をするときもあります。

先に述べたように、育児や子育てなくして私たち人間の社会は成立・発展しません。育児、子育て、そして保育は、人間社会の構築に欠かせないものなのです。そして、乳幼児を社会的に養い、育む「保育」という営みを、責任をもって行うのが、保育者です。保育者は、人間的な社会の構築に大いに関与しているのです。

2 保育の概念

保育とは、子どものいのちを守り、輝かせることと述べましたが、保育の意味や概念をもっとくわしくみていきましょう。

「保育」という言葉がわが国ではじめて用いられたのは、1876（明治9）年、東京女子師範学校（女子教師を養成する学校）に幼稚園が附設されたときです。わが国最初の幼稚園となった東京女子師範学校附属幼稚園の規則には、第7条に次のような文言がみられます。「園中ニ在テハ保姆小児保育ノ責ニ任ス故ニ付添人ヲ要セス」（下線は筆者）。これが、「保育」という言葉が使われた最初といわれています。「保姆(ほぼ)」が行う育児や子育てという意味で、「保育」といわれたのでしょう。こののち、1879（明治12）年の「教育令」において、「各地方ニ於テハ学齢以下ノ幼児ヲ保育センガ為ニ幼稚園ヲ設クルコトアルベシ」とされ、さらに、「保育課程」や「保育法」という言い回しが文部省（現・文部科学省）による通達や通知で使われるに及んで、「保育」は、幼稚園における教育を意味する言葉として、公用語として使われ、定着していきました。

そして、戦後になっても、「保育」という言葉は、新たな意味づけをされて、幼稚園における教育を表す言葉として用いられました。新たな意味づけとは、次のようなことです。「保育という文字がそのまま残っているのは保護育成の略と考え、外からの保護と内からの発達を助けることが一体となっていることが幼児教育の特徴と考えたからである[2]」。これは、戦後の教育改革期において幼稚園制度の策定に関わった、当時の文部省青少年課長、坂元彦太郎による説明です。すなわち、戦後、幼稚園は、小学校と並んで文部省が管轄する学校教育の一部に含められたのですが、学校「教育」であるにもかかわらず、幼稚園に関しては「保

▶出典
[2] 坂元彦太郎『楽園の再興』フレーベル館、1960年、59-60頁

育」という言葉を使うことになった理由がここに述べられているのです。

ここに明言されているように、「保育」を「保護育成」の略として考え、保護しながらの育成を幼稚園教育の特性としたのです。保護しながらの育成、守りながらの教育とは、確かに、小学校以降の教育のあり方とは一線を画するものといえます。

一方で、明治時代の半ばから、就労中の保護者のための託児所や保育所が設けられるようになったのですが、ここでも、子どもを長時間預かり、生活習慣を育み、育ちを支援するという特性から「保育」という言葉が用いられ、その後、厚生省（現・厚生労働省）の管轄になり、現在に至るまでずっと「保育」という言葉が使われています。したがって、文部科学省、厚生労働省と管轄は異なりますが、幼稚園も保育所も同じ「保育」という言葉を使うことになったのです。

さて、上述の坂元彦太郎は、保育を保護育成の略として考えようとしたのですが、これは後から理由づけた説明かと思われます。保育とは、東京女子師範学校附属幼稚園の規則にあるように、「保姆が行う育児や子育て」に由来する言葉であると考えるほうが自然ではないでしょうか。そうなりますと、「保姆」にも「保育」にも含まれている「保」というのが、保育の本質を提示しているのではないかと考えられます。

「保」の語源や語義をみてみましょう。『字源』（角川書店）によると、「保」は、「たもつ、そだてやしなふ、まもる、つきそひ、やすんず」という意味をもちます。「保」には、「育て養う」「守る」「付き添う」という意味が含まれていることに注目しましょう。また、「保」はもともと象形文字であり、甲骨文字では図表1－1のAであり、金文文字（中国殷・周時代の、青銅器の表面に鋳込まれた文字）では図表1－1のBでした。すなわち、「おさな子をおんぶしているさま」なのです。

これをくわしく説明すると、「保」とは「傍らにあること」、すなわち、

図表1－1「保」の語源

A：甲骨文字の「保」　　　B：金文文字の「保」

そばにいること、ともにいることを意味することとなります。「保」とは、子どものそばにいて、そのいのちを守り、養うことなのです。

ボルノーは『実存哲学と教育学』において、「とりわけ特別なこともせずに、教育者が理解にみちてかたわらにあることだけで、かれのなしうる最上のことを果たしていることがある†3」と述べるように、「傍らにあること」は、教育的に深い意味をもっています。同時に、「傍らにあること」によって、「保育」が、相手に寄り添い世話をするケアリングの意味合いをもつことも明らかになります。『ケアの本質』を著したメイヤロフは、「ケアの相手が成長するのをたすけることとしてのケアの中で、私はケアする対象を、私自身の延長のように身に感じとる†4」といいます。相手を自分の一部として感じたり、相手とともにあり、合一しているように感じるケアリングの気分が醸成されるのです。保育者が、いつも子どもの傍らにいて、寄り添って、子どものことを十分に理解しながら世話をすることによって、子どものいのちの養いをすることが「保育」なのです。

きわめて独特なことですが、保育の分野においては、保育者が常に子どもの傍らにいるという本質的な働きが、保育の目標や、ねらい及び内容にまで示されています。「就学前の子どもに関する教育、保育等の総合的な提供の推進に関する法律（認定こども園法）」「幼保連携型認定こども園教育・保育要領」から例をあげましょう（太字は筆者）。

▶ 出典
†3 ボルノー, O. F.／峰島旭雄訳『実存哲学と教育学』理想社、1966年、57-58頁

▶ 出典
†4 メイヤロフ, M.／田村真・向野宣之訳『ケアの本質――生きることの意味』ゆみる出版、2005年、18頁

○「認定こども園法」第9条第6号
　快適な生活環境の実現及び子どもと**保育教諭**その他の職員との信頼関係の構築を通じて、心身の健康の確保及び増進を図ること。
○「幼保連携型認定こども園教育・保育要領」第3（満3歳以上児）の健康領域の内容
　保育教諭等や友達と触れ合い、安定感をもって行動する。

このことからも、傍らにいるという保育の深い意味を十分に感じ取ることができます。

3　教育の概念

なお、ここで「保育」に類似した言葉として用いられる「教育」の概念について、改めて考えてみましょう。教育とは、一般に、発達の援助といえます。人間の生涯全体に関して、人間らしい成長や発達を図って

いくことです。そして、特に乳幼児に関している場合に「保育」ということが多いので、乳幼児期の「教育」とは「保育」である、ということになります。「保育」は英語でいうと、Early Childhood Care and Educationとなり、ケアを含むがゆえに「保育」となるのですが、人間の生涯の時期によって、便宜的に「教育」と「保育」を使い分けているにすぎないのです。「教育」と「保育」の意味に本質的な違いはありません。

　このことは、「教育」の語義からみてもいえることです。「教育」は、「おしえ、そだてる」ことですが、「おしえる」は古語の「をしふ」から来ており、「をしふ」はさらに「をし」を起源としています。「をし」は「愛（ヲシ）ムト通ズ」（『大言海』［冨山房］）といわれるように、子どもを愛する、子どものいのちを惜しむ、というのが原義なのです。また、「そだてる」（そだつ）は、「巣立つるヨリ移ル。養む（はぐくむ）モ、羽裏む（はぐくむ）ナリ」（『大言海』）とあるように、親元から巣立って一人前になること＝巣立つ（自動詞）、やしなう、はぐくむ（他動詞）が原義なのです。一説に、「そだつ」は「添え立つ」から来ているともいわれますが、この場合、そばにいて寄り添う、という「保育」の意味合いに近いものが感じられます。

　漢字の「教育」の語義に迫りましょう。「教」は古語では「敎」であり、左側の上部「爻」は「まじわる、ならう」という意味ですが、もともと卦（か）（易で算木に現れる形象。天地の変化を表し吉凶を判断するもの）の基本記号であり、「天と地が交差する狭間（境界）にあって天の声を聞き、道を告げる[5]」という意味をもつとされています。また、「育」は、「女性の体の下部から頭を下にした子供が出てくる状態[6]」を表している象形文字です（図表1-2）。

　以上のような語源や語義の考察から、「教育」も「保育」と同じように、子どものいのちの養いや育みを原義としていることがわかりま

▶ 出典

[5]　寺崎弘昭・周禅鴻『教育の古層——生を養う』かわさき市民アカデミー出版部、2006年、25頁

[6]　阿辻哲次『漢字の字源』講談社現代新書、1994年、136頁

図表1-2 象形文字の「育」

す。このことは、外国語の「教育」の原義からもみてとることができます。英語のeducationはラテン語のeducareから由来していますが、educareは、導くとか教え込むといった意味ではなく、今の言葉に直せば、rear、bring up、breedといった「養う」を意味するものだったようです。

「保育」は、子どものそばにいて子どもを理解し、信頼しながら、子どものいのちの養いをすることです。「教育」は、子どものかけがえのないいのちを慈しみ、養い、子どもが世界へと飛翔していくのを助けることです。ニュアンスの違いはあっても、原則として同じ意味をもつものと考えられます。

4 養護と教育

「保育」のあり方、考え方を、施設保育の場をイメージしながら、さらに具体的にみていきましょう。保育所保育のガイドラインを示している「保育所保育指針」には、次のように書かれています。「保育所は、その目的を達成するために、保育に関する専門性を有する職員が、家庭との緊密な連携の下に、子どもの状況や発達過程を踏まえ、保育所における環境を通して、養護及び教育を一体的に行うことを特性としている[7]」。つまり、保育するとは、養護および教育を一体的に行うということなのです。養護とは、子どものいのちを守り、心安らかになるように配慮することです。また、教育とは、子どもの発達の援助です。すなわち、2008（平成20）年版の「保育所保育指針解説書」にあるように、「保育には、子どもの現在のありのままを受け止め、その心の安定を図りながらきめ細かく対応していく養護的側面と、保育士等としての願いや保育の意図を伝えながら子どもの成長・発達を促し、導いていく教育的側面とがあり、この両義性を一体的に展開しながら子どもと共に生きるのが保育の場である[8]」ということです。それでは、養護と教育の一体性とはどういうことなのでしょうか。

2018（平成30）年版の「保育所保育指針解説」では、次のように述べられています。「養護と教育を一体的に展開するということは、保育士等が子どもを一人の人間として尊重し、その命を守り、情緒の安定を図りつつ、乳幼児期にふさわしい経験が積み重ねられていくよう丁寧に援助することを指す。子どもが、自分の存在を受け止めてもらえる保育士等や友達との安定した関係の中で、自ら環境に関わり、興味や関心を広げ、様々な活動や遊びにおいて心を動かされる豊かな体験を重ねることを通して、資質・能力は育まれていく[9]」。このように、養護と教育

▶出典
[7]「保育所保育指針」第1章1（1）「保育所の役割」イ

▶出典
[8]「保育所保育指針解説書」第1章3（1）「保育の目標」2008年

▶出典
[9]「保育所保育指針解説」第1章1（1）イ

は切り離せるものではなく、養護が基礎となって教育が展開されるのです。また、養護的なことが視点を変えれば教育になり、教育的なことも視点を変えれば養護になるともいえます。このように、養護と教育は表裏一体となって保育の全体を構成しているのです。

2. 保育の理念

1 保育の理念と子どもの権利保障

　理念とは、ある物事や事業について、根底にあって、こうあるべきだという理想的、根本的な考えのことをいいます。保育の理念は、すべての子どもの最善の利益を守ることです。常に子どもの最善の利益を考慮することが、あらゆる保育行為の根底に流れていて、同時にそこにあらゆる保育行為が収斂していかなければならないのです。

　保育の理念を明確に示しているのは、「児童福祉法」（1947［昭和22］年成立、2016［平成28］年改正）第1条、第2条です。

> 「全て児童は、児童の権利に関する条約の精神にのつとり、適切に養育されること、その生活を保障されること、愛され、保護されること、その心身の健やかな成長及び発達並びにその自立が図られることその他の福祉を等しく保障される権利を有する。」（「児童福祉法」第1条）
> 「全て国民は、児童が良好な環境において生まれ、かつ、社会のあらゆる分野において、児童の年齢及び発達の程度に応じて、その意見が尊重され、その最善の利益が優先して考慮され、心身ともに健やかに育成されるよう努めなければならない。」（「児童福祉法」第2条第1項）

　子どもの「最善の利益（the best interest）」というのは、1989（平成元）年に国際連合において採択された「**児童の権利に関する条約**」の第3条に定められているものです。保育所は、保育所に入所する子どもにとって、最善の利益を実現していくのに最適の場となることが大切です。「保育所保育指針」の冒頭には、保育所保育の目的として、次のように述べられています。「保育所は、児童福祉法（昭和22年法律第164号）第39条の規定に基づき、保育を必要とする子どもの保育を行い、その健全な心身の発達を図ることを目的とする児童福祉施設であり、入

※用語解説
児童の権利に関する条約
国連が1989年に採択し、翌年発効した児童の権利に関する総合的条約。わが国は、1994年に批准した。

図表1-3　「児童の権利に関する条約」で権利擁護が求められる主な児童の権利

生命に対する固有の権利（第6条）
登録、氏名及び国籍等に関する権利（第7条）
意見を表明する権利（第12条）
表現の自由（第13条）
思想、良心及び宗教の自由（第14条）
結社及び集会の自由（第15条）
多様な情報源からの情報及び資料の利用（第17条）
児童の養育及び発達についての父母の責任と国の援助（第18条）
家庭環境を奪われた児童等に対する保護及び援助（第20条）
心身障害を有する児童に対する特別の養護及び援助（第23条）
健康を享受すること等についての権利（第24条）
社会保障からの給付を受ける権利（第26条）
相当な生活水準についての権利（第27条）
教育についての権利（第28条）
休息、余暇及び文化的生活に関する権利（第31条）
経済的搾取からの保護、有害となるおそれのある労働への従事から保護される権利（第32条）
性的搾取、虐待からの保護（第34条）

所する子どもの最善の利益を考慮し、その福祉を積極的に増進することに最もふさわしい生活の場でなければならない[†10]」。保育所では、子どもの生活や育ちが十分に保障され、愛護されるとともに、人間的成長にとって必要なさまざまな権利が保障されることが大切です。

また、「児童の権利に関する条約」においては、「子どもの最善の利益」を核として、次のような権利擁護が求められています。主に子どもの個人の尊厳、生命や生活環境、社会生活等に関わるものを列挙してみましょう（図表1-3）。

2　子どもの生命・生存、成長の権利

子どもの権利の第一にあげられるのは、生命・生存の権利であり、子どものさまざまな権利のうちで最上位に位置づけられるものです。どんな幼い子どもも、その生命は固有のものであって、誰もそれを侵害することは許されません。子どもが弱者であればあるほど、この権利のもつ意義は大きいといえます。

子どもという存在の尊厳性をはじめて主張したのは、近代スイスの思想家ルソーでした。ルソーは、『社会契約論』（1762年）において、「たとえ各人が自分自身を他人に譲り渡すことができるとしても、自分の子どもまで譲り渡すことはできない。子どもたちは、人間としてまた自

▶出典
†10　「保育所保育指針」第1章1（1）「保育所の役割」ア

由なものとして生まれる。彼らの自由は彼らのものであって、彼ら以外の何びともそれを勝手に処分する権利はもたない[†11]」と述べています。ルソーの思想は、人権革命といわれるフランス革命（1789年）において結実しました。そして、20世紀になって、「（子どもの権利に関する）ジュネーブ宣言」（国際連盟、1924年）、「**児童権利宣言**」（国際連合、1959年）へと受け継がれてきたのです。

「児童権利宣言」は、子どもの人権について謳った最初の本格的な宣言です。その前文では、「児童は、身体的及び精神的に未熟であるため、その出生の前後において、適当な法律上の保護を含めて、特別にこれを守り、かつ、世話することが必要である」と述べられ、さらに第4条では「児童は、健康に発育し、かつ、成長する権利を有する。この目的のため、児童とその母は、出産前後の適当な世話を含む特別の世話及び保護を与えられなければならない。児童は、適当な栄養、住居、レクリエーション及び医療を与えられる権利を有する」と、生存と成長の権利が明確に示されました。

生命・生存と成長の権利は、わが国における児童の権利の宣言として知られる「**児童憲章**＊」においても、人としての尊厳性を前提として、「すべての児童は、心身ともに、健やかにうまれ、育てられ、その生活を保障される」と第1条に明確に示されています。そして、1989年に国際的な取り決めとして採択された「児童の権利に関する条約」においても、子どもの権利の最も根本的なものとして、子どもの権利に関する最初の条文で次のように示されています。

第6条〔生命に対する固有の権利〕
1　締結国は、すべての児童が生命に対する固有の権利を有することを認める。
2　締結国は、児童の生存及び発達を可能な最大限の範囲において確保する。

子どもの生命を脅かす事件や事故が後を絶たず、社会問題化しています。大規模な災害や戦争などにおいて、いのちに関わる被害を最も受けやすいのは子どもです。また、私たちの環境問題や交通問題も子どものいのちを脅かす原因となっています。子どものいのちの尊厳性を核として、このような諸問題の解決を図っていくことが大切です。

▶ **出典**

†11　ルソー，J. J.／桑原武夫・前川貞次郎訳『社会契約論』岩波文庫、1954年、22頁

✤ **補足**

児童権利宣言
「世界人権宣言」に基づき、第14回国連総会で採択された。

✱ **用語解説**

児童憲章
1951年5月5日に制定された、児童のための憲章。

3　保護され愛護される権利

　子どもの生命・生存は、保護され、愛護されることによってはじめて保障されるものです。大人が子どもを保護し愛することには普遍的な意味があり、大人にとって不可欠な役割であるということです。

　子どもの保護され、愛される権利を特に高くうたっているのは、わが国の「児童憲章」では、一と二がそれに当たります。一では、生活の保障がうたわれ、二では、「すべての児童は、家庭で、正しい愛情と知識と技術をもって育てられ、家庭に恵まれない児童には、これにかわる環境が与えられる」とされています。

　また、「児童権利宣言」では、第4条の「児童とその母は、出産前後の適当な世話を含む特別の世話及び保護を与えられなければならない」という部分がこれに当たります。

　さらに、「児童の権利に関する条約」においては、生命・生存に関わる生物学的な保護から、社会保障など社会的な保護に至るまで、大人による保護責任が強調されています。特に第19条では、虐待からの保護という視点から、「締結国は、児童が父母、法定保護者又は児童を監護する他の者による監護を受けている間において、あらゆる形態の身体的若しくは精神的な暴力、傷害若しくは虐待、放置若しくは怠慢な取扱い、不当な扱い又は搾取（性的虐待を含む。）からその児童を保護するためすべての適当な立法上、行政上、社会上及び教育上の措置をとる」と述べられています。

　子どもの命を奪う虐待は、今や大きな社会問題となっています。次の図表1-4は、2008（平成20）年度から2016（平成28）年度までの、虐待による子どもの死亡人数です。これによれば、ほぼ1週間に1人、虐待によって尊い子どもの命が奪われていることになります。子どもを保護し愛情によって包むことは、論をまたない大人の義務なのですが、

図表1-4　児童虐待による子どもの死亡人数

第7次報告			第8次報告			第9次報告			第10次報告			第11次報告			第12次報告			第13次報告			第14次報告		
平成21年度			平成22年度			平成23年度			平成24年度			平成25年度			平成26年度			平成27年度			平成28年度		
心中以外	心中	計	心中以外	心中	計	心中以外	心中	計	心中以外	心中	計	心中以外	心中	計	心中以外	心中	計	心中以外	心中	計	心中以外	心中	計
49	39	88	51	47	98	58	41	99	51	39	90	36	33	69	44	27	71	52(8)	32	84(8)	49(18)	28(3)	77(21)

注1：下欄が死亡人数を表す。心中以外を虐待による死亡人数とみなす。
注2：（　）内は、都道府県等が虐待による死亡と断定できないと報告のあった事例について、本委員会にて検証を行い、虐待死として検証すべきと判断された事例の内数。
出典：厚生労働省「子ども虐待による死亡事例等の検証結果等について（第14次報告）」2018年をもとに作成

虐待によって子どもの生命が奪われるということが頻繁に起こっている現状を、私たちはどのように考えればよいのでしょうか。

4 遊びと学習の権利

　乳幼児期の子どもは、遊ぶことによってさまざまなことを学習し、自分の能力を発達させていきます。子どものいのちや生活を保障するということは、子どもの遊びを保障するということなのです。

　「児童憲章」では、九に「すべての児童は、よい遊び場と文化財を用意され、わるい環境からまもられる」としています。また、「児童権利宣言」でも、第7条の一部で、「児童は、遊戯及びレクリエーションのための充分な機会を与えられる権利を有する。その遊戯及びレクリエーションは、教育と同じような目的に向けられなければならない。社会及び公の機関は、この権利の享有を促進するために努力しなければならない」と述べています。さらに「児童の権利に関する条約」には、第31条第1項に「締結国は、休息及び余暇についての児童の権利並びに児童がその年齢に適した遊び及びレクリエーションの活動を行い並びに文化的な生活及び芸術に自由に参加する権利を認める」とあります。

　しかし現代社会においては、子どもの本来の、自由な生命の表れである遊びは、さまざまな原因によって脅かされています。都市型社会の急速な進展のために子どもの遊び場が、また急激な少子社会化のために遊ぶ仲間が奪われようとしています。さらには、幼児期にまで及んできた受験戦争、あるいは殺伐とした能力主義社会のために、子どもたちは知識や技能を詰め込む勉強に追われ、ゆっくりと遊ぶ時間までも奪われようとしています。子どもの諸能力の伸長、発達の土台であり、生きる力を養う遊びが、今や危機に瀕しているのです。

　乳幼児期においては、子どもは遊びをとおして成長、発達を遂げていくとされており、遊びは、乳幼児期ならではの学習ととらえることができます。そして、私たちは生涯学びながら人間らしく育っていくということを考えると、学習や教育は、人間の尊厳に立脚した普遍的な権利ということができます。

　教育の権利、学習の権利は、「日本国憲法」および「教育基本法」にその原理が述べられています。「日本国憲法」第26条第1項では、「すべて国民は、法律の定めるところにより、その能力に応じて、ひとしく教育を受ける権利を有する」と、教育の権利を力強く主張しています。そして、学習の権利は、「教育基本法」第3条で、生涯学習社会を基盤として次のように述べられます。「国民一人一人が、自己の人格を磨き、

豊かな人生を送ることができるよう、その生涯にわたって、あらゆる機会に、あらゆる場所において学習することができ、その成果を適切に生かすことのできる社会の実現が図られなければならない」。

「児童憲章」にももちろん、学習と教育の権利は、子どもの権利の中心的なものとして、次のように登場します。

> 四　すべての児童は、個性と能力に応じて教育され、社会の一員としての責任を自主的に果すように、みちびかれる。
> 五　すべての児童は、自然を愛し、科学と芸術を尊ぶように、みちびかれ、また、道徳的心情がつちかわれる。
> 六　すべての児童は、就学のみちを確保され、また、十分に整った教育の施設を用意される。

「児童権利宣言」においても同様です。第2条で、「児童は、特別の保護を受け、また、健全、かつ、正常な方法及び自由と尊厳の状態の下で身体的、知能的、道徳的、精神的及び社会的に成長することができるための機会及び便益を、法律その他の手段によって与えられなければならない」とし、第7条では、教育を受ける権利という考え方をもとにして、「児童は、教育を受ける権利を有する。その教育は、少なくとも初等の段階においては、無償、かつ、義務的でなければならない。児童は、その一般的な教養を高め、機会均等の原則に基づいて、その能力、判断力並びに道徳的及び社会的責任感を発達させ、社会の有用な一員となりうるような教育を与えられなければならない」としています。そして、「児童の権利に関する条約」においても、第28条で「教育についての権利」が明確に主張されています。最後に、教育と学習の権利において、学習の権利に集約させた宣言文を取り上げましょう。1985年3月に採択された「ユネスコ学習権宣言」です。

> 　学習権とは、読み書きの権利であり、問い続け、深く考える権利であり、想像し、創造する権利であり、自分自身の世界を読み取り、歴史をつづる権利であり、あらゆる教育の手だてを得る権利であり、個人的・集団的力量を発揮させる権利である。(中略)学習権は、人間の生存にとって不可欠な手段である。(中略)学習権なくしては、人間的発達はありえない。
> 　　　　　　　　　　　(子どもの権利条約をすすめる会訳)

このように、まさに、人間の生命、いのちを養うための学習は、人間の基本的人権の一つなのです。

演 習 課 題

①保育の概念について、子どものいのちの保障、子どもの発達の保障を軸として説明してみましょう。
②保育の理念について、子どもの権利の保障を軸として説明してみましょう。
③保育は、養護と教育が一体となったものといわれます。養護はケア（care）ともいいますが、ケアとはどのような働きなのか、調べてみましょう（参考：メイヤロフ，ミルトン／田村真・向野宣之訳『ケアの本質――生きることの意味』ゆみる出版、1987年；広井良典『ケア学――越境するケアへ』医学書院、2000年、など）。

レッスン2

保育の社会的意義

保育という言葉を聞いたとき、みなさんは、保育所を思い起こすかもしれません。しかし、実は保育という言葉には幅広い意味が含まれており、家庭の子育てについてもこの言葉が使われています。ここでは、家庭、集団などさまざまな保育について学習し、保育の社会的な意義について理解を深めましょう。

1. 家庭保育

1 家庭保育の実情と課題

　家庭内における保育の代表的なものといえば、保護者や保護者以外の家族（祖父・祖母など）、親族（叔父・叔母など）によるものです。「育児」や「子育て」という言葉を使うことが一般的ですが、広い意味ではこれも「保育」といえます。保護者や家族からの温かい関わりは、子どもにとって情緒の安定につながり、人との関わりの基礎を培うものとなります。また保護者自身も、子育てという行為によって、親としての自分を成長させていきます。子どもが生まれたその日からすぐに親になるのではなく、子育ての過程で経験するさまざまな喜びや楽しさ、怒り、不安、そしてときとして訪れる困難さに向かい合うなかで、しだいに親になっていくのです。

　現代社会の子育ての課題の一つとして、身近に子育てについて相談できる人がいないという保護者の孤立があげられます。その理由として、親（祖父母世代）と同居せずに核家族という形態をとる人が増えていることが考えられます。もちろん、仕事の都合などで親（祖父母世代）から離れ遠方に居住しなければならない場合もあれば、親（祖父母世代）から生活面などで干渉されることを避け、自分たち夫婦と子どもだけで自由に生活したいという考えから核家族を選択している場合もあります。

　保護者にとって子育ては、多くの喜びやうれしさを感じられるものであるとともに、不安やとまどいを感じる行為でもあります。病気やけがなど医療機関への受診が必要な事象に対面することもあれば、生後3か月のわが子がずっと泣き続けて、おむつを替えてもミルクをあげても抱っこをしても泣きやまないといった、子育てをするなかではじめて直面する大変さもあります。そのようなとき、少しアドバイスをしてくれ

たり、抱っこを代わってくれたり、一緒にわが子をかわいがってくれたりするような子育て応援隊がいることで、子育てはずいぶんやりやすくなります。これまでは、祖父母や地域の人々などがその役割を担っていましたが、現在では、身近な場所にそういう人がいないケースも多く、子育てに対して不安を感じている保護者も少なくありません。またインターネットなどの普及により、手軽にいろいろな情報が手に入るようになったものの、多くの情報があふれているなかから何を選択すればよいのかわからないといった悩みにつながる場合もあります。

父親の仕事が早朝から深夜にまで及ぶ場合、母親は一日のほとんどの時間を乳児と2人きりで過ごすことになります。母親は、生まれたばかりの子どもを連れて近所のスーパーマーケットに買い物に行くこともままならず、「今週は一日誰とも話をしなかった」という状況になることもあります。

乳児期の子どもはまだ意味のある言葉を話すことはありませんが、身振りや表情、**喃語**など豊かなコミュニケーションを使って周囲と関わろうとします。ところが、受け取る側の母親が子育てに疲れている場合、子どもからの発信を十分にキャッチするのが難しくなってしまうこともあります。状態がひどくなると、しだいに子どもと関わることが嫌になったりする場合もあります。

2 居宅訪問型保育

家庭内での保育には、保護者や親族以外の他人が子どもの家を訪れて行うものもあります。2015(平成27)年に始まった**子ども・子育て支援新制度**で創設された「地域型保育」事業の一つとして「居宅訪問型保育事業」があります。原則として3歳未満の保育を必要とする乳幼児が対象になっており、障害や病気などの理由で集団保育が著しく困難とされる場合などで、居宅を訪問しての保育が必要だと市町村長が認めた場合に保育を受けることができます。この事業では、職員が保護者の自宅において1対1で保育を行います。働くうえで必要な資格は、現在のところ明確には定められておらず、「必要な研修を修了し、保育士又は保育士と同等以上の知識及び経験を有すると市町村長が認める者」とされているのみです。保育士資格がなくても働くことができますが、子どもの体調面や安全面などへの細やかな配慮や、的確な対応が求められ、「子どもがかわいい」というだけの安易な気持ちでは働くことはできません。

参照
喃語
→レッスン5

用語解説
子ども・子育て支援新制度
2012(平成24)年8月に成立した「子ども・子育て支援法」「認定こども園法の一部を改正する法律」「子ども・子育て支援法及び認定こども園法の一部を改正する法律の施行に伴う関係法律の整備等に関する法律」の、いわゆる子ども・子育て関連3法に基づく制度のことである。この新制度では、保護者の就労の有無にかかわらず利用できる認定こども園の普及を進める、地域型保育の活用により待機児童の解消を目指す、一時保育や放課後児童クラブなど身近な子育て支援を充実させるなどがポイントである。

2. 施設保育

1 施設保育の種類

施設保育には、みなさんがよく知っている保育所、幼稚園、認定こども園、児童館、子育て支援センターなどがあげられます。また、保育士資格を使用して働くことが可能な乳児院や児童養護施設などの児童福祉施設も、施設保育の場の一つだといえるでしょう。ここではみなさんが比較的よく知っていると思われる保育所、幼稚園、認定こども園以外の施設における保育のあり方について説明します。

「子ども・子育て支援新制度」においては、これまで長年にわたって集団保育を行ってきた保育所に加えて、「地域型保育」といわれる小規模保育所、家庭的保育、事業所内保育、前述の居宅訪問型保育が国の制度として開始されました。これまでも事業所内保育などは行われていましたが、「子ども・子育て支援新制度」により、それぞれの事業は市町村による認可事業と位置づけられ、財政支援を受けられるようになりました。以下で、具体的にみていきましょう。

2 小規模保育事業

小規模保育事業は、6〜19名の少人数を対象に、家庭的保育に近い雰囲気のもと、きめ細かい保育を行っています。定員5名以下の家庭的保育と定員20名以上の認可保育所の中間的な施設とされています。これまでは定員20名以上という認可基準があったため、それを満たしていない小規模保育所は認可外保育所とされていました。しかし、「子ども・子育て支援新制度」によって市町村による認可事業となったために、運営費などで公的な補助が受けられるようになったり、国の基準に沿った職員配置などが求められるようになりました。

小規模保育所の運営に関する認可基準は、国の基準をもとに各市町村で定められているため、自治体によって認可基準が異なります。国の認可基準としては、職員配置については、小規模保育事業A型とB型では、「保育所の配置基準＋1名」となっています（図表2-1）。つまり、保育所の基準だと0歳児3名を1名の保育士で保育することになっているので、小規模保育所では0歳児3名を2名の職員で保育するということです。C型の小規模保育所では、0〜2歳児は子ども3名に対して大人1名となっています。資格については、A型の小規模保育所では保育所と同様に保育士資格を有することが必要です。B型小規模保

◆補足
施設保育の種類
施設保育には、下記のようなものがあげられる。
・保育所
・認定こども園
・幼稚園
・地域子育て支援拠点事業
・小規模保育事業
・家庭的保育事業
・事業所内保育
・ファミリー・サポート・センター
・児童館
・乳児院
・児童養護施設
・児童発達支援センター

図表2-1 小規模保育事業の種類

	A型	B型	C型
職員配置	保育所の配置基準^{注)}に1名加えた人数	保育所の配置基準に1名加えた人数	0〜2歳児は、子ども3名に対し大人1名を配置
資格	保育士	職員の2分の1以上が保育士有資格者	特に定めがない家庭的保育者

注:保育所の職員配置定数…0歳児3:1、1・2歳児6:1

所では、職員の2分の1以上が保育士資格を有することが条件です。C型小規模保育所では保育士資格については定められていません。市町村長が行う研修を修了した保育士、もしくは保育士と同等以上の知識および経験を有すると市町村長が認めた「家庭的保育者」が従事することになっています。

3 家庭的保育事業

家庭的保育事業は、保護者が働いているなどの理由で、日中保育を必要とする3歳未満の子どもが対象です。5名以下の家庭的な雰囲気のもとで保育を行います。利用するためには、保育の必要性の認定（**3号認定**[*]）を受ける必要があります。家庭的保育事業を行うには、市町村が認可した家庭的保育者が自分の居宅やその他の場所（家庭的保育事業のために借りたマンションなど）で保育を行います。保育室の広さなどについても最低基準により定められています。

「子ども・子育て支援新制度」では、0〜2歳児を対象とする小規模保育や家庭的保育（保育ママ）では、子どもが2歳児クラスを修了し卒園した後の通い先となる施設を確保するため、「連携施設」（認定こども園や幼稚園、保育所）を設定することを求めています。

4 事業所内保育

事業所内保育とは、会社の事業所内の保育施設で保育を行うことです。これまでは事業所に勤務する従業員の子どもだけが対象とされてきましたが、「子ども・子育て支援新制度」では、それに加えて地域枠を設定し、地域の子どもも一緒に保育するよう定められました。たとえば20名定員の場合、地域枠として5名以上を設定するなどとされています。

5 児童館

児童館とは、「児童福祉法」第40条に規定されている児童厚生施設の一つです。1948（昭和23）年施行の「児童福祉法」によって、児童館

用語解説
3号認定
満3歳未満の子どもについて、保育の必要があると認定すること。保育所・認定こども園（朝〜夕）・地域型保育の利用が可能である。

は法律上に位置づけられ、地域における子どもの余暇活動の拠点となってきました。設置主体のほとんどは市区町村ですが、保育所などを運営する社会福祉法人などの民間団体が運営していることもあります。

児童館は、「児童福祉法」で児童と規定されている0〜18歳未満の子どもたちに対して、健全な遊びを提供し、健全育成活動を行う場となることが目的とされています。それぞれの児童館ごとにいろいろな取り組みがなされ、さまざまな年齢の子どもたちを対象に保育が行われています。

乳幼児期の子どもとその保護者を対象とした、親子クラブも開催されています。親子クラブでは、保育者による絵本の読み聞かせや手遊びが行われたり、家庭でもできる遊びが紹介されたり、職員に気軽に育児のことを相談できる場として、子育て中の親の心強い味方となっています。また、わが子と楽しく過ごせるだけでなく、遊びのなかでほかの親子と交流することもでき、育児の悩みなどを話し合う姿がみられるなど、同じ年代の子どもを育てる親同士の仲間づくりの場としても機能しています。

学童期の子どもたちにとっては、放課後児童クラブ（学童保育）としての役割があります。放課後になると学校を終えた子どもたちが続々と児童館に来館します。子どもたちは、ほかの児童と一緒におやつを食べたり、保育者に見守られながら学校の宿題に取り組んだりします。その後は戸外や園庭、または施設内で自由に遊んで過ごし、保護者の迎えを待ちます。また休日には小学生対象のスポーツ教室や、コーラス、料理教室などのクラブ活動が行われている施設もあり、幅広い活動を行っています。

また児童館によっては、中高生も利用できるように、夜の9時頃まで開館しているところもあります。友だちや児童館職員と将来について話したり、自習室で受験勉強をしたりするほか、防音の音楽室でバンド練習ができるような設備のある施設もあり、中高生の居場所づくりの役割を担っています。

6 地域子育て支援拠点事業

子育て支援センターは、0歳から就学前の子どもとその保護者を対象とし、名前のとおり子育てを支援する施設です。具体的には、子育て中の親子が、センター内の玩具などで自由に遊んだり絵本を読んだりできるようになっています。また、この施設の大きな役割として、常駐する保育アドバイザーが保護者の子育ての悩みを聞いたり、育児への助言を

行ったりすることがあげられます。また、子育てに役立つような講座（子どもの感染症や離乳食についてなど）が開かれたり、子育て中では忙しくてなかなか時間がとれない趣味の講座（手芸、コーラス、英会話など）が企画されたりすることもあります。

7 ファミリー・サポート・センター

ファミリー・サポート・センターとは、地域のなかで子育て支援を行いたい人（提供会員）と、支援をしてもらいたい人（依頼会員）がそれぞれセンターに登録し、互いに支え合う事業です。提供会員は、子どもが成長して子育てが一段落した人や、子どもが好きで子育ての経験を生かしたいと思っている人などが登録するようです。保育の形態は自治体によってさまざまですが、主に提供会員の自宅で保育を行います。たとえば、父母の仕事が月に一度だけ残業の日が重なってしまうため保育所のお迎えに間に合わないというようなときに、提供会員が保育所にお迎えに行き親が迎えに来るまで自宅で預かるなどの支援を行います。援助を受けることと支援することの両方を希望する場合には、両方の会員になることもできます。提供会員になるにあたって、特に資格などは必要とされていませんが、依頼会員が安心して子どもを預けられるように、ファミリー・サポート・センターで研修会を開催しています。

8 児童福祉施設

乳児院や児童発達支援センターなど、児童福祉施設も施設保育の一つです。乳児院や児童養護施設は、親からの虐待や家庭の都合で保護者と一緒に生活することができない子ども（乳児院：0歳〜就学前、児童養護施設：0〜20歳まで）が対象です。子どもたちは、それぞれ保護者と暮らせない寂しさを抱えつつ、施設のなかで保育士や児童指導員などの職員に温かく見守られて生活しています。また乳児院や児童養護施設では、施設で暮らす子どもたちの養育だけでなく、地域の家庭の子育てを支援する役割も担っています。さまざまな困難さを抱える家庭に対して電話での育児相談も行っています。

また、家族の急な入院などで家庭での保育が一時的に困難になった場合の短期入所生活援助（ショートステイ）事業、夜間の保育に対応する夜間養護等（トワイライトステイ）事業なども行われています。

児童発達支援センターは、特別な支援が必要な子どもたちが通う保育施設です。親子通所という形態がとられているところも多く、保護者とともに施設に通い、保護者も子どもとの関わりを学ぶことができます。

自治体によっては、児童発達支援センターだけに通う子どももいますが、週のうち半分は保育所や幼稚園に通うという併行通園を実施しているところもあります。児童発達支援センターにおいては、子どもの発達に不安を感じている保護者や、子どもの育てにくさから育児疲れを感じている保護者のために、電話やメールによる発達相談を行っています。

3. 保育の社会的役割や機能

1 子育て支援の必要性

これまでみてきたように、ひとことで保育といっても形態はさまざまですが、一つのキーワードとして「子育て支援」という言葉があげられます。地域や家族のつながりが濃厚であった時代には、自然と子育てを助ける風土がありましたが、現在は、近所付き合いも希薄になり、マンションの隣に住んでいる人の顔も知らないという時代になりました。近隣住民や地域社会での助け合いという風潮も少なくなってきています。そのようななか、乳幼児期の子どもを育てる保護者（特に母親）は、先に述べたように社会からの孤立を感じやすくなり、子育てが非常に難しくなっているといえます。そのような時代だからこそ、保育者が保育を行う場で、子育てを支援していこうということになっています。

もちろん、保育所・幼稚園・認定こども園における子育て支援も、園に在籍している子どもだけでなく、地域の未就園の親子も対象としています。特に保育所・幼稚園・認定こども園は、子育てに悩む保護者にとって、自宅の近くにあること、同年齢の子どもたちがたくさんいる場所ということで身近に感じられる施設でもあります。園庭開放＊や未就園児親子を対象としたプログラムなど、地域のニーズに合ったものを開催し、保護者が子育てをしやすいように、園全体、社会全体で見守れるように取り組んでいます。

保護者の相談にのる際は、保育者自身の考え方を押しつけたり、一方的に解決策を話したりすることは適切とはいえません。まずは保護者が何に悩んでいるかをじっくりと傾聴し、その不安な気持ちに共感を示し、徐々に保護者とともに解決策を考えるようにしていきましょう。相談内容にもよりますが、保育者は自分一人で解決しようとせず、同僚や先輩保育者に相談し、必要であれば関係機関と連携するなど適切な対応がとれるように心がけましょう。

保育所の役割としては、保護者に対する子育て支援のほかに、ていね

※ 用語解説
園庭開放
地域で生活している親子を対象として、保育所等の園庭を開放し、遊びに来られる場所として提供すること。保護者は、近所の保育所の園庭を遊び場として利用できるだけでなく、子育て上の悩みを保育者に気軽に相談したり、保育所に在籍している同年齢の子どもの様子を身近に知ることのできる機会となる。

いで、一人ひとりの子どもを大切にした保育を行うことがあげられます。厚生労働省は、保育所の子どもに対する機能として、「一日の生活をベースに養護と教育が発達過程に応じて一体的に発揮」するものと、その役割を述べています。保育所などにおける子育て支援での保育者の役割として、園に在籍している子どもの保護者だけでなく、地域で生活している保護者の相談にのる必要もあることを理解しておきましょう。

2　子どもの人権への配慮と人格の尊重

　保育者が保育所において、子どもの人権を守り、子ども一人ひとりの人格を尊重することは、保育という営みの根源となるものです。そのためにも、保育者は「日本国憲法」や「児童福祉法」「児童憲章」「児童の権利に関する条約」などに示された子どもの人権等について正しく理解しておくことが大切です。保育所には、外国籍の子どもたちが入所してくることもあります。保護者とは、互いの文化の違いを認め合い、何でも相談し合えるような関係づくりをする必要があります。

　保育のなかで、保育者から子どもに対して体罰や暴力などがあってはならないことは周知のことです。また、子どもの存在を無視するような言動や言葉による暴力などで、子どもを傷つけたり、精神的な苦痛を与えることもあってはなりません。

3　保育所と地域社会との連携

　保育所は、地域の高齢者を園に招待し交流活動を行ったり、地域の中学生の職業体験などの受け入れを行ったりしています。それは、地域に開かれた保育所として、いろいろな人や機関と連携することが求められているからです。

　また保護者や地域に対しても、保育所の保育方針や職員の状況、保育内容についてわかりやすく説明し、情報を開示する必要があります。

4　個人情報の取り扱い・苦情解決について

　保育士には守秘義務があり、職務上知り得た子どもや保護者の個人情報を他者に漏洩してはなりません。子どもの発達支援のために必要な他機関との情報共有については、保護者や関係者の同意を得たうえで連携を行っていくことが大切です。また保護者による虐待が疑われる際、保育士には通告義務（「児童虐待の防止等に関する法律」）があり、それは守秘義務よりも優先されることも覚えておきましょう。

　保育所には、保護者等から保育に関する苦情が寄せられることもあり

ます。そのようなときは、保育士個人で対応するのではなく、苦情解決責任者である園長のもと、保育所全体で対応できるような体制づくりをする必要があります。そして、保護者等からの苦情を、嫌なものとして扱うのではなく、保育所の保育を振り返る機会ととらえ、謙虚に、誠実に対応していくことが求められています。具体的には、保護者等の気持ちや思いを受け止めながら、保育所としての考えや方針をわかりやすく十分に説明する必要があるでしょう。

4. 保護者との協働

1 保育者としてのあり方

　ここでは、保育所における保護者との協働について学習します。保育者の役割は、保護者に対して子育てに関する指導をしたり、保護者の要求どおりに保育を行ったりすることではありません。子どもを中心として、保護者と協働し、保育者と保護者がともに保育を行えるような関係づくりをしていくことが大切です。

　まずは、保育者としての働きかけについてです。保育者は、職務内容から、ときとして、親の子育ての代行者のようにみられることがあります。みなさんも、保育職に対して親代わりのようなことを想像しているかもしれません。しかし、親は保育者ではありませんし、保育者も親の代わりにはなれません。

　たとえば、保育者は保育計画を立案し保育実践を行いますが、保護者はそのようなことはしません。また、保護者が、保育者のように集団生活の場において子どもを保育するということも、日常的には考えられません。それではなぜ、保育者が保護者の子育ての代行者のように考えられるのでしょうか。それは、保育者が子ども一人ひとりと関わるときには、保護者のような心情で温かく子どもを見守り、寄り添い、子どもとともに生きる人となるからです。つまり、保育者には、子どもへの願いやねらいをもって、長期的に保育計画を作成し、それを実行していく力と、保護者の子育ての支援者として、一人ひとりの子どもに寄り添い温かく見守る力の両方が必要だということなのです。どちらかが不足していたり、突出していたりすることは、保育者として適切ではありません。保育者は、保育のプロとしての冷静さと、保護者と同じような子どもへの深く温かい愛情を、同時にもち合わせている必要があります。

2　保護者との関わり方

　保護者と保育者との関係については先ほど述べたように、子どもを中心として協働的に関わり合えることが必要です。それではここで、保護者と協働的に関わるということがどういうことなのか、2つの具体的な事例からみていきましょう。

インシデント①　保護者からの要望
　A保育者は、2歳児クラスを担任する保育者歴5年目の保育者です。A保育者は、クラスの子どもの保護者は毎日子育てや仕事に忙しく大変だと感じていて、なるべく保護者の負担やストレスを少なくしたいと考えています。そのため、保護者からの要望はなるべくそのまま受けるようにしています。

【対応 a】
保護者：うちの子どもは少し身体が弱くて……。元気に健康に育ってほしいと思っているんです。
A保育者：そうですね、お母さんのお気持ち、わかります。
保護者：それで、自宅では身体にいいといわれている油を使っているんですけど、園の給食でも使ってもらえませんか？
A保育者：(う〜ん、どうかな。私一人では決められないかも……。でも、お母さんの気持ちもわかるし……。えいっ！どちらにしても園で油を購入するんだし、そのときにお母さんのいう種類のものを購入してもらえばいいか！) はい、わかりました！　お母さん、早速、変更するように調理室に頼んでおきますね。

　子どもの健康を願う保護者の気持ちに寄り添いたい気持ちはよくわかりますが、A保育者の言動はどうでしょうか。A保育者自身も「自分一人では決められない」と考えているにもかかわらず、結局、保護者には、その場ですぐ快諾するようなかたちになっています。しかし、このようなことは、相談なく一人で決められることではありません。まずは園長や主任保育者に相談してから返事をすることが必要です。
　【対応 a】で、A保育者は安易に引き受けていますが、保護者からの要望を何でも安請け合いすることには注意が必要です。保護者はA保育者が快諾してくれたことで、安心したり喜んだりしたことでしょう。しかし、その後「やっぱり無理だった」ということになると、がっかりさ

れるばかりでなく「一度はOKといったのに……」と保育所への信頼感をなくしてしまうことにもつながります。保護者の要望を何でも引き受けることが、子育て支援をしているということにはなりません。なぜそうしたいのかという保護者の気持ちに十分に耳を傾け、否定せずに聞くということは必要ですが、対応については即答することは避け、クラス内、あるいは保育所全体で検討してから返事をするということが必要でしょう。適切だと思われる対応の一例を示しますので、参考にしてください。

【対応b】
保護者：うちの子どもは少し身体が弱くて……。元気に健康に育ってほしいと思っているんです。
A保育者：そうですね、お母さんのお気持ち、わかります。
保護者：それで、自宅では身体にいいといわれている油を使っているんですけど、園の給食でも使ってもらえませんか？
A保育者：（う〜ん、どうかな。私一人では決められないかも……。でも、お母さんの気持ちもわかるし……。）お母さん、○○ちゃんのこと、本当に大切に思っていらっしゃるんですね。食事は大切ですものね。ご自宅で身体にいい材料を使った食事がとれているのはとてもいいことだと思います。園のほうで対応できるかどうか、私だけでは判断ができないので、園長に相談してみてから後日、お返事させていただいてもいいですか？

　もちろん保育には「これが正解」というものはないので、ケースによっては【対応b】の例でもうまくいかなかったり、保護者とトラブルになったりすることもあるかもしれません。しかし即答で安請け合いしてしまっている【対応a】よりは間違いが少ない返答だといえます。

インシデント②　気になる子Kくんへの関わり
　保育者歴15年目のB保育者は、3歳児クラスの担任です。保育者としての経験も長くなり、園でも中堅保育者として頼りにされる場面も増えてきました。自分よりも年下の母親も増えてきたことで、アドバイスもしやすくなったと感じています。また、自分自身でも、子どもの姿からそのときの気持ちを理解し、保育実践につなげることもうまくできるようになってきた自覚があります。クラスのなか

で最近気になっているのがKくんです。Kくんは理解力も高く、何でもよくできるリーダー的存在なのですが、最近イライラしていることが多く、友だちに向かって厳しい口調で話したり、ときには他児を叩いたりする場面もみられるようになっているのです。B保育者がいろいろと原因を考えたところ、3か月前にKくんに弟ができたことが、Kくんの様子の変化の理由ではないかと思い当たりました。そこで、早速Kくんの母親に頼んで、Kくんへの関わりを考えてもらえるように話をすることにしました。

【対応c】

B保育者：Kくんのお母さん、今ちょっといいですか？　このごろ、Kくんの様子が前と違っているんですけど気づかれていますか？

保護者：えっ、そうなんですか？

B保育者：やっぱりお母さん、お忙しいから気づかれてなかったんですね。Kくん、このごろ、お友だちを叩いてしまうことがあるんです。イライラしているし。その理由なんですけど、もしかしたら。弟さんじゃないですか？　ちょうど時期も重なりますし。

保護者：は、はい……。

B保育者：お母さん、赤ちゃんのお世話も大変でしょうが、Kくんにもう少し手をかけてあげてもいいかもしれませんね。

保護者：……。

　B保育者に突然話しかけられて、わが子の「困った行動」を聞かされた保護者の戸惑いが目に浮かびます。しかし、B保育者のように、保護者に対していきなり「気づかれていますか？」などといういい方はするべきではありません。自分より年齢が若い保護者に対しても、保護者に対する尊敬の気持ちをもって、ていねいに対応することが大切です。また、Kくんの行動は弟が生まれたことが原因で、母親がもっと手をかけるべきだというような発言は、B保育者の思い込み以外のなにものでもありません。もしかしたらそれも原因の一つかもしれませんが、保育者は、まず自分の保育実践を振り返り、そのなかに何か改善する点がないかを自問自答することが必要です。

　Kくんのような事例は、保護者と一度話し合いをしたくらいで解決するものではありません。気長に観察を続けながら、その日一日の子ども

の楽しくできたこと、がんばったこと、自信につながることをていねいに保護者に伝えるなかで、保護者とともに子どもの困難さに向かい合う姿勢が求められます。

> **【対応d】**
> B保育者：お母さん、こんにちは。弟さん、大きくなりましたね。もう3か月ですか？
> 保護者：はい、もうだんだん大きくなって重くなってきました。
> B保育者：かわいいですね。Kくんもときどき弟さんのことうれしそうにお話ししてくれることがあるんですよ。
> 保護者：そうですか？ 家ではお兄ちゃんらしくかわいがることもあるんですけど、やきもちを焼いてるのか叩いたりしていることもあってちょっと困っているんです。
> B保育者：そうなんですか。いつもしっかり者のKくんでもそういうことがあるんですね。お母さんが大好きだから甘えてるのかな。Kくん、かわいいですね。あ、そういえば園でもこのごろ、お友だちを叩いたことがあったんですよ。Kくんには珍しいので、どうしたのかなぁと思って。
> 保護者：えっ、そうなんですか。すみません。どうしよう。
> B保育者：いえいえ、子どもにはよくあることですから。それに、Kくんが1対1の関わりを望んでいるときに待たせすぎたりとか、何かよくない対応があったのかなと、今、クラスでも保育を見直しているところなんです。また何か気づかれたことがあったら教えていただけますか？
> 保護者：わかりました。家のほうでもよく様子をみておきます。

【対応c】では、伝えたB保育者は満足だったかもしれませんが、話を聞いた保護者は、不安な気持ちになったり、自分を責めたりしてしまうかもしれません。【対応d】では、保護者との自然な会話のなかで、子どもの姿を伝えるB保育者の姿がうかがえます。もちろん保育のなかでは「今日伝えよう」と意を決して保護者対応をする場面がないわけではありませんが、基本的には、保護者とのやりとりのなかで、保護者の気持ちを察しながら伝えることが可能な場面で話をすることが大切です。また【対応d】でのB保育者は、Kくんのいいところを伝えていますが、これはとても大切なことです。子どものいいところを伝えることで、保護者は「自分の子どもを好意的にみてくれている」「ていねいに保育を

してくれている」と感じます。また乱暴な行動に対しても否定的ないい方をしていないところもポイントです。イライラしている、友だちを叩いているという事実は伝える必要がありますが、「○○してしまう」といういい方は否定的に聞こえることがあります。【対応 c】でも、B保育者は、おそらく無意識に「叩いてしまう」といういい方をしています。小さなことですが、自分のなかに子どもの行動を否定的にとらえる気持ちがあると、それが言葉や表情に表れて保護者に伝わってしまうことがあります。意図していないことが伝わってしまうのは困りますから、ふだんから子どもの行動に対して否定的な見方をしないということが大切です。

　【対応 d】では、保育者が自分の保育を振り返り、反省し、真摯(しんし)に向き合うことで、今後も子どもの様子について気をつけながら保育をすすめていくという意思が保護者に伝えられています。このような言動によって、保護者は保育者への信頼を高め、保育所が安心して子どもを預けられる場所へとなっていきます。また、子どものことをともに考え、ともに歩もうという姿勢を保育者が示すことで、保護者も子どものことを前向きにとらえようとしています。保育者と保護者は敵対する関係ではないのです。

　また、どちらかが上の立場に立つような関係も不適切です。子どものことをともに考えられるように、ふだんから保育所での子どもの様子を保護者に伝えるなどして、子育てに関わる者同士としての保育者の役割を考えてみましょう。ただ、保護者と子どものことを考えることは必要ですが、親しくなりすぎて、保護者の友人のような存在になってはいけません。保育者と保護者という立場をわきまえて、節度ある言動で対応することが大切です。また、保育者である自分より年上の保護者に対して、どう対応をすればいいか迷うことがあるかもしれません。保育者としての経験が浅いときに、年上の保護者に対応する場合でも、保育のプロとして毅然(きぜん)とした態度で接する必要があります。「1年目だからわかりません」では、プロとして失格です。そうならないためには、学生時代はもちろん、保育者として勤務してからも、保護者に頼られる保育者となるように、常に学ぶ姿勢で研鑽(けんさん)を積まなければなりません。また経験を重ねてきて、自分より年下の保護者ばかりになったときにも、保護者に対する尊敬の念を忘れず、謙虚な気持ちで接することが大切です。

> 演習課題

①現在、児童福祉施設で行われているいろいろな子育て支援について調べてみましょう。
②2歳になる子どもが意味のある言葉をほとんど話さないことに悩む母親に、どのような言葉をかければよいか、小グループで話し合いましょう。
③インシデント①、インシデント②について、自分が担任だったらどのような対応をするか、隣の席の人とロールプレイングをしてみましょう。

レッスン3

現代社会における子育てと保育

家族の形態や地域社会のあり方が変化してきた現在、保護者が子育てをしづらいと感じる場面もあるようです。そのようななか、保育者としてどのように子育ての支援を行えばいいのでしょうか。このレッスンでは、現代社会における子育てと保育について学びます。

1. 子育て新時代

1 「子育て社会」の到来

①戦前の家族形態

現在わが国では、少子化の流れを受けて、さまざまな子育て支援が行われています。その背景として、核家族が増加していることや、地域の子育て力の低下があげられます。以前わが国では、子ども、父母、祖父母、ときには曽祖父母、叔父や叔母までが同じ家で生活しているのが一般的な生活様式でした。その時代には多くの子どもを産み育てる家庭が多く、兄や姉が幼い弟妹の世話をしたり、祖父母や曽祖父母が子育ての担い手となったりして、これまで蓄積してきた子育て上の知識や方法を生活のなかで若い父親や母親に伝達しながら、子育てが行われてきました。これは、わが国では伝統的に行われてきた子育て方法のようです。太田は、わが国の中世(鎌倉・室町時代)の家は、多くの傍系家族と奉公人を抱えた複合的な家族であり、母親一人の手で子どもを育てるということは少なかったと報告しています[1]。

このような話を聞くと、「昔のほうがよかった」と思うかもしれませんが、一方で、地域社会のつながりが強固なために、常に他者からの視線を気にして生活しなければならないという側面もありました。これはかつてからわが国に根づいていた考え方で、近世時代のしつけについて、庶民にとって「世間」の「嘲笑」が何よりも恐ろしい罰となり、「人様に後ろ指を指されない子どもを育てること」が親の役割だと意識されており、「他人に迷惑をかけない」「自分がされて嫌なことをしない」など、良好な人間関係を求める規範意識がそのころから重視されていたということです[2]。その社会のなかでは当たり前とされている考え方、たとえば、「女性は○歳までに結婚して、出産することが当然」「長男は必ず家

▶出典
[1] 太田素子『近世の「家」と家族——子育てをめぐる社会史』角川学芸出版、2010年、16頁

▶出典
[2] [1]と同じ、5頁

を継がなければならない」というような考えに縛られ、地域社会の一般的な考え方と異なる生き方を選択することには困難が伴うこともあったようです。

②核家族と母親の孤立

　しかし、第二次世界大戦後、時代の流れとともに、人々は徐々にみずからの意思で自分の生き方を選択できるようになってきました。女性の進学率が上がり、多くの女性が社会にでて働きはじめました。結婚・出産後も仕事を続けたり、結婚せずに生きることを選択したりする女性もでてきました。

　男性においても、家業を継がずに自分のやりたいことを仕事にする人が増えてきました。生き方の多様性が認められるようになり、家族の形態も、それまでのように「家」を継いで親世代と同居するのではなく、夫婦と子どもだけからなる「核家族」という家族形態を選択し、「家」や「昔ながらの家族」に縛られず、地方から都市にでて生活する人々が増えていきます。

　人々の生き方の選択肢が増えた一方で、子育てにおいては困難の多い時代となっていきます。核家族で子どもを育てる場合、身近に子育てについて相談できる人がいない場合が考えられます。父親は、郊外の自宅から長時間かけて通勤し、仕事に追われ、残業後自宅に帰ってくるのは深夜という日が多く、その間は母親一人で子育てをしなければならないという状況に置かれることは容易に想像できます。合計特殊出生率が低下し、1人の女性が産む子どもの数が激減しはじめた時代、親自身も一人っ子だったり、あるいは、たとえきょうだいがいたとしても1人くらいのため、継続的に幼い子どもの世話をしたり、ふれあったりすることのないまま母親になる人も多いのが現状です。子どもは大人の思うようにはなりません。乳児期、幼児期、学童期それぞれに、その時期ならではの子育ての困難さがあります。たとえば、乳児期だと、「子どもが寝ない」ということが母親を悩ませるようです。

　慢性的な睡眠不足のなか、慣れない「母親」としての役目を果たそうと懸命に努力をしていても、病気や発達状況など、自分の力や意思ではどうにもならない子どもをめぐる気がかりなことが次々と起こります。かつてのわが国のように、家庭のなかに子育ての経験がある大人が複数いたり、手助けをしてくれる人がすぐそばにいたときは、母親はそのつど適切なアドバイスをもらえたり、育児に関わることを短時間でも交代してもらえるような環境がありました。しかし、核家族での子育ては、身近に相談できる相手も、少しの時間、母親に代わって泣いている子ど

もをあやしてくれる人もいない場合が多いのです。

　親（特に母親）は、「子どもを可愛がりたい、大切に育てたい」という思いと、これまで経験したことのない、自分の意思ではどうにもならない出来事に直面し、しだいに子育てに疲弊していく場合があります。なかには産後うつを発症する人もいます。産後うつには、育児が不安で気分の落ち込みが続いている、食欲がなくイライラしていることが多い、育児放棄をしてしまうなどの症状がみられます。

③児童虐待の現状

　近頃、ニュースで話題になることが多い児童虐待も、現在の子育てに特徴的な事象だといえます。1980年代初頭の日本では、児童虐待は今のように大きな社会問題ではなく、「親が子どもを傷つける」などということはありえないことだととらえられていました[†3]。

　厚生労働省によると、児童相談所への児童虐待の相談件数が、統計を取り始めた1990（平成2）年度には1,101件であったものが、2017（平成29）年度には13万3,778件になり、社会における関心が高まったことにより問題が顕在化したといえます。虐待による死亡事件は、毎年50〜60件程度発生しており、実に週に1回のペースで起こっているということです[†4]。

　児童虐待は、次の4つに分類されます（図表3-1）。

　2000（平成12）年11月には「児童虐待の防止等に関する法律」が施

▶出典
†3　岩下美代子・岩本愛子「日本における［子ども虐待］の変遷【第1報】」『鹿児島純心女子短期大学研究紀要』38、2008年、31-55頁

▶出典
†4　厚生労働省「子ども虐待による死亡事例等の検証結果等について（第14次報告）」2018年
→レッスン1　図表1-4

図表3-1　児童虐待の分類

①身体的虐待	親が子どもを殴る、熱湯をかけるなど身体的に傷つけるもの。身体のあざなどの外傷から、保育所・認定こども園・幼稚園で虐待に気づくことがある。
②心理的虐待	子どもに対して「あなたを産まなければよかった」など子どもを傷つける言葉を繰り返し言ったり、子どもを無視し拒否的な言動をとるなどがあげられる。
③性的虐待	子どもに売春を強要したり、子どもに性的行動をとるなどがある。家庭内での性的虐待は表面化しにくく、把握するのが特に困難である。
④育児放棄（ネグレクト）	食事を与えずに子どもを放置する、病気になっても病院に連れていかない、学校に行かせず自宅に閉じ込める、風呂に入れなかったり着替えをさせないなど不衛生な状況に子どもを置くなどがあげられる。就学前施設において気づきやすい虐待の一つで、たとえば、給食の時間に他児らと比較して極端に空腹な様子で、ガツガツと食事をとったり、服や紙おむつが前日降所したときのままだったりということが長期間続くときなど、子どもの表情や送迎時の保護者の様子などから、ネグレクトの可能性がないかを検討する必要がある。

行され、第5条では、学校の教職員や児童福祉施設の職員など児童の福祉に職務上関係のある者は、児童虐待の早期発見に努めなければならないこと、第6条では、児童虐待を受けたと思われる児童を発見した者は通告義務があることが示されました。就学前施設においても、虐待が疑われる場合、児童相談所に通告する必要があります。ただ、虐待が疑われる状況や子どもの様子、保護者の状態によっては、即刻通告するのではなく、他機関と連携をとりながら、園長、担任などが保護者と関わり、養育態度の改善を促せるように取り組むこともあります。

　子どもが好きで保育者になろうとしている皆さんと違って、保護者のなかには、「子どもが苦手」という人もいます。しかし、それは決して悪いことではなく、保護者のことを批判的にとらえてはいけません。子どもに対して苦手意識のある人が「親」になっていく過程には、大変な苦労があることが想像できます。また、「子どもが苦手」ということは、それだけで、「母親なのに」という批判の目にさらされることも考えられ、まわりの人にいいだせずに苦しんだり、ダメな母親だと自分を責めたりする母親もいます。周囲からの「母親なんだから、当たり前」というような一辺倒な考え方が、母親をよけいに追い込んでしまうこともあるようです。

④子育て支援の必要性

　このように現代は、母親にとって子育てがしづらい時代となっています。そのようななか、子育てを一家庭だけで行うのではなく、社会全体で子どもを育てようという「子育て社会」の考え方が広まり始めています。

　2017（平成29）年に改定された「保育所保育指針」等においても、子育て支援の重要性が明記されました。『保育所保育指針解説』では、保育士が保護者の子育てに対する気持ちや意識を大切にしながら、子育てに関する相談、助言、行動見本の提示を行い、各家庭において安定した親子関係の構築や、保護者の養育力の向上につなげることを目指すと示されています。加えて、子育て支援を行う際には、保育士等が保護者と連携して子どもの育ちを支える視点をもつことが大切であり、保護者自身の主体性、自己決定を尊重することが基本であると述べられています[5]。

　また、「保育所保育指針」には、障害や発達上の課題がみられる子どもを育てる保護者や、不適切な養育等が疑われる家庭や、外国籍家庭に対する個別の支援の必要性についても述べられています。子ども一人ひとりが違うように、子どもが育つ家庭の状況もそれぞれ異なります。パ

▶出典

[5] 厚生労働省編『保育所保育指針解説　平成30年3月』フレーベル館、2018年、333-334頁

ターン化された均一的な関わりでは、十分な支援とはいえません。それぞれのニーズに合った適切な支援を行うために、保育者には、障害に関する事項、要保護家庭の背景となるものなど、幅広い知識が必要となります。

2 施設における子育ち・子育て

ここではいくつかの子育ち・子育ての施設について紹介します。

①地域子育て支援センター

わが国は1993（平成5）年より、市町村を実施主体として社会福祉法人などに委託するなどして、子育て支援を展開してきました。2007（平成19）年より**地域子育て支援拠点事業**として、いろいろな子育て支援の場として、ひろば型、センター型、児童館型といわれる3つのタイプの子育て支援施設をつくりました。そして、2015（平成27）年からはそれぞれの機能に合わせた「一般型」と「連携型」として再編されました。「一般型」は、それまでのひろば型とセンター型をあわせた役割を担い、保育所や地域の空き店舗などを使用し、1日5時間以上、週3日以上開所する常設の施設です。ここでは乳幼児とその親がやってきて、ほかの親子と交流したり、常駐している職員に子育ての相談をすることができます。子育てに関する情報提供なども行っています。また、地域で暮らす人々との交流の場にすることも求められています。たとえば、近所の小学生、高齢者、大学生などが対象です。地域社会のつながりが希薄になり、親子がいろいろな年齢層の人と関わる機会をもちにくくなっている今、地域子育て支援センターがその場を提供し、ほかの世代と交流することで、保護者は子育てへの見通しがもてるようになるなどの効果が考えられます。また、地域の人々にとっても、ふだん関わることの少ない乳幼児とその保護者のことを知るきっかけづくりとなるでしょう。「連携型」は児童館や保育所、児童福祉施設などで行われる支援です。1日3時間以上、週3日以上開所される施設です。

②保育所・認定こども園・幼稚園

保育所などの就学前施設においては、前述のように、市町村から委託され、地域子育て支援センターとしての機能をあわせもつこともあります。保護者の急な用事や短期間の就労などのときには、保育所や認定こども園には一時預かりという制度もあります。また、上記のような理由だけでなく、保護者のリフレッシュの機会としても利用されています。幼稚園では、就労している保護者のために、午後からや長期休暇中の預かり保育が行われています。このようなタイプの施設を利用するのは、

> 参照
> 地域子育て支援拠点事業
> →レッスン2

園に在籍していない親子です。保育者として勤務する際には、園に在籍している親子以外への支援も求められているのです。

③自治体

地域における子育て・子育ちに自治体が関係あるのかと不思議に思われるかもしれませんが、子育て支援の方向性を決めるのは各自治体です。自治体の子育てに関する考え方や規模、また財政状況などによって、実施される子育て政策はさまざまです。自治体の子育てに関する政策は、市町村ホームページや、自治体が作成しているパンフレットなどで確認することができます。まずは自分が住む自治体の子育て政策について調べてみましょう。

自治体が、実際に保育や子育て支援に関わることとしては、公立の保育所や地域子育て支援センターをあげることができます。これらの施設では、自治体の考えに基づいた保育や子育て支援が展開されています。

また、市町村内の子育て支援に関わるすべてを自治体のみで運営するのは難しい側面もあり、地域子育て支援センターなどの一部を社会福祉法人などに委託している場合もあります。

④大学など保育者養成機関

近年、大学や短大など保育者養成を行う教育機関に、地域子育て支援センターを併設しているところが増えてきました。教育機関にとっては、地域貢献の意味合いとともに、保育を学ぼうとする学生が、乳幼児と親を身近に感じられる機会となったり、実際の子育て支援にふれることのできる場となっています。保護者にとっては、子どもや子育てについて最新の知識を有する教育機関で行われている子育て支援に参加することで、安心を感じられることもあるようです。

3 地域における子育ち・子育て

①ファミリー・サポート・センター

子育て中の保護者を会員として、子どもの預かりなど支援を受けたい人（依頼会員）と、援助を行うことを希望する人（提供会員）とが互いに助け合う事業です。双方を引き合わせるために、アドバイザーが連絡・調整を行います。

②子育てサークル

子育てサークルとは、乳幼児を子育て中の保護者が集まり、自分たちで子育てに役立つイベントなどを開催している自助グループです。サークルのリーダーたちが中心となり、週1回、地域のコミュニティセンターや地域子育て支援センターなどを借り、自分たちで集いの会を開催

参照
ファミリー・サポート・センター
→レッスン2

したり、ときには、小さい子ども連れでも参加できる遠足や運動会などを計画したりすることもあります。集いの会では、子育て上の悩みや不安を語り合ったり、子育て上の工夫などの情報を共有したりしています。参加できる年齢は、サークルによっていろいろですが、生後6か月前後の乳児から幼稚園就園前までの子どもと、その保護者が対象のことが多いようです。サークルの規模もさまざまで、数組の親子で構成されるこじんまりしたサークルから、数十名の親子が登録していたり、何代も代表者が代替わりしながら10年以上続いているサークルもあります。

　子育てサークルのよさは、保護者自身が主体となって活動できることです。出産後、自宅に閉じこもりがちになったり、社会のなかで疎外感を感じたりしている母親にとっても、自分たちで企画、準備、実施することで、喜ぶ親子の様子から社会とのつながりを実感できたり、子育てのやりがいや喜びを感じやすくなったりします。また今現在、同様の悩みや不安を抱えている人同士、心情が理解しやすく、共感しやすいこともあげられます。このように共感し合える仲間がいることで、子育てへの意欲を高められることが考えられ、そのことも子育てサークルの利点だといえます。

　このように、いろいろよい効果をもたらすと考えられる子育てサークルですが、ほかの施設のように支援者がいるわけではないため、いわば全員が当事者であるがゆえの運営上の難しさもあるようです。

　わが子が小学校に就学したあと子育てサークルを立ち上げ、自分たちが乳幼児を育てているときに感じていた不安や不満の経験を生かして、子育て支援を行っている人もいます。先輩としてアドバイスできることも多く、現在乳幼児を育てている保護者にとっても、このような子育てサークルは心強い存在となるようです。

2. 保育の現代的な課題

　子どもや保護者を取り巻く環境は大きく変化してきています。核家族化や少子化は、家庭における子どもへの関わりや関係性を変えようとしています。全国に広がりつつある都市化の波は、私たちの生活のありようを変えようとしています。都市化は、情報化や消費社会の進行をともなって、私たちの生活のありように大きな影響を与えたのみならず、地域社会そのものの崩壊を招いています。

　この結果、家庭や地域の教育力は大きく低下してきました。孤立化し

た家庭においては子育て不安が増大しています。また、かつてはみんなで育て合うという風土があった地域社会は、その豊かな教育力を失ってしまいました。前節で指摘したように、家庭も地域も子育て力というものを取り戻さなくてはならない、「子育て社会」の到来が求められる時代になっています。

このような状況において、子どもたちが生活時間の大半を過ごしている保育所・幼稚園・認定こども園には、どのような保育が求められているのでしょうか。ここでは、今、そしてこれからの保育のありようを探っていきたいと思います。

1 子どもとともにある保育

レッスン1で、私たちは「保育」の原理的な意味について掘り下げて考察しました。「保育」も「教育」も「いのちの養い」ということを原理としてもっていることを明らかにしました。このように、同じような意味合いをもつ「保育」と「教育」ですが、「保育」に特有の意味があるとすれば、「保育」の「保」という言葉が子どもをおんぶしているところに由来しているように、そしてまた、「つきそひ」(付き添い) という意味をもっているように、一緒にいる、そばにいる(傍らにいる)、寄り添う、といったことが、「保育」に特有の意味として浮き彫りになってくるのです。まさに、保育とは、まず何よりも、「子どもとともにあること」なのです。今もこれからも求められる「子どもとともにある保育」のありようを、いくつかの側面からみていきましょう。

①寄り添う保育（受容し、共感し、認める保育）

寄り添う保育とは、子どもの気持ちを受容し、共感しながら、子どもとの信頼関係を築いていくことによって、子どもの自己肯定感を育んでいくような保育のことです。自己肯定感は自尊感情ともいわれますが、子どもが自信をもっていろいろなことに取り組み、自分なりに成長発達を遂げていくための精神的な基盤となるものです。自己を肯定する心は、自我の芽生えと成長のもとになるのです。自己肯定感は、家庭においては、特に母子の一体感のなかで育まれていきますが、保育施設においては、保育者が懐の深い心をもって、子どものすべてを認め、受容し、共感することによって、はじめて子どものなかに自己を肯定する心が育っていくのです。

「保育士等が、子どもの欲求、思いや願いを敏感に察知し、その時々の状況や経緯を捉えながら、時にはあるがままを温かく受け止め、共感し、また時には励ますなど、子どもと受容的・応答的に関わることで、

子どもは安心感や信頼感を得ていく。そして、保育士等との信頼関係を拠りどころにしながら、周囲の環境に対する興味や関心を高め、その活動を広げていく[†6]。このように、保育者は、子どものすべてを温かく受容し、子どもが遊んだり生活している姿をともに喜びながら、ていねいに関わっていくことが求められます。

近年、保育所の0歳児や1歳児のクラスにおいて、「生活担当制の保育」が行われるようになっていますが、担当制の保育は、まさしく「寄り添う保育」です。担当制の保育では、特定の保育者が子どもの傍らにいて、ゆったりとした関わりのなかで情緒的な絆を深めようとします。一人の子どもを温かく受け入れ、細やかな世話をとおして、常に応答的・共感的に関わります。子どもに寄り添うことによって、「子どもとともにある保育」を実践していくことが大切です。

②発達過程に応じる保育

「保育所保育指針」(2017年)には、保育の目標を実現していくための保育の方法について6つの視点が書かれていますが、その一つは次のとおりです。「子どもの発達について理解し、一人一人の発達過程に応じて保育すること。その際、子どもの個人差に十分配慮すること[†7]」。ここでいわれている「一人一人の発達過程に応じて保育する」という保育の方法は、「子どもとともにある保育」の一つのありようだと考えることができます。

発達過程とは、子どもの育ちが示すその折々の発達の姿のことです。発達段階といういい方がありますが、「発達段階」は、何か客観的な基準で示される子どもの育ちのメルクマール（徴表、特徴）のようなものを意味します。これに対して、「発達過程」は、一人ひとりの子どもの育ちの現れであり、その現れはさまざまで、一人ひとり異なっているということが含意されています。したがって、発達過程という言葉には、「一人一人の」という付加語をしばしばともなうのです。

「発達過程」とは、「子どもの発達を、環境との相互作用を通して資質・能力が育まれていく過程」であり、その考え方の基本は、「ある時点で何かが『できる、できない』といったことで発達を見ようとする画一的な捉え方ではなく、それぞれの子どもの育ちゆく過程の全体を大切にしよう[†8]」ということです。すなわち、子どもの発達を年齢や月齢で画一的にとらえたり、平均的・標準的な姿に合わせようとするのではなく、一人ひとりの発達のプロセスを大事にしようということです。個人差に留意し、個別にていねいに対応していくことが、「発達過程」の考え方なのです。

▶出典
†6 「保育所保育指針解説」第1章2（1）「養護の理念」

▶出典
†7 「保育所保育指針」第1章1（3）「保育の方法」ウ

▶出典
†8 「保育所保育指針解説」第1章1（1）「保育所の役割」

実際、子どもの育ちは、階段をのぼっていくように、いつも直線的、連続的に進んでいくわけではありません。発達のある局面において、時には停滞したり、逆に急速に伸長したりします。また、大人との関係も、一直線に依存から自立へ進んでいくのではなく、依存と自立を繰り返しながら、進んだり戻ったりして育っていくのが発達の実相なのです。このような発達の姿を十分に理解しながら、子どもの育ちを信じて待つ姿勢（待つ保育）が求められます。信じて待つ姿勢も、「子どもとともにある保育」の一つのありようです。

③ケアリング・マインド

　子どものそばにいて、子どものすべてを包み込むような関わり方のことを、ケアリング・マインドといいます。ケアとは、看護ケアや介護ケアなどといわれるように、看護者や介護者の専門的な世話や心遣いを意味しますが、保育ケアは、子どもの心身全体への、保育者ならではの専門的な世話を意味します。ケアリング・マインドの豊かな保育は、「子どもとともにある保育」の一つのありようだと考えることができます。

　ケア（care）という言葉は、英熟語のtake care of ～（～の世話をする）などで学んだことがあるかと思います。英語文化圏では、ケアは、世話、心遣い、心配といったことを意味しています。単独で動詞で使う場合は、「好く、愛する、気持ちが向いている」という意味でも使われます。ラテン語のcuraが語源ですが、気遣いや癒やしといった意味をもっていたようです。これとは別のゲルマン系のkaro（心配、悲しみ）という言葉と混ざり合って、現代英語のcure（治療する）とcare（世話する、心配する、好く）へと変化してきたといわれています。

　世話する、気遣うというケアの原義を基盤とし、相手に寄り添って心や魂の世話をするというケアの意味やはたらきを強調したのがメイヤロフです。メイヤロフは、『ケアの本質』において、「一人の人格をケアするとは、最も深い意味で、その人が成長すること、自己実現することをたすけることである[9]」と述べています。ケアするとは、相手に寄り添って相手の自己実現（自分づくり）を支援することなのです。

　また、「私は他者を自分自身の延長と感じ考える。また、独立したものとして、成長する欲求を持っているものとして感じ考える。さらに私は、他者の発展が自分の幸福感と結びついていると感じつつ考える。そして、私自身が他者の成長のために必要とされていることを感じとる。私は他者の成長が持つ方向に導かれて、肯定的に、そして他者の必要に応じて専心的に応答する[10]」と述べ、相手との一体感、相手への尊敬の念、相手を包み込むような居場所となることなどが、ケアの構成要素

▶出典
[9] メイヤロフ, M.／田村真・向野宣之訳『ケアの本質――生きることの意味』ゆみる出版、2005年、13頁

▶出典
[10] [9]と同じ、26頁

に含まれることを指摘しています。ケアは、相手を自分の延長のように思い、常に温かい共感的理解をもって相手に寄り添い、無私の気持ちで相手に専心応答するような関わりを意味しています。保育ケアは、「子どもとともにある保育」の一つのありようなのです。

2 遊びと環境による保育

小学校以上の教育は、原則として、文化や科学の内容を「教科」とし、教師による教授と子どもによる学習から成り立っています。大人になって必要になるであろうと考えられる知識や技能を伝達し、身につけさせることを基本としています。これに対して、乳幼児期の教育は、子どもの自然、子どもの生活から出発します。子どもがいきいきと遊び生活していくためには、どのような配慮が必要となるかという視点から、教育の内容や方法が考えられていきます。このような乳幼児期ならではの教育のありようを典型的に示しているのが、「**遊びと環境による保育**」です。遊びは、子どもの自然な生活です。子どものありのままの生活を中心に考えるとき、遊びによる教育が成立します。また、子どもがいきいきと育っていくためには、適切な環境が必要です。子どもは、**主客未分**の状態で生きていますから、環境からの影響を大きく受けます。そのような乳幼児期の発達の姿から考えると、乳幼児期の教育は、環境に始まり環境に終わるといっても過言ではありません。今もこれからも求められる、「遊びによる（遊びをとおしての）保育」「環境による（環境をとおしての）保育」について考えましょう。

①遊びによる保育

わが国最初の幼稚園、**東京女子師範学校附属幼稚園**（1876［明治9］年開設）において最初の保育者（当時は保姆）となった豊田芙雄は、『保育の栞』において「小児を導くに必ずこれを急にするを要する勿れ。開誘の仕事は皆遊戯と心得たらんは大なる誤ちなかるべし」と述べています。「開誘」とは、今でいう「保育」のことです。豊田は、保育はすべて遊びであるといっているのです。わが国の幼児教育の曙において、すでに遊びが幼児教育の王道であったことが知られます。

欧米の保育の歴史においても、フレーベルが幼児教育の本質を遊びであると喝破するまえに、ルソーは、「子どもの状態を尊重するがいい。(中略) 一日中飛んだり跳ねたり、遊んだり、走り回ったりしているのが、何の意味もないことだろうか[11]」と述べて、遊ぶ子どもの姿に共感し、生きる力を生み出す遊びの大いなる意義を見いだしたのです。

ときを経て、わが国戦後の幼児教育・保育の出発点となった「保育要

参照
遊び
→レッスン10

補足
主客未分
主体と客体の区別がないということ。

参照
東京女子師範学校附属幼稚園
→レッスン15

出典
†11 ルソー, J. J.／今野一雄訳『エミール（上）』岩波文庫、1962年、161-162頁

領」(1948〔昭和23〕年)において、自由遊びの重要性が次のように語られました。

> 子供たちの自発的な意志にもとづいて、自由にいろいろの遊具や、おもちゃを使って生き生きと遊ばれる遊びが自由遊びである。(中略) そこでは活発な遊びのうちに自然にいろいろの経験が積まれ、話し合いによって観察も深められ、くふうや創造が営まれる。また自分の意志によって好きな遊びを選択し、自分で責任を持って行動することを学ぶ。子供どうしの自由な結合からは、友愛と協力が生まれる。

「自由遊び」は、子どもの自発的な遊びを強調した言葉であり、保育カリキュラムにおいて定着してきたものですが、戦後の保育の出発点において、子どもが自由に、自発的に遊ぶことを中心として、その遊びをさらに発展させていくように保育が組み立てられることが求められたのです。

現在においても、遊びによる保育は、乳幼児の発達や学びを力強く進めていく保育方法として重んじられています。長い引用になりますが、遊びによる保育が乳幼児期ならではの保育の方法であることがよく表現されているところを取り上げます[†12]。

> 乳幼児期の生活のほとんどは、遊びによって占められている。遊びの本質は、人が周囲の事物や他の人たちと思うがままに多様な仕方で応答し合うことに夢中になり、時の経つのも忘れ、その関わり合いそのものを楽しむことにある。すなわち遊びは遊ぶこと自体が目的であり、人の役に立つ何らかの成果を生み出すことが目的ではない。しかし、乳幼児期の遊びには園児の成長や発達にとって重要な体験が多く含まれている。(中略) 自発的な活動としての遊びにおいて、園児は心身全体を働かせ、様々な体験を通して心身の調和のとれた全体的な発達の基礎を築いていくのである。その意味で、自発的な活動としての遊びは、乳幼児期特有の学習なのである。したがって、幼保連携型認定こども園における教育及び保育は、遊びを通しての指導を中心に行うことが重要である。

遊び論の大家たち(ホイジンガ、カイヨワ、フィンクなど)が述べ

▶出典
†12 内閣府・文部科学省・厚生労働省『幼保連携型認定こども園教育・保育要領解説 平成30年3月』フレーベル館、2018年、35-36頁

ように、遊びは人間の本質的な行動の一つです。とりわけ乳幼児の生活の大部分を占めるものであり、乳幼児にとって遊びは生活の基盤といえます。フィンクも述べるように、「子供の場合、遊戯はまだ生存の全き中心であるように見える。遊戯は子供の生の本質的要素と認められている[13]」のです。子どもが夢中で遊ぶことによって、生きる力の基礎や確かな人生の基盤が養われています。つまり、乳幼児の教育・保育は、遊びをとおしての指導、すなわち遊びをさらにふくらませ、遊びのなかで子どもがいろいろな力を身につけていくように援助していくことが大切であるということなのです。

▶ 出典
[13] フィンク, E./石原達二訳『遊戯の存在論』せりか書房、1976年、17頁

「遊びによる保育」は「遊びをとおしての総合的な保育」ともいわれます。あるいは、子どもは、遊びをとおして総合的に発達していくともいわれます。総合的に発達していく、また総合的な保育とは、どのようなものなのでしょうか。

「総合的」というのは、乳幼児期ならではの発達の特徴、あるいは育ちの特性を意味すると同時に、乳幼児期ならではの指導のあり方を意味しています。さらに、総合的な発達とは、次のようなことです[14]。

▶ 出典
[14] [12]と同じ、36頁

> 遊びを展開する過程においては、園児は心身全体を働かせて活動するため、心身の様々な側面の発達にとって必要な経験が相互に関連し合い積み重ねられていく。つまり、乳幼児期には諸能力が個別に発達していくのではなく、相互に関連し合い、総合的に発達していくのである。

このような総合的に育っていく姿をそのまま生かして指導に結びつけることを、遊びをとおしての総合的な保育、あるいは指導というのです[15]。

▶ 出典
[15] [12]と同じ、37頁

> 遊びを通して総合的に発達を遂げていくのは、園児の様々な能力が一つの活動の中で関連して同時に発揮されており、また、様々な側面の発達が促されていくための諸体験が一つの活動の中で同時に得られているからである。(中略) 一つの遊びを展開する中で、園児はいろいろな経験をし、様々な能力や態度を身に付ける。したがって、具体的な指導の場面では、遊びの中で園児が発達していく姿を様々な側面から総合的に捉え、発達にとって必要な経験が得られるような状況をつくることを大切にしなければならない。そして、常に園児の遊びの展開に留意

し、適切な指導をしなければならない。園児の生活そのものともいえる遊びを中心に、園児の主体性を大切にする指導を行おうとするならば、それはおのずから総合的なものとなるのである。

遊びが子どもの生活の中心であるがゆえに、遊びをとおしての総合的な保育あるいは指導は、現在においても、またこれからにおいても、保育指導の中心的なありようです。

②環境による保育

「遊びによる保育」と表裏一体となっているのが、「**環境**による保育」です。豊かな環境があってはじめて、子どもの遊ぼうという気持ちが誘発されます。子どもが思わずふれてみたい、動かしてみたい、取り組んでみたいと思えるような魅力的な環境が大切です。「遊びによる保育」は、子どもの自発的な遊び活動をサポートし、子どもの自由な活動意欲をどんどんふくらませていく保育ですが、「環境による保育」は、そのような自由で、自発的な遊びを支える保育ということができます。

「環境による保育」のあり方、進め方を考えるために、環境とは何か、人間は環境とどのような関わりをもつ存在であるかについて、明らかにしていきましょう。まず、環境とは何かについて考えていきましょう。

『広辞苑』(岩波書店)では、「環境」について、次のように説明されています。

> ①めぐり囲む区域。
> ②四囲の外界。周囲の事物。特に、人間または生物をとりまき、それと相互作用を及ぼし合うものとして見た外界。自然的環境と社会的環境がある。

参照
環境
→レッスン6

私たちの周囲にあって取り囲んでいるものすべてが環境なのですが、ここで重要なのは、私たちと相互作用を及ぼし合うものという規定です。すなわち、私たちと何らかの関係性をもつものが、私たちの環境なのです。ドイツ語で環境は、Umwelt といいます。Welt は、「世界」です。umは「まわり」を意味します。環境は、世界全体の中で私たちを取り巻き、私たちと何らかの関係性をもつ「周辺世界」のことなのです。私たちはこの周辺世界である「環境」と常にともにあるという意味で、「環境内存在」ともいえるのです。

ブロンフェンブレンナー(Bronfenbrenner, U.)は、発達は一人の人

間とその人間を取り巻く周囲の環境との相互作用によって成し遂げられていくこと、中心にいる子どもは、環境との相互作用のなかで直接・間接的に影響を受けることを、生態学的環境の視点から明らかにしました。ブロンフェンブレンナーによれば、そのような生態学的環境は次のような重層構造をもっています（図表3-2）。

このように、マイクロシステムが私たちの周辺世界の最も小さい環境で、クロノシステムが最も大きい環境となります。これらが同心円からなる入れ子状態のようになって子どものまわりに存在していると考えることができます。これらすべてが、何らかの意味で子どもに直接・間接的に影響を与えています。環境世界の広がりに応じて、子どもの成長・発達が成し遂げられていくのです。

それでは、具体的に「環境による保育」とは、どのようなものでしょうか。上に述べたように、私たちは常に環境内存在であり、生活ということ自体が、周囲の環境との相互作用・相互関係によって成り立っています。そして、生活をとおして身近なすべての環境から刺激を受け、環境に対して興味や関心をもってさまざまな活動を展開するのです。乳幼児期は、環境からの影響を最も大きく受ける時期なので、どのような環境のもとで生活し、環境に対してどのように関わったかということが、のちの子どもの発達や生き方に重要な意味をもつことになるのです。その意味で、環境による保育、環境をとおして行う保育は、乳幼児期ならではの基本的なものといえるでしょう。

「保育所保育指針」には、環境による保育のあり方が、次のように述べられています[16]。

▶出典
[16]「保育所保育指針」第1章1（4）「保育の環境」

図表3-2 生態学的環境の重層構造

マイクロシステム (microsystems)	自分を取り巻く最も身近な環境世界、身近な人間関係そのもの。
メゾシステム (mesosystems)	身近な環境世界にあるもの、ある人同士の関係。
エクソシステム (exosystems)	身近な環境世界の外にある環境世界であり、家庭や自分と親の関係が身近な環境世界であるとすると、その親の職場やマスコミなど子どもが直接関与できない周辺世界。
マクロシステム (macrosystems)	エクソシステムを枠づけ、構成している社会制度など。
クロノシステム (chronosystems)	最も幅広い周辺世界であり、時間の経過や時代・文化の変容などを意味する。

レッスン3　現代社会における子育てと保育

> 　保育の環境には、保育士等や子どもなどの人的環境、施設や遊具などの物的環境、更には自然や社会の事象などがある。保育所は、こうした人、物、場などの環境が相互に関連し合い、子どもの生活が豊かなものとなるよう、（中略）計画的に環境を構成し、工夫して保育しなければならない。

　環境は、子どもを取り巻く状況のすべてといえます。保育においては、保育者による一方的な指導による保育の展開ではなく、子どもが主体性を発揮して活動に取り組んでいくことが大切ですが、子どもの主体的な活動が生まれやすく、展開しやすいように、状況づくりをしていくことが、環境による保育です。
　「環境を通して行う教育は、遊具や用具、素材だけを配置して、後は幼児の動くままに任せるといったものとは本質的に異なるものである。（中略）環境の中に教育的価値を含ませながら、幼児が自ら興味や関心をもって環境に取り組み、試行錯誤を経て、環境へのふさわしい関わり方を身に付けていくことを意図した教育」であり、「幼児の環境との主体的な関わりを大切にした教育であるから、幼児の視点から見ると、自由感あふれる教育[17]」なのです。

3　主体的な学びを育む保育

　イタリアの小都市レッジョ・エミリアの幼児学校や乳幼児センターで取り組まれている**レッジョ・エミリア・アプローチ**は、子どもの主体的な学び、そして確かな学びを保障する先進的な保育として知られています。
　レッジョ・エミリア・アプローチでは、子どもと保育者が一緒になって「プロジェクト活動」を立ち上げます。プロジェクト活動のテーマは、主に子どもの興味や関心、好奇心をもとに、子どもたちの話し合いによって決められます。子どもたちは、自分たちの興味や関心から導かれたテーマですから、積極的・能動的にプロジェクト活動に参加します。共同して問題解決したり、試行錯誤しながら課題を達成したり、成果を言葉や描画や身体活動により表現したりします。子どもの表現力、コミュニケーション力、探究心、創造力が養われていきます。
　重要なのは、プロジェクト活動では、子どもが主人公となり、子どもの主体的な学びが行われることです。子どもの主体的な学びを支援し、確かな学びが得られるような保育、これが今求められている保育です。

▶出典
[17]「幼稚園教育要領解説」第1章第1節2（3）「環境を通して行う教育の特質」

参照
レッジョ・エミリア・アプローチ
→レッスン14

第1章 保育の意義

▶出典
†18 「幼稚園教育要領」第1章第4 3「指導計画の作成上の留意事項」(2)

このような学びの形態は、幼稚園や保育所で今求められている保育のスタイルです。「幼稚園教育要領」第1章「総則」には、次のように述べられています[18]。

> 幼児が様々な人やものとの関わりを通して、多様な体験をし、心身の調和のとれた発達を促すようにしていくこと。その際、幼児の発達に即して主体的・対話的で深い学びが実現するようにするとともに、心動かされる体験が次の活動を生み出すことを考慮し、一つ一つの体験が相互に結び付き、幼稚園生活が充実するようにすること。

参照
アクティブ・ラーニング
→レッスン6

主体的・対話的で深い学び
→レッスン6

「主体的・対話的で深い学び」を引きだす保育の方法を**アクティブ・ラーニング**（直訳すれば、「能動的・活動的な学習」）といいます。プロジェクト活動は、アクティブ・ラーニングによって子どもの「**主体的・対話的で深い学び**」を実現するような保育の一つのあり方といえるでしょう。

遊びによる保育、環境による保育においても、子どもの主体的な姿や活動が求められていたことを思い起こしましょう。教えられたり、命じられたりして行われる保育においては、学んだり得たりしたものは平板なものになってしまいます。みずから主体的、能動的、積極的に関わって学んだり得たりしたものは、いきいきとした知識であったり、深いものとなったりします。「幼稚園教育要領」や「保育所保育指針」を注意して読んでみると、実はいたるところで子どもの「主体的な活動」や「主体性」が強調されています。乳幼児の保育においては、子どもが主体的に活動できるような場にしていくことが求められているのです。

今、求められている「主体的な学びを育む」保育は、幼児らしい「学び」感が得られるようにする保育のあり方です。「学び」は「学習」と言い換えることができます。「幼稚園教育要領」では「自発的な活動としての遊びは、幼児期特有の学習なのである[19]」といわれていますが、幼児教育・保育の分野では、学びや学習は小学校的なイメージをよび起こすのではないかと思われ、意識的に遠ざけられたり、遠ざけられない場合は、慎重な言い回し（「幼児期特有の」がこれに当たります）がなされていました。

▶出典
†19 文部科学省「幼稚園教育要領解説」第1章第1節3（2）①幼児期における遊び

しかし、このたびは、アクティブ・ラーニングの姿を借りて、「主体的・対話的で深い学び」という言い回しで、学びや学習活動が浮き彫りにされたのです。保育は、子どもの側からいえば、子どもの学習の過程

となるように設計していかなければならない、ということなのです。それでは、どういったことを学び、学習し、身につけることが求められているのでしょうか。小学校ならば、端的にさまざまな知識・技能（教科として成立している）ということでしょうが、幼児教育・保育においては、生きる力の基礎となるような、次の3つの「育みたい資質・能力」とされています[20]。

> 1　豊かな体験を通じて、感じたり、気付いたり、分かったり、できるようになったりする「知識及び技能の基礎」
> 2　気付いたことや、できるようになったことなどを使い、考えたり、試したり、工夫したり、表現したりする「思考力、判断力、表現力等の基礎」
> 3　心情、意欲、態度が育つ中で、よりよい生活を営もうとする「学びに向かう力、人間性等」

子どもが主人公となり、子どもが主体的に活動しながら、このような資質・能力を育み、養っていくような保育を設計していくことが、これからの保育の課題となっています。

▶ 出典
[20]「保育所保育指針」第1章4（1）「育みたい資質・能力」、「幼稚園教育要領」第1章第2「幼稚園教育において育みたい資質・能力及び［幼児期の終わりまでに育ってほしい姿］」、「幼保連携型認定こども園教育・保育要領」第1章第1の3「幼稚園教育において育みたい資質・能力及び［幼児期の終わりまでに育ってほしい姿］」

演習課題

①レッスン2も参考にしながら、子育て支援の多様な方法についてまとめてみましょう。
②「幼稚園教育要領解説」（2018年）、「保育所保育指針解説」（2018年）、「幼保連携型認定こども園教育・保育要領解説」（2018年）を参考にして、「遊び」と「環境」の大切さについてまとめましょう。
③これから求められる保育の姿として、（1）子どもとともにある保育、（2）遊びと環境による保育、（3）主体的な学びを育む保育、の3つを示しましたが、これらが実際の保育の現場で行われている具体的な姿を記録してみましょう。

第 1 章 保育の意義

参考文献……………………………………………………………………………………

レッスン 1
日本保育学会 『日本幼児保育史』(全 6 巻) 日本図書センター 2010 年
待井和江編 『保育原理(第 7 版)』 ミネルヴァ書房 2009 年

レッスン 2
柏女霊峰 『子ども・子育て支援制度を読み解く――その全体像と今後の課題』 誠信書房 2015 年
全国保育団体連絡会・保育研究所編 『保育白書2018』 ひとなる書房 2018 年

レッスン 3
厚生労働省 『保育所保育指針解説』 フレーベル館 2018 年
ブロンフェンブレンナー, U./磯貝芳郎・福富譲訳 『人間発達の生態学』 川島書店 1996 年

おすすめの 1 冊

丸亀ひまわり保育園・松井剛太 『子どもの育ちを保護者とともに喜びあう――ラーニングストーリー はじめの一歩』 ひとなる書房 2018 年
保育者と保護者が同じ目線に立ち、子どもの育ちを喜び合うなかで、保育の充実を目指した実践の記録。保育者と保護者の間でつくり上げられるラーニングストーリーの実際が、イラストや写真などを使ってわかりやすく示されている。

第2章

保育の基本

本章では、保育者になるために必要な基本的な事項について学びます。保育をするためには、目の前にいる子どものことや発達の道筋について理解しておかなければなりません。また、保育とは環境をとおして行うものであり、保育者は倫理感をもち、制度を十分に理解しておく必要があります。

レッスン4　子ども理解
レッスン5　子どもの発達に応じた保育
レッスン6　環境をとおして行う保育
レッスン7　保育者の倫理と役割
レッスン8　保育制度の基本

レッスン4

子ども理解

幼児教育・保育の営みは、「子どもをどのように理解するのか」というところから始まります。このレッスンでは、保育のなかでみられる子どもたちの姿や行動について考え、理解していくための視点を学んでいきます。

1. 保育における子どもの理解

1　子ども観と保育

　私たちの祖先は、これまで子どもをどのような存在としてみて、どのようにはたらきかけ、育てようとしてきたのでしょうか。現在の子ども観や保育のあり方はさまざまですが、三谷は下記のように、対立する2つの子ども観と、その子ども観から形づくる保育のあり方を指摘しています[†1]。

> ①子どもは無知、無能であり、未熟であるから、おとなが自分たちの培ってきた知識を計画的・組織的に教えることによって、人間として成長するという子ども観
> ②子どもは無限の可能性をもち、自ら時代の文化がもっている知識を自分の中に取り込んでいくという、人間として成長する力、意欲を有しているという子ども観

　①の子ども観をもった場合は、保育者が主体で、子どもは客体となります。主体となる保育者は完成品でなければならず、権威の持ち主で正しく、その理想の姿に子どもを近づけることを善とし、自分にとって都合のいい子を育てることになります。一方、②の子ども観をもった場合は、保育者よりも子どもが主体で、保育者は、子ども自身が発見し、理解を深め、発達していく過程を援助していくことになります。このように保育者のもつ子ども観によって、その保育者の行う保育や保育観は変わってくるのです。

　私たちは、子どもをどのような存在としてとらえ、保育していけばよいのか考えてみたいと思います。『幼稚園教育指導資料第3集　幼児理

▶出典
†1　三谷大紀「子ども観と保育の内容・方法」森上史朗・小林紀子・若月芳浩編『保育原理』ミネルヴァ書房、2009年、23頁

解と評価』の第1章「幼児理解と評価」では、「保育は幼児自身が活動することを通して様々な経験を積み重ね、発達に必要なものを身に付けていけるように援助する営み」と示しています[†2]。同じように見える活動であっても、一人ひとりの幼児の主体的で自由な活動を尊重し、それを適切に援助していくことが必要です。保育者が子どもに対して上から一方的に教え込む保育ではなく、一人ひとりの子どもが保育者の援助のもとで主体性を発揮して活動を展開していくことができるような、子どもの立場に立った保育が求められます。

2 子どもの理解と保育

　幼児教育・保育は、まず子ども一人ひとりを理解することから始まります。1989（平成元）年に「幼稚園教育要領」が大きく改訂され、「**環境を通して行う教育**」が幼稚園教育の基本であると示されました。さらに、2017（平成29）年の改訂においては、幼児が主体的に環境に関わることが重視され、保育者は、幼児一人ひとりの興味や関心、発想などを理解したうえで、日々の環境構成を行ったり、支援したりすることが示されました。これは、同時に改定（訂）された「保育所保育指針」「幼保連携型認定こども園教育・保育要領」においても同じことです。なぜなら今回の改定（訂）は、保育所・幼稚園・幼保連携型認定こども園の3つの幼児教育施設の整合性を図るということがそのねらいの一つだからです。

　また、「環境を通して行う教育」は、資質・能力を育成するという今回の「学習指導要領」の改訂の基本方針に合わせたものです。「環境を通して行う教育（保育）」とは、保育者主導型の教育（保育）からの脱却ということを意味しています。つまり、これからの日本の教育（保育）は、子どもが主体となって、遊びを中心とする自発的で発展的な活動に取り組むことを原理とするということです[†3]。

　「幼稚園教育要領」第1章第1「幼稚園教育の基本」においては、「環境を通して行う教育」に関連して重視する事項として、①幼児期にふさわしい生活の展開、②遊びを通しての総合的指導、③幼児一人ひとりの特性に応じた指導、の3点があげられています。このことは「幼保連携型認定こども園教育・保育要領」においてもほぼ同様です。

　乳幼児期は、自分の存在が周囲の大人に認められ、守られているという安心感から生じる安定した情緒が支えとなって、しだいに自立した生活へと向かっていきます。同時に、乳幼児は、自分を守り、受け入れてくれる大人を信頼します。すなわち、大人を信頼するという確かな気持

▶ 出典
†2　文部科学省『幼稚園教育指導資料第3集　幼児理解と評価』ぎょうせい、2010年、17頁

✚ 補足
環境を通して行う教育
「保育所保育指針」では、「環境を通して行う保育」とされている。

▶ 出典
†3　汐見稔幸・無藤隆監修『〈平成30年施行〉保育所保育指針　幼稚園教育要領　幼保連携型認定こども園教育・保育要領　解説とポイント』ミネルヴァ書房、2018年、50頁

第2章　保育の基本

ちが、乳幼児の発達を支えているのです。

子どもの発達の姿は、大筋でみれば、どの子どもも共通した過程をたどると考えられます。子どもを保育する際に、その年齢の多くの子どもが示す発達の姿について保育者が心得ておくことは、保育のしかたを大きく誤らないために必要です。しかし、子ども一人ひとりに目を向けると、その発達の姿は一様ではないことがわかります。「保育所保育指針」の第2章には、「子どもの心身の発達及び活動の実態などの個人差を踏まえるとともに、一人一人の子どもの気持ちを受け止め、援助すること[†4]」と示されています。

そのため保育者は、子どもがみずから主体的に環境と関わり、自分の世界を広げていく過程そのものを発達ととらえ、子ども一人ひとりの発達の特性（その子どもらしい見方、考え方、感じ方、関わり方など）を理解し、その特性やその子どもが抱えている発達の課題（子ども一人ひとりの発達の姿をみつめることにより見出されるそれぞれの課題）に応じた指導をすることが大切です。「幼稚園教育要領」においても「教師は、幼児の主体的な活動が確保されるよう幼児一人一人の行動の理解と予想に基づき、計画的に環境を構成しなければならない[†5]」と示されています。一人ひとりの子どもに幼児教育のねらいが実現されていくためには、子どもが必要な体験を積み重ねていくことができるように、発達の道筋を見通して、教育的に価値のある環境を計画的に構成していく必要があります。

『幼稚園教育指導資料第3集　幼児理解と評価』では、幼稚園教育において、望ましい方向に幼児の発達を促すために必要な視点をあげています。それは、①幼児を理解することが保育の出発点であること、②温かい信頼関係を基盤にしていくこと、③一人ひとりの特性に応じた教育を重視することです。

さらに、幼児の発達を促すために必要なものとして、次のように幼児期の能動性という視点を重視しています[†6]（太字は筆者）。

・人は周囲の環境に自分から**能動的**に働き掛けようとする力をもっていること

・幼児期は**能動性**を十分に発揮することによって発達に必要な経験を自ら得ていくことが大切な時期であること

・**能動性**は、周囲の人に自分の存在や行動を認められ、温かく見守られていると感じるときに発揮されるものであること

▶ **出典**
†4　「保育所保育指針」第2章4（1）「保育全般に関わる配慮事項」ア

◆ **補足**
「保育所保育指針解説」第2章4（1）「保育全般に関わる配慮事項」
一つ目は、乳幼児期の子どもの発達は心身共に個人差が大きいことに配慮することである。同じ月齢や年齢の子どもの平均的、標準的な姿に合わせた保育をするのではなく、一人一人の発達過程を踏まえた上で、保育を展開する必要がある。二つ目は、子どもの活動における個人差に配慮することである。同じ活動をしていても、何に興味をもっているか、何を求めてその活動をしているのかは、子どもによって異なる。そのため一人一人の活動の実態を踏まえて、その子どもの興味や関心に沿った環境を構成していく必要がある。三つ目は、一人一人の子どものその時々の気持ちに配慮することである。保育士等が様々に変化する子どもの気持ちや行動を受け止めて、適切な援助をすることが大切であり、常に子どもの気持ちに寄り添い保育することが求められる。

▶ **出典**
†5　文部科学省「幼稚園教育要領」第1章第1「幼稚園教育において育みたい資質・能力及び［幼児期の終わりまでに育ってほしい姿］」

†6　†2と同じ、3-4頁

このような能動性の発揮とは、幼児が活発に活動する姿のみを指しているのではなく、黙って周囲の動きを見つめている幼児の姿も、相手の話に聞き入る姿も、その幼児が能動的に関わっている姿として受け止めることが大切です。

また、子どもを理解するための保育者の姿勢として大切にしたい点を5つあげています[†7]。

> ①温かい関係を育てる：優しさなどの幼児への配慮、幼児に対する関心を持ち続けること
> ②相手の立場に立つ：幼児の考え方や受け止め方をその幼児の身になって理解しようとする姿勢をもつこと
> ③内面を理解する：一人一人が送っている幼児らしいサインを丁寧に受け止めること
> ④長い目で見る：あせらず、決め付けずに、日々心を新たにして、幼児一人一人への関心をもち続けること
> ⑤教師が共に学び合う：幼児の姿を担任だけではなく他の教師と共に振り返り、情報を教師が共有し重ね合わせ、幼児をより多くの目で見ること

▶出典
†7 †2と同じ、29-37頁

このように、子どもとともに生活する保育者は、子どものどのような行為にも、その子どもにとっての意味があり、何かサインを送っているものとして、子どもの姿から推測していこうとする姿勢をもつことが大切です。

たとえば、なかなか遊びだせない子どもの姿を見たときに、保育者は、表に現れている行動から、その子どもを「遊べない」「引っ込み思案」な子どもととらえがちです。また、他児との関わりのなかで、他児を叩いてしまったり、思いが通らないとかんしゃくを起こすことが多い子どもに対しては、「乱暴」「自己中心的」な子どもとしてとらえてしまうこともあります。津守は、このように大人側の先入観や価値観で子どもをとらえてしまう見方を「概念的な理解」といい、そうした理解のしかたが、子どもに対する本質的な理解を妨げる危険性があることを指摘しています[†8]。

これらのことから、保育における子どもの理解は、子どもとの温かい関係を基盤にして、①一人ひとりの子どもの言動や表情から、思いや考えなどの意味をとらえようとし、②保育者が推測しながら関わり、③関わりをとおして子どもの反応から新しいことが推測される、という循環

▶出典
†8 津守真『子どもの世界をどうみるか──行為とその意味』NHKブックス、1987年、128-131頁

のなかで行われることが大切です。

3 内面的理解と保育

　先にも述べましたが、子どもを理解するには、一人ひとりの子どもの言動や表情、しぐさなどから、その意味を探り、言葉にならない思いも含めて、その内面を理解していくことが大切です。内面を理解する姿勢としてあげられるのは、個別的・共感的な理解です。共感的な理解とは、大人の目線で子どもの行動をとらえるのではなく、子どもの見方や感じ方で、子どもを理解しようとすることです。

　倉橋惣三（くらはしそうぞう）は『育ての心』で、子どもたちの心の動きへの共感やそれに対する応答を、大切な保育者の役割として、次のように述べています[†9]。

> こころもち
>
> 　子どもは心もちに生きている。その心もちを汲んでくれる人、その心もちに触れてくれる人だけが、子どもにとって、有り難い人、うれしい人である。
>
> 　子どもの心もちは、極めてかすかに、極めて短い。久しい心もちは、誰でも見落とさない。かすかにして短き心もちを見落とさない人だけが、子どもとともにいる人である。
>
> 　心もちは心もちである。その原因、理由とは別のことである。ましてや、その結果とは切り離されることである。多くの人が、原因や理由を尋ねて、子どもの今の心もちを共感してくれない。結果がどうなるかを問うて、今の、この、心もちを**諒察**（りょうさつ）*してくれない。殊に先生という人がそうだ。
>
> 　その子の今の心もちにのみ、今のその子がある。

　上記のように、保育者は、子どものそのときどきの思いを、その子の立場に立って共感的に探っていこうとしても、その子の思いを正確にすべて理解することは難しいのです。つまり保育者には、子どもの思いを正しく理解できたかどうかよりも、そのときどきの子どもの心に近づきたい、理解したいという姿勢が大切なのです。

参照
倉橋惣三
→レッスン15

▶出典
†9　倉橋惣三『育ての心（上）』フレーベル館、1976年、34頁

＊用語解説
諒察
（相手の状態を）思いやりをもって推察すること。

2. 子ども理解を深める方法

1 ふれあいをとおして

　子どもと保育者の相互理解を深めるには、保育者は、どのようなことに留意して子どもとふれあえばよいのでしょうか。『幼稚園教育指導資料第3集　幼児理解と評価』では、「幼児と教師の相互理解は、毎日の生活の中でのふれあいを通して深められます。一人一人の幼児が自分は教師に温かく見守られているという実感をもつように、一人一人を大切に思う教師の気持ちがその幼児の心に届くような具体的な表現を心掛けることが大切です[10]」と示されています。たとえば、子どもは、肌と肌とのふれあいによって、愛情を感じ取ったり、親しみをもったり、安心感をもったりします。泣いている子どもには、手をつないだり、背中をさすったりすることで、感情がしずまることがあります。

　また保育者が温かい視線を送ることは、子どもと保育者の相互理解を深めるために役立ちます。目で合図を送る、視線を合わせて話す、笑顔で応じるなど、保育者の送る温かいまなざしから、子どもは愛情を感じ取り、安心してありのままの姿を保育者に見せてくれるでしょう。

　園生活では、さまざまな場面で子どもとふれあう機会があります。しかし、保育者が何かをさせることばかりに気をとられてしまうと、その機会を逃してしまうこともあるので、一人ひとりの子どもに保育者の心が届くようにすることが大切です。

2 気持ちを受け止める

　保育は、子どもと保育者の信頼関係のもとに、子どもが直面する自分自身の**発達の課題**＊を自分の力で乗り越えようとすることを援助する営みです。保育者は、大人と話すように、「がんばりなさい」「こうやればいいのよ」「どうしてなの？」など、表に現れた事柄に目を向けて、励ましたり、やり方を指示したり、理由を問いただしたりすることがあります。保育者は、言葉や行動の根底にある子どもの気持ちを受け止め理解することが大切です。

3 子どもとの関わり

　「保育所保育指針」第2章「保育の内容」には、「一人一人の子どもの生育歴の違いに留意しつつ、欲求を適切に満たし、特定の保育士が応答的に関わるように努めること[11]」と、特に心身の機能が未熟な0歳児

▶出典
[10]　[2]と同じ、38頁

＊用語解説
発達の課題
その時期の多くの子どもが示す発達の姿に合わせて設定された外側から与えられる課題のことではなく、一人ひとりの子どもが、そのとき、そこで直面し、乗り越えようとしている自己課題のこと。

▶出典
[11]　「保育所保育指針」第2章1（3）「保育の実施に関わる配慮事項」イ

の保育の実施に関わる配慮事項が示されています。

乳児期の子どもが成長するうえで最も重要なことは、保育士をはじめとした特定の大人との継続的かつ応答的な関わりです。保育士等は生育歴の違いを踏まえ、一人ひとりの現在のありのままの状態から子どもの生活や発達過程を理解し、必要な働きかけをすることが大切です。

また、子どもの欲求に応答して、人と関わることの心地よさを経験できるようにすること、すなわち、子どもが声や表情、仕草、動きなどをとおして表出する要求に、タイミングよく共感的にこたえていくことが大切です。

『幼稚園教育指導資料第3集　幼児理解と評価』では、「触れ合いを通して幼児を理解するといっても、あまりその幼児に密着しすぎるとかえって見えにくくなる場合もあります。幼児の生活する姿は、教師との相互関係の中で生まれてくるものですから、教師が密着しすぎると枠がはめられて、幼児が自主性を発揮しにくくなることもあるのです[12]」と示しています。

保育のなかで大切にしたいことは、幼児が保育者にしっかりと見守られているという安心感をもつことです。それとともに、もっと大事にしなければならないことは、安心して保育者から離れて、一人立ちできるようにすることです。そこでは、幼児自身の足取りを受け止めながら温かく見守るという姿勢が、援助の手だてを考えるために必要です。

▶出典
[12]　[2]と同じ、42頁

3. 子ども理解に基づいた評価

1　評価の実施

「幼保連携型認定こども園教育・保育要領」では、「指導の過程を振り返りながら園児の理解を進め、園児一人一人のよさや可能性などを把握し、指導の改善に生かすようにすること。その際、他の園児との比較や一定の基準に対する達成度についての評定によって捉えるものではないことに留意すること[13]」と記されています。これについては「保育所保育指針」「幼稚園教育要領」との整合性が図られています。

幼保連携型認定こども園において、乳幼児期にふさわしい教育および保育を行う際に必要なことは、園児一人ひとりに対する理解を深めることです。保育教諭等は、園児と生活をともにしながら、その園児が今、何に興味をもっているか、何を実現しようとしているのか、何を感じているのかなどをとらえ続けていく必要があります。園児が発達に必要な

▶出典
[13]　「幼保連携型認定こども園教育・保育要領」第1章第2　2（4）「園児の理解に基づいた評価の実施」ア

体験を得るための環境の構成や保育教諭等の関わり方も、園児を理解することにより、適切なものとなります。

評価の実施に当たっては、指導の過程を振り返りながら、園児がどのような姿をみせていたか、どのように変容しているか、そのような姿が生みだされてきた状況はどのようなものであったかといった観点から園児の理解を進め、園児一人ひとりのよさや可能性、特徴的な姿や伸びつつあるものなどを把握するとともに、保育教諭等の指導が適切であったかどうかを把握し、指導の改善に生かすようにすることが大切です。

また、園児の理解に基づいた評価を行う際には、ほかの園児との比較や一定の基準に対する達成度についての評定によってとらえるものではないことに留意する必要があります。

2 評価の妥当性や信頼性の確保

「幼保連携型認定こども園教育・保育要領」では、「評価の妥当性や信頼性が高められるよう創意工夫を行い、組織的かつ計画的な取組を推進するとともに、次年度又は小学校等にその内容が適切に引き継がれるようにすること[†14]」と記されています。これについても、「保育所保育指針」「幼稚園教育要領」との整合性が図られています。

園児を理解するとは、園児一人ひとりと直接ふれあいながら、園児の言動や表情から、思いや考えを理解し、かつ受け止め、その園児のよさや可能性などを理解しようとすることです。このような園児の理解に基づき、遊びや生活のなかで園児の姿がどのように変容しているのかをとらえながら、そのような姿が生みだされてきたさまざまな状況について適切であるかどうかを検討して、指導をよりよいものに改善するための手がかりを求めることが評価です。

その評価の妥当性や信頼性が高められるよう、たとえば、日々の記録や実践を写真や動画などに残しながら評価を行ったり、複数の保育教諭ら職員で、それぞれの判断の根拠となっている考え方を突き合わせながら同じ園児のよさをとらえるなど、より多面的に園児をとらえる工夫をするとともに、評価に関する園内研修を通じて、園全体で組織的かつ計画的に取り組むことが大切です。

なお、園児の発達の状況について、園のなかで次年度に適切に引き継がれるようにするとともに、日頃から保護者に伝えるなど、家庭との連携に留意することも大切です。

また、保育園・幼稚園・幼保連携型認定こども園の園長は、園児の指導要録の抄本や写しを作成し、これを小学校等の校長に送付しなければ

▶出典
†14 「幼保連携型認定こども園教育・保育要領」第1章第2 2（4）「園児の理解に基づいた評価の実施」イ

ならないことになっています。園において記載した指導要録をこのように適切に送付するほか、それ以外のものも含め、小学校等との情報の共有化を工夫する必要があります。

演 習 課 題

①自分の子ども観が形成された背景にはどのような要因があるのか、書いてまとめてみましょう。
②「幼稚園教育要領」や「保育所保育指針」のなかで「個人差や一人一人を大切に」と示されていますが、事例をあげて、その大切さについて話し合ってみましょう。
③「子どもの主体性を育てる」には、どのような保育者の関わりが大切だと思うか、グループで話し合ってみましょう。

レッスン5

子どもの発達に応じた保育

乳幼児期は、心身の発育・発達が著しく、人格の基礎が形成される時期です。この時期の子どもたちの一人ひとりの健やかな育ちを保障するためには、心身ともに安定した状態でいられる環境と、愛情豊かな大人の関わりが求められます。ここでは子どもの発達の特徴や、保育上配慮すべき点について述べていきます。

1. 「保育所保育指針」の改定と子どもの発達

　保育者は保育の目標を達成するために、保育内容について学び、実践していくことが大切です。そのためには各年齢における子どもの発達の特徴や、保育上配慮すべき点を理解することが必要となります。以下において、2017（平成29）年改定（訂）版の「保育所保育指針」「幼稚園教育要領」のなかの、発達や保育の内容に関する事項について理解を深めていきましょう。

1 「保育所保育指針」における発達過程

　乳幼児期は、人生のなかで最も変化が著しい時期です。保育という営みにおいては、子どもの発達の現在の状態をとらえ、それに応じた適切な保育環境を設定することが大切です。では、発達をとらえるためにはどのような視点が必要なのでしょうか。

　中澤は、発達をとらえるには、縦と横の視点が必要と述べています[†1]。縦の視点とは、発達を年齢や発達区分などでとらえることです。また、これまでにどのような経過をたどって今の状態にあるのか、これからどのようになっていくのかを理解しようとする視点です。発達の現状を理解するうえでは、過去を把握することがとても重要です。

　横の視点とは、現時点で子どもがもっている認知、言葉、運動、社会性、感情などといったさまざまな側面を理解することです。これらの各側面を分析的に理解したうえで、相互の働きについても理解することが重要です。なぜなら、言語の発達が他者との関わりなど社会性と関連したり、社会性が感情の制御や思考の発達を促すというように、それぞれの側面は相互に依存しているからです。

　これらの縦横の視点を理解するうえでは、その子どものなかで変化し

▶出典
†1　中澤潤「子どもの発達」日本保育学会編『保育のいとなみ──子ども理解と内容・方法』東京大学出版会、2016年、15-16頁

ていくもの・変化しないものをとらえ、変化していくものの場合、それが量的に変化するのか、質的に変化するのかを把握すること、また、変化しないものは、ある種のその子どもの個性であるととらえ、その個性を理解することが、発達への理解につながります。

「保育所保育指針」第1章「総則」には、保育の基本となる重要な事項が示されています。そのなかで、保育所の役割として、「保育所は、その目的を達成するために、保育に関する専門性を有する職員が、家庭との緊密な連携の下に、子どもの状況や発達過程を踏まえ、保育所における環境を通して、養護及び教育を一体的に行うことを特性としている[†2]」と示されています。

▶出典
†2 「保育所保育指針」第1章1（1）「保育所の役割」イ

ここに記載されている「発達過程」においては、子どもの発達を、環境との相互作用を通して資質・能力が育まれる過程としてとらえています。ある時点で何かが「できる、できない」というように画一的に発達をみるのではなく、それぞれの子どもの育ちゆく過程の全体を理解する姿勢が求められます。

2 「保育所保育指針」における発達の分類

「保育所保育指針」では、就学前の子どもの発達過程を乳児・1歳以上3歳未満児・3歳以上児の3つに分けて、各時期にどのような発達の特徴や道筋等があるのかを「基本的事項」に示しています。このことは、同年齢の子どもの均一的な発達の基準を示すものではありません。

一人ひとりの子どもの成長には個人差がありますが、子どものたどる発達の道筋や、その順序性には共通のものがあります。実際の子どもの発達は、直線的ではなく、行きつ戻りつしながら、ときには停滞しているようにみえたり、また、急速に伸びたりします。子どもは単独で生きているのではなく、人との関わりのなかで生きています。ですから、人や物や自然などさまざまな環境のなかで、それらとの相互作用によって成長します。

発達には、一定の順序性とともに、一定の方向性が認められます。たとえば、身体機能であれば、頭部から下肢へ、体躯（たいく）の中心部から末梢部へと発達していきます。また、身体的形態や生理機能、運動面や情緒面の発達、さらには知的発達や社会性の発達などさまざまな側面が、相互に関連しながら総合的に発達していくといった特徴があります。

特に保育者は、子どもの発達の順序性や連続性を踏まえ、長期的な視野をもって見通し、子どもの意欲や主体性に基づく自発的な活動としての生活と遊びをとおして、さまざまな学びが積み重ねられるように子ど

もの発達を援助することが重要です。

3 乳児・3歳未満児の記載の充実

乳児（0歳児）の保育および1、2歳児の保育の記述を充実させたことが、今回の「保育所保育指針」改定の趣旨の一つとなっています。

① 0歳児の保育内容

発達過程のなかで最も初期に当たる0歳児の保育においては、養護の側面が特に重要となります。そのうえで、乳児期の教育に関わる側面については、発達が未分化な状況であるため、生活や遊びが充実するよう保育者が援助していく必要があります。そのような観点から、保育内容については「健やかに伸び伸びと育つ（身体的発達）」「身近な人と気持ちが通じ合う（社会的発達）」「身近なものと関わり感性が育つ（精神的発達）」という3つの視点で示されています（図表5-1）。

これらの要素は1つずつ分かれているのではなく、その境界はあいまいで、3つの領域が重なり合い影響し合って、それぞれの側面が少しずつ育っていくものととらえられます†3。保育にあたっては、これらの育

▶出典
†3 汐見稔幸監修『保育所保育指針ハンドブック——2017年告示版』2017年、学研教育みらい、67頁

図表5-1 「乳児保育」に関わるねらいおよび内容

視点	健やかに伸び伸びと育つ	身近な人と気持ちが通じ合う	身近なものと関わり感性が育つ
目標	健康な心と体を育て、自ら健康で安全な生活をつくり出す力の基礎を培う。	受容的・応答的な関わりの下で、何かを伝えようとする意欲や身近な大人との信頼関係を育て、人と関わる力の基盤を培う。	身近な環境に興味や好奇心をもって関わり、感じたことや考えたことを表現する力の基盤を培う。
ねらい	①身体感覚が育ち、快適な環境に心地よさを感じる。 ②伸び伸びと体を動かし、はう、歩くなどの運動をしようとする。 ③食事、睡眠等の生活のリズムの感覚が芽生える。	①安心できる関係の下で、身近な人と共に過ごす喜びを感じる。 ②体の動きや表情、発声等により、保育士等と気持ちを通わせようとする。 ③身近な人と親しみ、関わりを深め、愛情や信頼感が芽生える。	①身の回りのものに親しみ、様々なものに興味や関心をもつ。 ②見る、触れる、探索するなど、身近な環境に自分から関わろうとする。 ③身体の諸感覚による認識が豊かになり、表情や手足、体の動き等で表現する。
内容	①保育士等の愛情豊かな受容の下で、生理的・心理的欲求を満たし、心地よく生活をする。 ②一人一人の発育に応じて、はう、立つ、歩くなど、十分に体を動かす。 ③個人差に応じて授乳を行い、離乳を進めていく中で、様々な食品に少しずつ慣れ、食べることを楽しむ。 ④一人一人の生活のリズムに応じて、安全な環境の下で十分に午睡をする。 ⑤おむつ交換や衣服の着脱などを通じて、清潔になることの心地よさを感じる。	①子どもからの働きかけを踏まえた、応答的な触れ合いや言葉がけによって、欲求が満たされ、安定感をもって過ごす。 ②体の動きや表情、発声、喃語等を優しく受け止めてもらい、保育士等とのやり取りを楽しむ。 ③生活や遊びの中で、自分の身近な人の存在に気付き、親しみの気持ちを表す。 ④保育士等による語りかけや歌いかけ、発声や喃語等への応答を通じて、言葉の理解や発語の意欲が育つ。 ⑤温かく、受容的な関わりを通じて、自分を肯定する気持ちが芽生える。	①身近な生活用具、玩具や絵本などが用意された中で、身の回りのものに対する興味や好奇心をもつ。 ②生活や遊びの中で様々なものに触れ、音、形、色、手触りなどに気付き、感覚の働きを豊かにする。 ③保育士等と一緒に様々な色彩や形のものや絵本などを見る。 ④玩具や身の回りのものを、つまむ、つかむ、たたく、引っ張るなど、手や指を使って遊ぶ。 ⑤保育士等のあやし遊びに機嫌よく応じたり、歌やリズムに合わせて手足や体を動かして遊んだりする。

出典：「保育所保育指針」第2章「保育の内容」1（2）をもとに作成

ちがその後の「健康・人間関係・環境・言葉・表現」からなる、保育のねらいおよび内容における育ちにつながっていくものであることを意識することが大切です。

② 1歳以上3歳未満児の保育内容

1歳以上3歳未満児は、短期間のうちに著しい発達がみられ、発達の個人差が大きい時期です。このことを踏まえ、一人ひとりに応じた援助が適切に行われることが大切です。その際、保育のねらいおよび内容を子どもの発達の側面からまとめて編成した「健康・人間関係・環境・言葉・表現」の5領域に関わる学びは、子どもの生活や遊びのなかで、互いに大きく重なり合い、相互に関連をもちながら育まれていくものであることに留意する必要があります（図表5-2）。

図表5-2 「1歳以上3歳未満児の保育」に関わるねらいおよび内容

視点	健康	人間関係	環境	言葉	表現
目標	健康な心と体を育て、自ら健康で安全な生活をつくり出す力を養う。	他の人々と親しみ、支え合って生活するために、自立心を育て、人と関わる力を養う。	周囲の様々な環境に好奇心や探究心をもって関わり、それらを生活に取り入れていこうとする力を養う。	経験したことや考えたことなどを自分なりの言葉で表現し、相手の話す言葉を聞こうとする意欲や態度を育て、言葉に対する感覚や言葉で表現する力を養う。	感じたことや考えたことを自分なりに表現することを通して、豊かな感性や表現する力を養い、創造性を豊かにする。
ねらい	①明るく伸び伸びと生活し、自分から体を動かすことを楽しむ。②自分の体を十分に動かし、様々な動きをしようとする。③健康、安全な生活に必要な習慣に気付き、自分でしてみようとする気持ちが育つ。	①保育所での生活を楽しみ、身近な人と関わる心地よさを感じる。②周囲の子ども等への興味や関心が高まり、関わりをもとうとする。③保育所の生活の仕方に慣れ、きまりの大切さに気付く。	①身近な環境に親しみ、触れ合う中で、様々なものに興味や関心をもつ。②様々なものに関わる中で、発見を楽しんだり、考えたりしようとする。③見る、聞く、触るなどの経験を通して、感覚の働きを豊かにする。	①言葉遊びや言葉で表現する楽しさを感じる。②人の言葉や話などを聞き、自分でも思ったことを伝えようとする。③絵本や物語等に親しむとともに、言葉のやり取りを通じて身近な人と気持ちを通わせる。	①身体の諸感覚の経験を豊かにし、様々な感覚を味わう。②感じたことや考えたことなどを自分なりに表現しようとする。③生活や遊びの様々な体験を通して、イメージや感性が豊かになる。
内容	①保育士等の愛情豊かな受容の下で、安定感をもって生活をする。②食事や午睡、遊びと休息など、保育所における生活のリズムが形成される。③走る、跳ぶ、登る、押す、引っ張るなど全身を使う遊びを楽しむ。④様々な食品や調理形態に慣れ、ゆったりとした雰囲気の中で食事や間食を楽しむ。⑤身の回りを清潔に保つ心地よさを感じ、その習慣が少しずつ身に付く。⑥保育士等の助けを借りながら、衣服の着脱を自分でしようとする。⑦便器での排泄に慣れ、自分で排泄ができるようになる。	①保育士等や周囲の子ども等との安定した関係の中で、共に過ごす心地よさを感じる。②保育士等の受容的・応答的な関わりの中で、欲求を適切に満たし、安定感をもって過ごす。③身の回りに様々な人がいることに気付き、徐々に他の子どもと関わりをもって遊ぶ。④保育士等の仲立ちにより、他の子どもとの関わり方を少しずつ身につける。⑤保育所の生活の仕方に慣れ、きまりがあることや、その大切さに気付く。⑥生活や遊びの中で、年長児や保育士等の真似をしたり、ごっこ遊びを楽しんだりする。	①安全で活動しやすい環境での探索活動等を通して、見る、聞く、触れる、嗅ぐ、味わうなどの感覚の働きを豊かにする。②玩具、絵本、遊具などに興味をもち、それらを使った遊びを楽しむ。③身の回りの物に触れる中で、形、色、大きさ、量などの物の性質や仕組みに気付く。④自分の物と人の物の区別や、場所的感覚など、環境を捉える感覚が育つ。⑤身近な生き物に気付き、親しみをもつ。⑥近隣の生活や季節の行事などに興味や関心をもつ。	①保育士等の応答的な関わりや話しかけにより、自ら言葉を使おうとする。②生活に必要な簡単な言葉に気付き、聞き分ける。③親しみをもって日常の挨拶に応じる。④絵本や紙芝居を楽しみ、簡単な言葉を繰り返したり、模倣をしたりして遊ぶ。⑤保育士等とごっこ遊びをする中で、言葉のやり取りを楽しむ。⑥保育士等を仲立ちとして、生活や遊びの中で友達との言葉のやり取りを楽しむ。⑦保育士等や友達の言葉や話に興味や関心をもって、聞いたり、話したりする。	①水、砂、土、紙、粘土など様々な素材に触れて楽しむ。②音楽、リズムやそれに合わせた体の動きを楽しむ。③生活の中で様々な音、形、色、手触り、動き、味、香りなどに気付いたり、感じたりして楽しむ。④歌を歌ったり、簡単な手遊びや全身を使う遊びを楽しんだりする。⑤保育士等からの話や、生活や遊びの中での出来事を通して、イメージを豊かにする。⑥生活や遊びの中で、興味のあることや経験したことなどを自分なりに表現する。

出典：「保育所保育指針」第2章「保育の内容」2（2）をもとに作成

図表5-3 「3歳以上児の保育」に関わるねらいおよび内容

視点	健康	人間関係	環境	言葉	表現
目標	健康な心と体を育て、自ら健康で安全な生活をつくり出す力を養う。	他の人々と親しみ、支え合って生活するために、自立心を育て、人と関わる力を養う。	周囲の様々な環境に好奇心や探究心をもって関わり、それらを生活に取り入れていこうとする力を養う。	経験したことや考えたことなどを自分なりの言葉で表現し、相手の話す言葉を聞こうとする意欲や態度を育て、言葉に対する感覚や言葉で表現する力を養う。	感じたことや考えたことを自分なりに表現することを通して、豊かな感性や表現する力を養い、創造性を豊かにする。
ねらい	①明るく伸び伸びと行動し、充実感を味わう。②自分の体を十分に動かし、進んで運動しようとする。③健康、安全な生活に必要な習慣や態度を身に付け、見通しをもって行動する。	①保育所の生活を楽しみ、自分の力で行動することの充実感を味わう。②身近な人と親しみ、関わりを深め、工夫したり、協力したりして一緒に活動する楽しさを味わい、愛情や信頼感をもつ。③社会生活における望ましい習慣や態度を身に付ける。	①身近な環境に親しみ、自然と触れ合う中で様々な事象に興味や関心をもつ。②身近な環境に自分から関わり、発見を楽しんだり、考えたりし、それを生活に取り入れようとする。③身近な事象を見たり、考えたり、扱ったりする中で、物の性質や数量、文字などに対する感覚を豊かにする。	①自分の気持ちを言葉で表現する楽しさを味わう。②人の言葉や話などをよく聞き、自分の経験したことや考えたことを話し、伝え合う喜びを味わう。③日常生活に必要な言葉が分かるようになるとともに、絵本や物語などに親しみ、言葉に対する感覚を豊かにし、保育士等や友達と心を通わせる。	①いろいろなものの美しさなどに対する豊かな感性をもつ。②感じたことや考えたことを自分なりに表現して楽しむ。③生活の中でイメージを豊かにし、様々な表現を楽しむ。
内容	①保育士等や友達と触れ合い、安定感をもって行動する。②いろいろな遊びの中で、十分に体を動かす。③進んで戸外で遊ぶ。④様々な活動に親しみ、楽しんで取り組む。⑤保育士等や友達と食べることを楽しみ、食べ物への興味や関心をもつ。⑥健康な生活のリズムを身に付ける。⑦身の回りを清潔にし、衣服の着脱、食事、排泄などの生活に必要な活動を自分でする。⑧保育所における生活の仕方を知り、自分たちで生活の場を整えながら見通しをもって行動する。⑨自分の健康に関心をもち、病気の予防などに必要な活動を進んで行う。⑩危険な場所、危険な遊び方、災害時などの行動の仕方が分かり、安全に気を付けて行動する。	①保育士等や友達と共に過ごすことの喜びを味わう。②自分で考え、自分で行動する。③自分でできることは自分でする。④いろいろな遊びを楽しみながら物事をやり遂げようとする気持ちをもつ。⑤友達と積極的に関わりながら喜びや悲しみを共感し合う。⑥自分の思ったことを相手に伝え、相手の思っていることに気付く。⑦友達のよさに気付き、一緒に活動する楽しさを味わう。⑧友達と楽しく活動する中で、共通の目的を見いだし、工夫したり、協力したりなどする。⑨よいことや悪いことがあることに気付き、考えながら行動する。⑩友達との関わりを深め、思いやりをもつ。⑪友達と楽しく生活する中できまりの大切さに気付き、守ろうとする。⑫共同の遊具や用具を大切にし、皆で使う。⑬高齢者をはじめ地域の人々などの自分の生活に関係の深いいろいろな人に親しみをもつ。	①自然に触れて生活し、その大きさ、美しさ、不思議さなどに気付く。②生活の中で、様々な物に触れ、その性質や仕組みに興味や関心をもつ。③季節により自然や人間の生活に変化のあることに気付く。④自然などの身近な事象に関心をもち、取り入れて遊ぶ。⑤身近な動植物に親しみをもって接し、生命の尊さに気付き、いたわったり、大切にしたりする。⑥日常生活の中で、我が国や地域社会における様々な文化や伝統に親しむ。⑦身近な物を大切にする。⑧身近な物や遊具に興味をもって関わり、自分なりに比べたり、関連付けたりしながら考えたり、試したりして工夫して遊ぶ。⑨日常生活の中で数量や図形などに関心をもつ。⑩日常生活の中で簡単な標識や文字などに関心をもつ。⑪生活に関係の深い情報や施設などに興味や関心をもつ。⑫保育所内外の行事において国旗に親しむ。	①保育士等や友達の言葉や話に興味や関心をもち、親しみをもって聞いたり、話したりする。②したり、見たり、聞いたり、感じたり、考えたりなどしたことを自分なりに言葉で表現する。③したいこと、してほしいことを言葉で表現したり、分からないことを尋ねたりする。④人の話を注意して聞き、相手に分かるように話す。⑤生活の中で必要な言葉が分かり、使う。⑥親しみをもって日常の挨拶をする。⑦生活の中で言葉の楽しさや美しさに気付く。⑧いろいろな体験を通じてイメージや言葉を豊かにする。⑨絵本や物語などに親しみ、興味をもって聞き、想像をする楽しさを味わう。⑩日常生活の中で、文字などで伝える楽しさを味わう。	①生活の中で様々な音、形、色、手触り、動きなどに気付いたり、感じたりするなどして楽しむ。②生活の中で美しいものや心を動かす出来事に触れ、イメージを豊かにする。③様々な出来事の中で、感動したことを伝え合う楽しさを味わう。④感じたこと、考えたことなどを音や動きなどで表現したり、自由にかいたり、つくったりなどする。⑤いろいろな素材に親しみ、工夫して遊ぶ。⑥音楽に親しみ、歌を歌ったり、簡単なリズム楽器を使ったりする楽しさを味わう。⑦かいたり、つくったりすることを楽しみ、遊びに使ったり、飾ったりなどする。⑧自分のイメージを動きや言葉などで表現したり、演じて遊んだりするなどの楽しさを味わう。

出典:「保育所保育指針」第2章「保育の内容」3(2)をもとに作成

図表5-4 養護・乳幼児保育の3つの視点

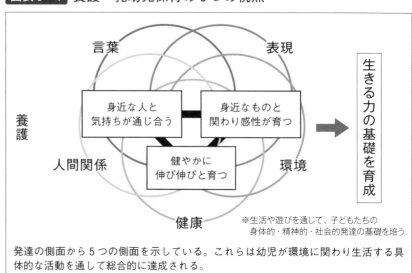

発達の側面から5つの側面を示している。これらは幼児が環境に関わり生活する具体的な活動を通して総合的に達成される。

出典：厚生労働省「保育所保育指針の改定に関する議論のとりまとめ」2016年をもとに作成

③ 3歳以上児の保育内容

3歳以上児の保育は、乳児から2歳にかけての育ちの積み重ねが土台となって展開されます。子どもの実態を踏まえ、発達を援助することを意図した主体的な遊びを中心とする活動の時間を設定したり、環境構成について検討したりするなど、5領域のねらいと内容をより意識的に保育の計画等において位置づけ、実施することが大切です（図表5-3）。特に小学校就学に向かう時期には、保育所における育ちがその後の学びや生活へとつながっていくという見通しをもって、子どもの主体的で協同的な活動を図っていくことが求められます。

また、後述する「幼児期の終わりまでに育ってほしい姿」とは、ねらいおよび内容に基づく保育活動全体を経験した子どもが、卒園を迎える年度の後半における具体的な姿であることを踏まえて、指導を行う際に考慮する必要があります。

図表5-4には、乳児、1歳以上3歳未満児、3歳以上児の保育内容の関連性を示します。この保育内容は、小学校以降の学びへとつながっていきます。

4　生きる力の基礎を培う保育

保育所においては、生活の全体をとおして、子どもが生きる力の基礎を培うことが求められています。では、生きる力とはどのようなものでしょうか。

文部省（現・文部科学省）の中央教育審議会答申「21世紀を展望した我が国の教育の在り方について」には、「いかに社会が変化しようと、自分で課題を見つけ、自ら学び、自ら考え、主体的に判断し、行動し、よりよく問題を解決する資質や能力であり、また、自らを律しつつ、他人とともに協調し、他人を思いやる心や感動する心など、豊かな人間性であると考えた。たくましく生きるための健康や体力が不可欠」と述べられています。このような資質や能力を「生きる力」とし、これをバランスよく育んでいくことが重要であると示されました[†4]。保育所における保育は、その基礎となる力を養うものとして位置づけられたのです。

　また、日本の小学校では1990年までは「学級崩壊」が高学年を中心に起こりました。それが小学校の低学年に及んだものが「小1プロブレム」といわれています。小1プロブレムとは、小学校に入学した子どもに、「集団行動がとれない」「授業中に座っていられない」「教師の話を聞かない」などの姿が数か月間継続してみられるもので、現在も社会問題となっています。これは単一の要因によって生じるものではなく、その背景には、子どもたちを取り巻く社会の変化、それにともなう子どもや親の変化、家庭や地域の教育力の低下など、複合的な要因があると考えられています。小1プロブレムは、どこの学校でも起こる可能性があります。そのため、幼児期から学童期への接続の取り組みが重要視されるようになりました。

　以上の課題を踏まえて、今回改定された「保育所保育指針」には、保育の実施に関して留意すべき事項として、「保育所においては、保育所保育が、小学校以降の生活や学習の基盤の育成につながることに配慮し、幼児期にふさわしい生活を通じて、創造的な思考や主体的な生活態度などの基礎を培うようにすること[†5]」と示されています。このことは、保育者が生きる力の基礎を育み、小学校以降の子どもたちの姿を意識しながら保育を行うという視点が必要であるということを示しています。

5　保育所保育において育みたい資質・能力

　保育所は、幼保連携型認定こども園や幼稚園とともに、幼児教育の一翼を担う施設です。2017（平成29）年改定の「保育所保育指針」では、特に3歳以降の教育に関わる側面のねらいおよび内容に関して、同時期に改訂された「幼保連携型認定こども園教育・保育要領」および「幼稚園教育要領」との整合性が図られています。共通のねらいおよび内容を達成するために、今回の改定（訂）から、すべての幼児教育施設共通で、「**育みたい資質・能力**」が示されました。

▶出典
†4　「21世紀を展望した我が国の教育の在り方について　第15期中央教育審議会第1次答申」『文部時報』1437、ぎょうせい、1996年、20頁

▶出典
†5　「保育所保育指針」第2章4　（2）「小学校との連携」ア

参照
育みたい資質・能力
→レッスン3

育みたい資質・能力は、「知識及び技能の基礎」「思考力、判断力、表現力等の基礎」「学びに向かう力、人間性等」の3つの形で示されています。

これらの資質・能力は、保育のねらいおよび内容に基づき、各保育所等が子どもの発達の実情や子どもの興味や関心等を踏まえながら展開する活動全体によって育まれるものとしています。実際の指導場面においては、資質・能力を個別に取りだして指導するのではなく、遊びをとおした総合的な指導のなかで一体的に育むよう努めることが大切です。

6　幼児期の終わりまでに育ってほしい姿（10の姿）

さらに、今回の改定（訂）では、幼児教育施設における共通の具体的な姿として、「幼児期の終わりまでに育ってほしい姿」（以下、10の姿）が示されました。

1　健康な心と体　　2　自立心　　3　協同性
4　道徳性・規範意識の芽生え　　5　社会生活との関わり
6　思考力の芽生え　　7　自然との関わり・生命尊重
8　数量や図形、標識や文字などへの関心・感覚
9　言葉による伝え合い　　10　豊かな感性と表現

10の姿とは、子どもが卒園するまでに育ってほしい具体的な姿であり、保育士等が指導を行う際に考慮するものとされています。また、10の姿は卒園までの到達目標ではなく、あくまで成長の目安とされています。実際の保育においては、10の姿が到達すべき目標ではないことや、個別に取りだされて指導されるものではないことに十分留意する必要があります。

また、10の姿は、年長児になって急に育ってくるものではないので、保育者は、遊びを中心とした総合的な指導や生活のなかで、10の姿を念頭においてとらえ、一人ひとりの発達や学びに必要な経験が得られるような状況をつくったり、必要な援助を行ったりするなどの指導を行うことが求められます。さらに、小学校の教師と10の姿を手がかりに子どもの姿を共有するなど、保育所保育と小学校教育の円滑な接続を図ることも大切です。

2. 子どもの発達の特徴や保育上の配慮

「保育所保育指針解説」第2章「保育の内容」では、子どもの発達過程を乳児、1歳以上3歳未満児、3歳以上児の3つの時期に分けて各時期における発達の特徴や保育上の配慮を示しています。この分類にしたがって、子どもの発達をみていきましょう。

1 乳児期（0歳児）の発達

①体の発達

　乳児期は、短期間に心身の著しい発育・発達がみられます。この時期の子どもは、自身と外界の区別についての意識が混沌とした状態のなかで、身近な環境との関わりを通して身体感覚を育みます。具体的にいうと、抱き上げられて優しく言葉をかけられたり、清潔で肌触りのよい寝具や衣服にふれたりしたときに、心身両面で快適さを感じ、満足感を得ながら身体感覚を獲得していきます。したがって、この時期には心地よい環境を味わう経験を重ねることが大切です。

　生後4か月ごろには首がすわります。その後、寝返りがうてるようになり、座る、はう、伝い歩きをするなど自分の意思で体を動かしたりできるようになることで、探索活動が活発になっていきます。たとえば、座ることができるようになると、周囲に興味を引かれる遊具があれば、それに手を伸ばし、引いたり、転がしたり、なめたりして遊びだします。それが手を伸ばしても届かないところにあるとき、手に入れようと試行錯誤するうちに、はうなどして近づきます。この時期には、保育者が一人ひとりの子どもの発達過程を踏まえ、はう、立つ、歩くなど体を動かすことの楽しさを経験できる環境を構成することが大切です。

　乳児期の摂食機能は、乳汁を吸うことから、食物を噛みつぶして飲み込むことへと発達していきます。これにともない、母乳または育児用ミルクなどの乳汁栄養から、滑らかにすりつぶした状態の食べ物を経て、徐々にある程度の固さや形のある幼児食へと離乳が進んでいきます。離乳の開始は、それぞれの家庭の状況や発育状況を考慮して取り組み、保育所等で離乳食を提供する際も、子ども一人ひとりのペースや食事への向かい方を尊重しながら関わっていくことが大切です。

②心の発達

　人との関わりの面では、表情や体の動き、泣き、喃語*などで自分の欲求を表現し、これに応答的に関わる特定の大人との間に情緒的な絆が

✱ 用語解説

喃語
乳児のまだ言葉にならない段階の声のこと。

形成されることで、人に対する基本的信頼関係を育んでいきます。また自分がかけがえのない存在であり、周囲の大人から愛され、受け入れられ、認められていることを実感することで、自己肯定感が育まれていきます。さらに安心した関係のもとで、自分の気持ちを相手に表現しようとする意欲が生まれます。

　また、6か月ごろには身近な人とそうでない人を区別できるようになり、ふだん自分のそばにいて関わってくれる保護者や保育者など特定の大人を安心・信頼できる存在と感じ、その人にあやしてもらったり、自分の声や動きに優しくこたえてもらってやりとりをしたりすることを楽しみます。愛着の対象である特定の大人が視野の範囲内にいることで子どもの情緒は安定し、そうした相手と関わりながらともに過ごすことに喜びを感じます。その一方で、見知らぬ相手に対しては、泣いたりして人見知りをするようになりますが、人見知りは、特定の大人との愛着関係が育まれている証拠といえます。

　言葉の発達に関しては、9か月ごろになると、身近な大人に自分の意思や欲求を指さしや身振りで伝えようとするなど、言葉によるコミュニケーションの芽生えがみられるようになります。自分の欲求や気づいたことを保育者に伝えようと指し示したりしながら、興味や関心を共有するようになります。保護者や保育者が、ものの名前や欲求の意味を伝えることで、子どもは徐々にそれらを理解するようになり、それが子どもの言葉となります。また、言葉による関わりをとおして、人の声や人とのやりとりを心地よいものと感じるようになります。しだいに声や表情の感情表現も豊かになり、積極的に特定の大人との関わりを求めるようになります。また、このような特定の大人とのやりとりの心地よさが、人に対する基本的信頼感の育ちにもつながり、コミュニケーションの土台となります。

　以上のように、乳児期の子どもが成長するうえで最も重要なことは、保護者や保育者をはじめとする特定の大人との継続的かつ応答的な関わりです。保育者は、子どもの欲求に応答して、子どもが人と関わることの心地よさを経験できるようにしましょう。この時期に人との基本的信頼感を獲得することが、生きていく基盤となることの重要性を十分に認識しながら、保育をしていくことが求められます。

　また、この時期は、心身のさまざまな機能が未熟であると同時に、発達の諸側面が未分化な状態です。そのため、生活や遊びの安全面の充実を図る必要があります。

2　1歳以上3歳未満児（1・2歳児）の発達

①体の発達

　この時期の子どもの発達の大きな特徴の一つは、歩行の開始です。歩けるようになった子どもは、一歩一歩踏みだしながら行動範囲を広げます。また、手を使ってさまざまなものを扱うこともできるようになります。さまざまな遊びを楽しむなかで、走る、登る、跳ぶ、蹴る、投げる、潜る、くぐるなど、体の動きや姿勢をともなう遊びを繰り返し楽しみます。また、多様なものに出会い、ふれあうことで、形や色、音、感触、香りなど、それぞれがもつ性質や特徴をさまざまな感覚によってとらえるようになります。

　保育者は、子どもの手が届く範囲のものを点検し、危険なものは取り除き、安全な環境を確保するとともに、歩行や遊びの障害にならないようにしていく必要があります。また、十分に全身を動かして活動できるよう、子どもの興味、関心に沿った遊具の置き場所や、子どもの生活と遊びの流れなどに配慮しながら環境を構成する必要があります。

　またこの時期は、食事や着替えなど、基本的生活習慣においてもできることが増え、自分でしようとする気持ちが芽生えます。はじめはできなくても、保育者に援助されながら試行錯誤を重ね、達成感や心地よさを味わうことで、主体的に生活を営むことへの意欲が高まります。

②心の発達

　この時期になると、子どもは、保護者や保育者など身近な大人の愛情を拠りどころにして、少しずつ自分の世界を拡大していきます。周囲の同年代の子どもにも興味を示すようになり、みずから関わりをもとうとして、ほかの子どものしぐさや行動をまねたり、同じ玩具を欲しがったりします。特に、保育所等で日常的に接している子ども同士の間では、同じことをして楽しむ関わりや、追いかけっこをする姿などがみられるようになります。こうした意欲がこの時期の豊かな生活や遊びを支え、そのなかで人と関わり合うことの楽しさ、人と関わる力の基礎を培っていきます。

　一方で、子ども同士の関わりが増えるにつれて、玩具の取り合いをしたり、相手に対して拒否したり、簡単な言葉で不満を訴えたりすることもあります。このような双方の思いのぶつかり合いに対して、保育者が子どもの気持ちを温かく受け入れつつ援助する態度をみせることで、子どもは徐々に自分と他者の気持ちの違いに気づくようになります。そういった経験を通じて、人とともに過ごしていくためのきまりがあることにも少しずつ気づくようになります。

言葉の発達においては、言葉の理解が進み、自分の意思を親しい大人に伝えたいという欲求が高まります。指さし、身振り、片言などを盛んに使い、応答的な大人とのやりとりを重ねるなかで、この時期の終わりごろには、自分のしたいこと、してほしいことを言葉で表出できるようになります。また玩具などを実物に見立てたり、「○○のつもり」になって「○○のふり」をして楽しんだり、ままごとなどの簡単なごっこ遊びをしたりするようになります。

保育者は言葉の発達を支えていくうえで、言葉のもつ響きやリズムのおもしろさや美しさ、言葉を交わすことの楽しさなどを感じ取り、十分に味わえるようにしていくことが大切です。絵本や詩、歌など、子どもが興味や関心をもって言葉に親しむことのできる環境を整え、子どもが表情や言葉などで表した気持ちをていねいに受け止め、こたえていくことが大切です。豊かな言葉の世界にふれる経験や、保育者の語りかけに心地よさやうれしさを感じる経験をとおして、子どもは大人の言うことを模倣したり、耳にした言葉を遊びのなかに取り込んだりして、自分も言葉を使うことを楽しむようになります。

また、このころには自我が芽生え、1歳半ばごろからは「自分で」「いや」と強く自己主張をすることも多くなります。子どもは欲求や主張を受け止めてもらう経験を重ねることで、他者の思いを受け止めることができるようになります。

一方で、自分の思いどおりにできず、泣いたり、かんしゃくを起こしたり、寂しさや甘えたい気持ちが強くなって不安定になったりと、気持ちが揺れ動くことも増えてきます。保育者には、子どもの言葉にならないさまざまな思いをていねいに汲み取り、受け入れつつ、子どもの「自分でしたい」という願いを尊重して、その発達や生活の自立を温かく見守り支えていくことが求められます。

また、この時期は著しい発達がみられる時期ですが、子どもによって、生まれてからの生活体験もそれぞれ異なるため、発達のしかたや諸側面のバランスには個人差が大きいということに、保育者は配慮する必要があります。

3　3歳以上児（3・4・5歳児）の発達
①体の発達
この時期の子どもは、運動機能がますます発達し、全身を巧みに使いながらさまざまな遊びに挑戦するようになり、基本的動作が一通りできるようになります。4歳を過ぎるころには、しっかりとした足取りで歩

くようになり、片足跳びをしたり、スキップをするなど、動きが巧みになってきます。みずから体を十分に動かそうとする意欲を育てるなど、身体の諸機能の調和的な発達のために、保育者が援助していくことが必要になります。

運動能力の発達にともない、食事・排泄・衣服の着脱など、基本的な生活習慣については、ある程度自立できるようになってきます。このことにより、子どもの心のなかには、「何でも自分でできる」という意識が育ち、大人の手助けを拒むことも多くなります。

②心の発達

人と関わる力の基礎は、人に対する信頼感をもつこと、さらにその信頼感に支えられて自分自身の生活を確立していくことによって培われます。子どもは多くの人とふれあうなかで、自分の感情や意思を表現しながら、ほかの人々とともに活動する楽しさを味わいます。ときには子ども同士の自己主張のぶつかり合いによる葛藤などをとおして、互いに理解し合う体験をしながらその関わりを深め、他者への共感や思いやりなどをもつようになります。

一方で、自我が育ち仲間とのつながりが深まるなかで、自己主張をぶつけ合い、葛藤を経験することも増えます。しかし、共通の目的の実現に向かって、話し合いを繰り返しながら互いに折り合いをつける経験を重ねるうちに、自分たちで解決しようとする姿もみられるようになります。また、仲間の一員として役割分担しながら、協同して粘り強く取り組むようになります。このように、ほかの子どもと思いや考えをだし合いながら、協力してやり遂げ、達成感を味わうことは、自信や自己肯定感を育むことにもなります。また、仲間のなかの一人という自覚が生じ、集団的な遊びや協同的な活動もみられるようになります。これらの発達の特徴を踏まえて、この時期の保育においては、個の成長と集団としての活動の充実が図れるようにすることが大切です。

4 乳幼児期の発達と「幼児期の終わりまでに育ってほしい姿」

先述した「幼児期の終わりまでに育ってほしい姿」は、5領域に示すねらいおよび内容に基づいて、乳幼児期にふさわしい生活や遊びを積み重ねることにより育まれる子どもの具体的な姿であり、特に就学の始期直前の卒園を迎える年度の後半にみられるようになる姿です。

保育者は、遊びのなかで子どもが発達していく姿を「幼児期の終わりまでに育ってほしい姿」を念頭に置いてとらえ、一人ひとりの発達や学びに必要な経験が得られるような状況をつくったり、必要な援助を行っ

たりするなどして、指導を行う際に考慮することが求められます。

さらに、小学校の教師と「幼児期の終わりまでに育ってほしい姿」を手がかりに子どもの姿を共有するなど、保育所保育と小学校教育の円滑な接続を図ることが大切です。保育所と小学校では子どもの生活や教育の方法が異なっているため、「幼児期の終わりまでに育ってほしい姿」からイメージする子どもの姿にも違いが生じることがありますが、保育者と小学校の教師が話し合いながら、子どもの姿を共有するようにすることが大切です。

演 習 課 題

①「保育所保育指針」に示された「幼児期の終わりまでに育ってほしい姿」は、子どもの具体的な活動とどのように関係しているのかを考えてみましょう。
②乳児、1歳以上3歳未満児、3歳以上児の発達過程に応じた遊びを調べてみましょう。
③子どもの主体性を育てるための保育者の関わりについて述べましょう。

レッスン **6**

環境をとおして行う保育

このレッスンでは、保育を計画・実施する際に基本となる事項について取り上げます。乳幼児を対象に行う保育は、小学校以降の教育とは異なる内容や方法で行う必要があります。保育を具体的に構想する際に重要となる「環境」という用語の意味や概念について学んでいきましょう。

1. 保育と環境

1 育ちと環境

　人間の発達は、遺伝要因と環境要因が車の両輪のように互いに影響し合うことによってもたらされます。遺伝要因とは、先天的に受け継がれていく部分です。一方で環境要因とは、主に誕生後に「周囲のさまざまな存在」と関わり、子どもみずからが学び取り、獲得していく部分のことです。くわしくはあとで説明しますが、この「周囲のさまざまな存在」を「環境」という用語で表します。

　保育における「環境」とは、一般的に使用される「環境問題」などの「環境」とは意味合いが異なります。それは、限りなく「学びの場」ともいえる「保育的環境」のことであり、保育における目的性のある特別な専門用語です。

　子どもは、それぞれが個性的な存在として、具体的・直接的に環境との個性的な関わりをとおして、人間として将来にわたって生きていくための基礎となる力と、人間らしくよりよく生きるための基礎・基盤となるものを身につけ、培っていきます。したがって、子どもがどのような環境に遭遇し、環境をどのように認識し、関わり、どのような刺激を受けて育っていくのかが重要となることから、子どもの成長や発達は、環境の質や量に大きく左右されるといえます。

2 保育や教育が目指すもの

　保育や教育の大きな目的は人間形成にあり、一過的な知識や技能を身につけさせることではありません。一人の人間、社会の一員として「自己実現」に向けてのふさわしい価値を発見する意欲や関心の育成を目指し、具現化していくための知識や技能を習得し、活用できる力を培うこ

とにあります。

2017（平成29）年改定の「保育所保育指針」は、大きな学校教育改革の流れを受けています。すべての校種において「資質・能力」を育成するために、「主体的・対話的で深い学び」（アクティブ・ラーニング）の充実を図る教育方法が打ち出されています。幼児教育においても、幼児期の学びの中心となる遊びがさまざまな形態・状況で実施されることから、5歳児後半の幼児では、指導計画等のねらいに応じて、次のアクティブ・ラーニングの視点から指導を行うこととしています。指導上の留意点について、以下のように示されています[1]。

▶出典
[1] 中央教育審議会「幼稚園、小学校、中学校、高等学校及び特別支援学校の学習指導要領等の改善及び必要な方策等について（答申）」2016年、80-81頁

> ①直接的・具体的な体験の中で、「見方・考え方」を働かせて対象と関わって心を動かし、幼児なりのやり方やペースで試行錯誤を繰り返し、生活を意味あるものとして捉える「深い学び」が実現できているか。
> ②他者との関わりを深める中で、自分の思いや考えを表現し、伝え合ったり、考えを出し合ったり、協力したりして自らの考えを広げ深める「対話的な学び」が実現できているか。
> ③周囲の環境に興味や関心を持って積極的に働き掛け、見通しを持って粘り強く取り組み、自らの遊びを振り返って、期待を持ちながら、次につなげる「主体的な学び」が実現できているか。

これまでも保育においては、遊びや生活をとおして総合的な指導を行ってきたわけですが、さらに踏み込んで「深い学び」「対話的な学び」「主体的な学び」という3つの学びに向けて、保育の進め方や環境のあり方を見直していくことが求められます。

3　環境との関わりにより保育を行う理由

環境との関わりにより保育を行う理由は、乳幼児期の発達の特性と保育において培う力、つまり「育みたい資質・能力」を身につけることにあります。

乳幼児期の発達の特性から考えてみましょう。乳幼児期の子どもは、他者から説明などを受ける場合には、説明する者が子どもの状況を十分に把握し、その実態に合わせた内容や話し方・使う言葉、さらに具体物の使用や例示、やってみせるなどの適切なやり方、気遣いなどに配慮しなければ、理解が困難なことも多くあります。つまり、乳幼児期の子ど

もは、相手（説明者）や状況への依存度が高い状態にあるといえます。身近な環境と関わり、自分の体や五感を駆使し、試し、体験するなどを繰り返すことで、はじめてその子なりの理解が進み、深まっていくのです。

　次に、保育において培う力・「育みたい資質・能力」から考えてみましょう。保育において培う力・「育みたい資質・能力」については、保育所保育は「子どもが現在を最も良く生き、望ましい未来をつくり出す力の基礎を培う[†2]」と示されています。また、「育みたい資質・能力」については、「心情、意欲、態度が育つ中で、よりよい生活を営もうとする『学びに向かう力、人間性等』[†3]」を育むことが示されています。

　培い、育んでいこうとする力は、内面的なものです。それらの子どもの内面を好ましい方向に培い、育んでいくためには、子どもが前向きに、主体的に活動に取り組んでいくことが大切であり、そうしたなかでのみ「心情・意欲・態度」は育っていきます。子どもがいやいや活動していたり、いわれるがままに生活したりしているようでは、豊かに感じる「心情」も、挑戦しようとする「意欲」も、生じません。つまり、乳幼児期におけるそれらの内面性の育成は、子どもにとって生活感があり、興味や関心を引く環境との主体的な関わりをとおして、そこから浸みだしてくる原体験（成長や発達の核となる体験）や感情、意思の力によらなければならないのです。

▶ 出典

†2 「保育所保育指針」第1章1（2）「保育の目標」

†3 「保育所保育指針」第1章4（1）「育みたい資質・能力」

4 保育の目標と環境

　保育の目標は、「子どもの最善の利益」を前提に、「健全な心身の発達を図る」ことです。子ども一人ひとりの人格を尊重し、その子らしく（個性化）、みんなとともに（社会化）、幸福に、豊かに生きていく力を育んでいくことです。子どもは乳幼児期の当初から自立して生活できるわけではありません。依存的な存在から、やがて自立し、確かな思いや意思などをもった一人の人間として成長していきます。保育は、一日も早く大人のようにふるまえる子どもにしていくことを目指して行われるものではありません。

　子どもには、その時期ごとにその子にふさわしい生活や環境があり、そのなかでこそ最も望ましい成長を遂げていくことができます。そのため、子どもの成長や発達に必要となる環境は、保育者が一方的に決定できるものではありませんし、ある環境が、いつもすべての子どもたちにとって万能だということはありえません。乳幼児の保育に関する専門的な知識や、子ども一人ひとりの遊びや活動の詳細な観察に基づき理解を深め、保育者がその時期にふさわしい発達の姿や、子どもの生活におけ

る興味や関心、思いや願いなどの実態を把握し、保育のねらいに沿って構成すべきものです。したがって、保育や保育における環境構成は、子どもと保育者が相互に主体となり、生活をともにするなかで築いていくことを前提としていることから、子どもと保育者の信頼関係が基盤となることはいうまでもありません。

2. 環境をとおしての保育

1 保育所の役割と保育の基本

「保育所保育指針」第1章1（1）「保育所の役割」において、保育所は「健全な心身の発達を図ること」を目的とし、「子どもの状況や発達過程を踏まえ、保育所における環境を通して、養護及び教育を一体的に行う」とその特性を示しています。保育所における保育は、子ども一人ひとりの「健全な心身の発達を図ること」を目的に、保育所内外の「環境を通して行う」ことを考え、進めていくうえでの基本的な事項とすることから、保育の基本は「環境を通しての保育」あるいは「環境による保育」とされます。

また、「保育所保育指針」第1章1（2）「保育の目標」ならびに（4）「保育の環境」に示されるように、「子どもが現在を最も良く生き、望ましい未来をつくり出す力の基礎を培う」ために、保育所は「人、物、場などの環境が相互に関連し合い、子どもの生活が豊かなものとなる」ように、「計画的に環境を構成し、工夫して保育しなければならない」とされています。

2 環境の意味

環境については、「保育所保育指針」第1章1（4）「保育の環境」において、「保育士等や子どもなどの人的環境、施設や遊具などの物的環境、更には自然や社会の事象など」と説明しています。ここでは、環境の意味についてさらにくわしく説明を加えておきます。

環境とは、子どもの身の回りのありとあらゆる"存在"を指します。とりとめのない説明ですが、私たち人間のまわりには、限りなく環境が広がり、意識的・無意識的にそれらと関わり、影響を受けたり与えたりしながら生きています。それは私たち大人のみならず、子どもも同じことです。保育所生活における主な環境をあげると、次のように分類できます。

> ①子ども、保育者やその他の職員、保護者、地域の人などの「人的環境」
> ②保育所内外の施設・設備、用具や道具、遊具、玩具、素材などの「物的環境」
> ③自然現象や自然物などの「自然事象」
> ④人間のつくった社会的なシステムや物事、社会現象などの「社会事象」
> ⑤人・物・場の関わり合いにより生みだされる「雰囲気」「時間」「空間」など

　環境を整理する際、どの種類に分類するかは一見簡単そうですが、明確に分類しにくい場合もあります。分類の観点は、子どもがその環境に遭遇し、そこで何を感じ経験し、学んだのかというところにあります。たとえば、保育所に荷物の配送に来た宅配便の人は、まず人的環境としての「男または女の人」ですが、宅配便の配達員という職業の面に着目すれば「社会事象」であるという具合です。また、川原で拾った石を紙が飛ばないための重しとして使用するのであれば「物的環境」であり、その石がどのようにできたのか、またはどこから来たのかという点に着目するのであれば「自然事象」となるわけです。

3　人的環境を超えた保育者

　環境の意味のなかで「人的環境」について説明しました。ここでは「人的環境」以上の存在であり、子どもにとって保育所生活におけるキーパーソンである保育者について述べておきます。
　環境を考えるうえで保育者は、人間であることから当然「人的環境」でありながら、子どもにとってはさらにそれ以上の存在意味をもっています。それは、子どもの周囲にいるほかの人間たちと保育者を比べてみるとわかりやすいと思います。顕著な違いは、愛情や責任をもって子どものことを思い、考え、関わり、存在自体を支えていく存在であるというところです。保育者は、保育の原理を認識し、子どもを理解し、環境と子どもをリンクさせるコーディネーターとしての役割を担い、さらに周囲の環境を子どもにとって魅力的なものにし、成長や発達にとって有意義なものに調整していくという役割を担っています。また、そればかりでなく、保育者は、愛情をもって子どもと共生・共感する生活をとおして、精神的な拠りどころとなるとともに、保育者自身の環境との関わ

り方や生き方などがモデルとなって、子どもに大きな影響を与えていることを忘れてはなりません。

4 保育的な環境とは

環境を「子どもを取り巻くすべての存在」と説明しましたが、環境には無作為・自然に存在するものから、保育者の意図的・計画的な準備や配慮によって存在するものまで、限りなくあります。子どもの周辺に存在する環境は、そのままの状態で、すべてが子どもにとって保育的に意味のあるものとなるわけではありません。子どもがその環境に遭遇し、存在に気づき、興味や関心をもって主体的に関わり、それらが成長や発達の糧となることで、はじめて「保育的環境」となります。

周囲の環境の多くは、そのままでは子どもにとって有為な環境とはならず、保育者が「ただあるだけの環境」を「関わりのある環境」に変換させていくことが肝要となります。したがって、環境を保育的なものにしていくためには、子どもにとって気づかれやすい、魅力的な、応答性のある環境にしていく必要があります。つまり保育者が、素材としての環境を、子どもが主体的・積極的に関わり、経験し学ぶための材料(「教材」)としての環境に変換していくことが求められます。

やがては子どもみずからが周囲の環境に気づき、それらと主体的に関わっていくための力を育んでいくことを前提に、保育者には、意識的に環境を子どもの意識下に置き、子どもとともに環境を再構成していくことが求められます。また、保育が効果的に展開されるよう、ねらいに合わせて環境を調整していくことは当然ながら、保育者には、子どもの発達やそれまでの経験や既知などの状況に合わせて環境を際立たせたり、関わりやすくしたり、環境の提示の順番や構成のしかたに配慮したりするなどの保育を計画・展開していく力も必要になります。

5 「保育所保育指針」における「保育の環境」

「保育所保育指針」では、第1章1(4)「保育の環境」において、さまざまな環境が相互に関連し合い、子どもの生活が豊かに展開されるよう留意し、計画的な環境構成と工夫された保育を求めています。留意する事項を整理すると、以下の4点のようになります。

①子ども自らが関わり、自発的に活動できるための配慮
②保健的環境や安全の確保への配慮
③温かな親しみとくつろぎの場、いきいきと活動できる場とす

るための配慮
　　④子ども自らが周囲の人との関わりを育むための配慮

　上記の「保育の環境」の構成における配慮についての根拠を理解するうえで、改定前の平成20年改定の「保育所保育指針」第2章に記されていた保育のねらいと発達についての考え方がたいへん参考になるので、ここに示しておきます。

　そこには、「子どもの発達の特性や発達過程を理解し、発達及び生活の連続性に配慮して保育」するために、一人ひとりの子どもの発達や生活の連続性をとおして実施される支援について次のように書かれています。それは、子どもの発達は、環境との相互作用をとおして、豊かな心情・意欲・態度を身につけ、新たな能力を獲得していく過程であり、特に人との相互的な関わりを深めるなかで、人への信頼感と自己の主体性を形成していくとされています。また、乳幼児期の「発達の特性」について、次の6点が示されています。

①大人によって生命を守られ、愛され、信頼されることにより、情緒が安定するとともに、人への信頼感が育つ。身近な環境に興味や関心を持ち、自発的に働きかけるなど、次第に自我が芽生える。
②環境に主体的に関わることにより、心身の発達が促される。
③大人との信頼関係を基にして、子ども同士の関係を持つようになる。子ども相互の関わりを通じて、身体的な発達及び知的な発達とともに、情緒的、社会的及び道徳的な発達が促される。
④生理的、身体的な諸条件や生育環境の違いにより、心身の発達の個人差が大きい。
⑤遊びを通して、仲間との関係を育み、その中で個の成長も促される。
⑥生涯にわたる生きる力の基礎が培われる時期であり、特に身体感覚を伴う多様な経験が積み重なることにより、豊かな感性、好奇心、探究心、思考力が養われる。

　以上6点の発達の特性を踏まえ、創意工夫しながら保育を構想し、計画的に環境を構成していくことが求められます。

6 環境構成の考え方

①協働作業としての環境構成

保育者は、子どもが内的な動機を高め、積極的に具体的・直接的に関わり、活動を展開していけるような応答的な環境を構成していかなければなりません。保育における環境は、当然「ねらい」（目的性・意図性）をもった環境のことを指します。どのような活動の場合にも当てはまるというわけではありませんが、「ねらい」は子どもの資質・能力を育むことを目標とした緩やかな方向性を示すものです。

保育という営みは、保育者が子どもの健やかな育ちを目的としながら、相互に信頼関係を結び、それぞれが主体的な思いや願いをもち、ともに生活し、それらを具現化していくための協働作業ともいえます。したがって、環境構成も、保育者の思いや考えだけで一方的に進められるべきものではありません。保育においては、子どもからの環境への積極的な働きかけを重視することから、子どもにとって興味や関心を生じさせる魅力ある環境は、保育者と子どもが協働で構成すべきです。好奇心や探究心を刺激していくような保育の内容や方法について、保育者は検討を重ねていく必要があります。

②環境構成の留意点

保育者が環境構成の際に留意すべきことは、まず保育の具体的なねらいや内容に基づき、子どもの実態に即してどのような体験が必要か、それに活用できる保育資源（保育に利用できる素材・材料）などを考慮に入れて広く検討してみることです。保育者は、具体的な環境構成を検討する際には、子どもの「発達の時期に即した環境」「興味や欲求に応じた環境」「生活の流れに応じた環境」の３つの事項について考慮します。昨今、保育のあり方は、保育所のなかに限られたものではなく、広く社会や地域とのつながりや協力を受けながら実践される場合も多いと思われます。そうした点からも、具体的な環境構成では、保育所内の環境にこだわらず、これまでの枠組みを超えて、可能な範囲で多くの保育資源を開拓していく保育者の態度も必要となります。子どもの周囲の環境を資源化していくための取り組みとして、保育所の周辺の自然や社会環境を記した地域（環境）マップの作成、地域の伝統行事への参加などをとおしての地域連携、ICT*を有効活用した保育などは、その一つの例といえます。

> ✳ **用語解説**
> ICT
> （Information and Communication Technology）
> 情報通信技術のこと。

3. 環境構成の実際（ケーススタディ）

環境構成についてのエピソードをみていきましょう。

エピソード　雨上がりの砂場での活動における環境構成

　水道の配管などに使用される何本かのポリ塩化ビニール製パイプと、子ども一人では扱いにくい2～3mほどの雨どいが、雨上がりの砂場の周囲に置かれています。登所した子どもたち（5歳児）はそれらを見つけ、砂場で山をつくる際にトンネルにしたり、パイプや雨どいを組み合わせて高架道路に見たてたりして遊んでいます。その後、何人かの子どもたち（5歳児）が加わり、高架道路に水たまりの水をくんできて流しはじめました。

　この様子を見ていた子どもたち（4・5歳児）も参加し、しだいに人数が増えていきました。多くの子どもたちの参加や協力により、遊びはダイナミックなものへと変化していきました。

雨上がりは大好き

これなんだろうね？

おお、水流れてきたでぇ

そっちからもトンネル掘ってね

ダイナミックに発展する遊び

このエピソードは、環境構成のあり方について物語っています。雨上がりの砂場の近くにパイプや雨どいを置いたのは保育者です。環境構成を行った保育者の意図は、参加する個々の子どもへのねらいや子ども集団へのねらいなど幅広いものですが、事例の観察から把握されたことは、明らかに保育者の環境構成により、子どもに活動への興味や関心をわかせ、参加する子どもの数や活動の規模などに大きな影響を与えたことがわかります。

その影響により、子どもの環境に積極的・主体的に関わろうとする心情・意欲・態度はもとより、協調と協力、子ども同士で交わすコミュニケーション、個々の子どもや仲間との試行錯誤や創意工夫など、さまざまな成長・発達に有意義な経験をもたらす活動へと変化していったと考えられます。

同じ砂場の活動でも、子どもの年齢や発達、興味や関心、これまでの経験といった実態、集団での活動に関する経験や力、天候などにより保育のねらいが異なったものであれば、当然、環境構成も違ったものとなります。たとえば、保育のねらいが入所当初の子どもや年少児などの個人的な活動を重視したものであれば、プリンのカップや砂場セットなどが彼らの目につくわかりやすい場所に置かれるでしょう。

この事例では物的環境の構成を中心に述べてきましたが、ほかにも人的環境や自然事象・社会事象、雰囲気・時間・空間など、環境は多岐にわたり、それらが場合によっては複合的に関連し合って保育環境をつくっています。何がどう複合するかによって子どもの活動は異なったものになり、そこで経験し、感じ、身についていくものも異なっていきます。保育者が環境構成を考える場合には、単に「子どもが好きなものを用意すれば活動が活発になる」といった次元ではなく、発達への適時性、保育者の願いや保育のねらい、そのときどきの子ども（個人や集団）の行動や感じ方、興味や欲求などの実態、季節や天候、活動への見通し、生活の流れとの関係、保育者の具体的な関わりなどを観点に検討する必要があります。

| 演 | 習 | 課 | 題 |

①子どもの周囲に存在する環境を調べ、物的環境、人的環境、自然事象、社会事象、時間、雰囲気などに分類し、整理してみましょう。
②子どもの年齢にふさわしい環境のあり方について調べてみましょう。
③環境マップについて学び、保育所内（想定によるものでもかまいません）の環境マップを作成してみましょう。

レッスン**7**

保育者の倫理と役割

保育者は、保育にたずさわる専門家です。専門家である以上、その果たすべき役割には責任がともない、厳しい倫理も問われます。レッスン7では、保育の専門家として守るべき保育者の行動基準や規範を明確にしたうえで、保育者の役割を学習します。

1. 保育士という資格

2001（平成13）年、「**児童福祉法***の一部を改正する法律」が公布され、2003（平成15）年より施行されました。これにより、保育士資格は法定資格となりました。それまでの保育士資格が、都道府県知事の**任用資格***であったことから考えると、保育士資格の法定資格化は、保育士の役割の重要性や責任の重さを表したものといえるでしょう。

保育士の資格が法定資格化されたことにともない、保育士にはさまざまな規定が設けられました。その規定について、「児童福祉法」および「保育所保育指針」を手がかりにみてみましょう。

1 保育士の業務とは

保育士の業務は、「児童福祉法」において以下のように定められています[†1]。

> この法律で、保育士とは、**第18条の18第1項**の登録を受け、保育士の名称を用いて、専門的知識及び技術をもって、児童の保育及び児童の保護者に対する保育に関する指導を行うことを業とする者をいう。

ここに、保育士の業務は、児童の保育と、児童の保護者に対する保育に関する指導の2つであることが明言されています。つまり保育士には、ケアワークおよびソーシャルワーク的な仕事があるのです。

さらに、次のように、努力義務ながら、保育士の業務には地域の住民に対して子育て支援を行うことも期待されています[†2]。

※ 用語解説

児童福祉法
子どもの福祉を保障することを目的に、1947（昭和22）年に制定された。

任用資格
特定の職業、職位に任用される人に求められる資格。行政分野で用いられることが多い。特定の資格を取得すれば職業・職位として認められるわけではなく、取得後に当該職務に任用されることで、はじめて効力を発揮する資格である。

▶ 出典
†1 「児童福祉法」第18条の4

◆ 補足
「児童福祉法」第18条の18第1項
後述のとおり、保育士登録について定めたものである。

▶ 出典
†2 「児童福祉法」第48条の4

> 　保育所は、当該保育所が主として利用される地域の住民に対してその行う保育に関し情報の提供を行い、並びにその行う保育に支障がない限りにおいて、乳児、幼児等の保育に関する相談に応じ、及び助言を行うよう努めなければならない。
> 2　保育所に勤務する保育士は、乳児、幼児等の保育に関する相談に応じ、及び助言を行うために必要な知識及び技能の修得、維持及び向上に努めなければならない。

このことは、「保育所保育指針」第1章にも述べられています。

2　保育士資格を取得するには

保育士資格を取得するには、2つの方法が示されています（「児童福祉法」第18条の6）。一つは、都道府県知事の指定する保育士を養成する学校その他の施設（以下「指定保育士養成施設」という）を卒業する方法、もう一つは、保育士試験に合格する方法です。

指定保育士養成施設における保育の専門的知識、技術の教授内容は、「**児童福祉法施行規則**＊」「指定保育士養成施設の指定及び運営の基準」で決められており、保育に関しての一定の水準および専門性が保たれています。保育士試験についても、「児童福祉法」において詳細に規定されています。

3　保育士登録をする必要について

保育士資格を取得しただけでは保育士になれません。保育士資格取得者は「**保育士となる資格を有する者**」にすぎず、保育士登録簿に登録する必要があります。保育士となるには、より厳格な手続きを経なければならなくなったのです。このように登録することにより、専門職としての位置づけが明確になったといえます。

4　保育士資格の名称独占について

保育士は誰でも名のれる資格ではありません。「児童福祉法」において、「保育士でない者は、保育士又はこれに紛らわしい名称を使用してはならない[†3]」と名称独占の資格として定められています。

これにより、保育士資格の詐称による事故防止および、そのことによって生じる保育士の社会的責任の失墜という事態を防いでいます。

※用語解説

児童福祉法施行規則
「児童福祉法」という法律の委託を受け、手続き面を補う規定、書類等の様式などのような細かい部分について、当該省庁が制定した命令。施行規則は、時代に合わせて柔軟に対応できるようになっている。

☑法令チェック

「児童福祉法」第18条の18
保育士となる資格を有する者が保育士となるには、保育士登録簿に、氏名、生年月日その他厚生労働省令で定める事項の登録を受けなければならない。

▶出典

[†3]「児童福祉法」第18条の23

5　信用失墜行為の禁止について

保育士の社会的地位が確立された一方、「保育士は、保育士の信用を傷つけるような行為をしてはならない[†4]」という、信用失墜行為禁止の義務が生じました。信用失墜行為とは、具体的にいうと、次に述べる秘密保持義務違反、犯罪行為、体罰行為等とされています。

▶出典
[†4]「児童福祉法」第18条の21

6　秘密保持の義務について

保育所では、子どもとその家庭に関するさまざまな個人情報や記録が日常業務のなかで扱われています。また、保育士は、何気ない日常のやりとりで個人情報に接することも多々あります。こういった意味において、保育士は個人情報に囲まれているといえるでしょう。保育士はこの点を常に自覚し、秘密保持に対する意識を高め、個人情報については慎重に取り扱わなければなりません。「児童福祉法」や「保育所保育指針」でも、次のように十分な注意を促しています。

> 保育士は、正当な理由がなく、その業務に関して知り得た人の秘密を漏らしてはならない。保育士でなくなった後においても、同様とする[†5]。

▶出典
[†5]「児童福祉法」第18条の22

> 保育所は、入所する子ども等の個人情報を適切に取り扱うとともに、保護者の苦情などに対し、その解決を図るよう努めなければならない[†6]。

▶出典
[†6]「保育所保育指針」第1章1（5）「保育所の社会的責任」ウ

> 子どもの利益に反しない限りにおいて、保護者や子どものプライバシーを保護し、知り得た事柄の秘密を保持すること[†7]。

▶出典
[†7]「保育所保育指針」第4章1（2）「子育て支援に関して留意すべき事項」イ

ただし、児童虐待を発見した場合は、この限りではありません。その場合は速やかに市町村、児童相談所等の機関に通告し、適切な対応を図るよう求められています。

7　登録の取り消し

保育士は、前述のような信用失墜行為や秘密保持義務違反をした場合、保育士登録の取り消しという処分を受けます[†8]。

▶出典
[†8]「児童福祉法」第18条の19

> 都道府県知事は、保育士が次の各号のいずれかに該当する場

合には、その登録を取り消さなければならない。
　一　第18条の5各号（第四号を除く。）のいずれかに該当するに至った場合
　二　虚偽又は不正の事実に基づいて登録を受けた場合
2　都道府県知事は、保育士が第18条の21又は第18条の22の規定に違反したときは、その登録を取り消し、又は期間を定めて保育士の名称の使用の停止を命ずることができる。

このように、保育士は専門職として厳しい社会的評価を受けることになったのです。

2. 保育者の倫理

1　倫理の重要性

「保育所保育指針」第1章に、「保育所の役割」として次のような記述があります[9]。

　　保育所における保育士は、児童福祉法第18条の4の規定を踏まえ、保育所の役割及び機能が適切に発揮されるように、倫理観に裏付けられた専門的知識、技術及び判断をもって、子どもを保育するとともに、子どもの保護者に対する保育に関する指導を行うものであり、その職責を遂行するための専門性の向上に絶えず努めなければならない。

「児童福祉法」第18条の4とは、前述のとおり保育士業務を定めたものです。上記は、これを踏まえたうえで、保育士は業務遂行にあたり「専門的知識、技術及び判断」が求められると説いているのです。つまりこれは、保育士の専門性に言及した記述です。ただし、この専門性については、「保育所保育指針」と「児童福祉法」とでは若干の違いがあります。「保育所保育指針」では「専門的知識、技術及び判断」とありますが、「児童福祉法」では、「専門的知識及び技術」となっており、「判断」という文言がありません。両者にはこういった違いがありますが、共通しているのは、双方とも、保育士の専門性の前提にあるのは「倫理観」だとしている点です。

「倫理観」についてはほかにも「保育所保育指針」に、次の一文があ

> ☑ **法令チェック**
> 「児童福祉法」第18条の5
> 次の各号のいずれかに該当する者は、保育士となることができない。
> 一　成年被後見人又は被保佐人
> 二　禁錮以上の刑に処せられ、その執行を終わり、又は執行を受けることがなくなった日から起算して2年を経過しない者
> 三　この法律の規定その他児童の福祉に関する法律の規定であって政令で定めるものにより、罰金の刑に処せられ、その執行を終わり、又は執行を受けることがなくなった日から起算して2年を経過しない者
> 四　第18条の19第1項第二号又は第2項の規定により登録を取り消され、その取消しの日から起算して2年を経過しない者
> 五　国家戦略特別区域法第12条の5第8項において準用する第18条の19第1項第二号又は第2項の規定により登録を取り消され、その取消しの日から起算して2年を経過しない者

> ▶ **出典**
> †9　「保育所保育指針」第1章1（1）「保育所の役割」エ

▶出典
†10 「保育所保育指針」第5章1（1）「保育所職員に求められる専門性」

ります†10。

> 子どもの最善の利益を考慮し、人権に配慮した保育を行うためには、職員一人一人の倫理観、人間性並びに保育所職員としての職務及び責任の理解と自覚が基盤となる。

この文中にも「倫理観」という文言がありますが、では保育士の「倫理観」とはどういったものでしょうか。

「保育所保育指針」にも「幼稚園教育要領」にも、就学前の子どもたちは、生涯にわたる人格形成にとってきわめて重要な時期にあると書かれています。その時期に立ち会う保育者は、みずからの行動を律し、正しい道徳観、人権意識、規範意識などをもっていなければならないのは当然のことでしょう。一般的に専門職には、その職業集団特有の使命感、社会的責任があり、職業倫理を有しています。それを倫理綱領という形でまとめていますが、保育士にも倫理綱領があります。そこで次に、この倫理綱領をもとに保育者の倫理について具体的に考えます。

2 「全国保育士会倫理綱領」について

保育士には「**全国保育士会**」によって書かれた「**全国保育士会倫理綱領**」があります。以下は、「全国保育士会倫理綱領」の全文です。

◆補足
全国保育士会
1956年、保育士により結成され、保育士の社会的地位や処遇の改善を目指しさまざまな運動を続けている任意団体。ほかにも保育の質の向上、子育て環境の改善、地域社会への発信など実践活動を行っている。全国保育士会は、前述の保育士の国家資格化などの要望を含む「児童福祉法」一部改正の際に大きな役割を果たし、「全国保育士会倫理綱領」はそのときにまとめられた。

> 全国保育士会倫理綱領
> 　　　　　　　　　　　2003年11月29日宣言
> 　　　　　　　社会福祉法人 全国社会福祉協議会
> 　　　　　　　　　　　　　　全国保育協議会
> 　　　　　　　　　　　　　　　全国保育士会
> 　すべての子どもは、豊かな愛情のなかで心身ともに健やかに育てられ、自ら伸びていく無限の可能性を持っています。
> 　私たちは、子どもが現在（いま）を幸せに生活し、未来（あす）を生きる力を育てる保育の仕事に誇りと責任をもって、自らの人間性と専門性の向上に努め、一人ひとりの子どもを心から尊重し、次のことを行います。
> 　　私たちは、子どもの育ちを支えます。
> 　　私たちは、保護者の子育てを支えます。
> 　　私たちは、子どもと子育てにやさしい社会をつくります。
> （子どもの最善の利益の尊重）

1．私たちは、一人ひとりの子どもの最善の利益を第一に考え、保育を通してその福祉を積極的に増進するよう努めます。
（子どもの発達保障）
2．私たちは、養護と教育が一体となった保育を通して、一人ひとりの子どもが心身ともに健康、安全で情緒の安定した生活ができる環境を用意し、生きる喜びと力を育むことを基本として、その健やかな育ちを支えます。
（保護者との協力）
3．私たちは、子どもと保護者のおかれた状況や意向を受けとめ、保護者とより良い協力関係を築きながら、子どもの育ちや子育てを支えます。
（プライバシーの保護）
4．私たちは、一人ひとりのプライバシーを保護するため、保育を通して知り得た個人の情報や秘密を守ります。
（チームワークと自己評価）
5．私たちは、職場におけるチームワークや、関係する他の専門機関との連携を大切にします。
　また、自らの行う保育について、常に子どもの視点に立って自己評価を行い、保育の質の向上を図ります。
（利用者の代弁）
6．私たちは、日々の保育や子育て支援の活動を通して子どものニーズを受けとめ、子どもの立場に立ってそれを代弁します。
　また、子育てをしているすべての保護者のニーズを受けとめ、それを代弁していくことも重要な役割と考え、行動します。
（地域の子育て支援）
7．私たちは、地域の人々や関係機関とともに子育てを支援し、そのネットワークにより、地域で子どもを育てる環境づくりに努めます。
（専門職としての責務）
8．私たちは、研修や自己研鑽を通して、常に自らの人間性と専門性の向上に努め、専門職としての責務を果たします。

　この倫理綱領は、保育士として守らなければならない倫理についてまとめられたものですが、幼稚園教諭や保育教諭においても同様です。す

べての保育者に共通の倫理として、理解しておく必要があるでしょう。

3 「全国保育士会倫理綱領」の内容

前項でみたように、「全国保育士会倫理綱領」は前文と8つの項目から構成されていますが、個別にその内容をみてみましょう。

まず、前文は、保育士の基本姿勢をうたっています。また「児童福祉法」第1条の「全て児童は、児童の権利に関する条約の精神にのっとり、適切に養育されること、その生活を保障されること、愛され、保護されること、その心身の健やかな成長及び発達並びにその自立が図られることその他の福祉を等しく保障される権利を有する」という文言を踏まえ、子どもの受動的権利と能動的権利を認めたものとなっています。子どもの権利について言及した前文は、**「児童憲章」**や**「児童の権利に関する条約（子どもの権利条約）」**の理念が反映されています。

「項目1」は、保育士の行動原理は「子どもの最善の利益」の尊重であると述べています。一人の人間としての子どもを尊重し、その子どもにとっての最善を追求することが、保育士の基本となっています。「子どもの最善の利益」の尊重という言葉は、「児童の権利に関する条約（子どもの権利条約）」においても、キーワードとなっています。

「項目2」は、保育士が子どもと関わる際の原理を示しています。保育士が行う保育は「養護と教育が一体となった保育」であること、「一人ひとりの子どもが心身ともに健康、安全で情緒の安定した生活ができる環境」を総合的、計画的に構成することであるとし、そういった保育をすることで、子どもの「生きる喜びと力を育むこと」が可能であると述べています。これが、保育の専門家である保育士が行う子どもの発達保障といえるのです。

「項目3」は、保育士が保護者と関わる際の原理です。保護者とは信頼関係を築き、パートナーシップの関係性のうえに立ち、ともに協力して子どもを育てていくことが大切です。その際、「子どもと保護者のおかれた状況や意向を受けとめ」ることが重要で、保護者の気持ちに寄り添うことを忘れてはいけません。

「項目4」は、保育士資格の法定化にともない、保育士に求められている倫理です。これは、社会福祉専門職として保育士に課せられた義務といえるでしょう。保育士が守秘義務に違反した場合、罰則が適用されたり、保育士の登録取り消しなどの処分も行われることになっています。保育士には重い責任があるのです。

「項目5」は、職場のチームワークおよびほかの専門機関との連携の

> **参照**
> 児童憲章
> →レッスン1
>
> 児童の権利に関する条約（子どもの権利条約）
> →レッスン1

大切さや、保育の質の向上のためには自己評価が必要であることが述べられています。

　保育は保育士一人で行うものではなく、チームで行うものです。したがって、保育所の全職員、および家庭の協力が不可欠となります。さらに、必要に応じて、関係するほかの専門機関と連携することも重要です。そのためには、他機関と日常的につながりをもっておくことが大切なのです。また、保育士は、みずからの行う保育の質の向上に努めなければなりません。そのために、まず行うのが自己評価です。自己評価は、独りよがりの評価ではなく、「常に子どもの視点に立って」評価することが求められています。

　「項目6」は、保育士が社会に対して行う責務ともいえます。保育士は「日々の保育や子育て支援の活動」のなかで、気づくことが多々あります。それは子どものニーズであったり、保護者のニーズであったりします。そういったニーズを受け止め、代弁することが求められているのです。これは、保育士のソーシャルワークといえます。なお、この場合の利用者とは、保育所を利用している子どもやその保護者に限らず、地域のすべての子どもと保護者を指しています。

　「項目7」は、保育士が行う地域の子育て支援について述べたものです。地域には子育てに困難を抱えている家庭があります。そういった子育て家庭に対し、地域の実情に合わせてさまざまな支援をすることが求められています。その際、地域の人々や関係機関とともに支援することや、そのネットワークを生かして子育てにやさしい環境づくりを構築することが期待されています。

　「項目8」は、保育士の専門職としての責務が述べられています。項目1から7の責務をまっとうするために、保育士には「研修や自己研鑽」が求められているのです。「研修や自己研鑽」を積むことは、みずからの人間性と専門性の向上につながります。人的環境にあたる保育士にとって、人間性と専門性の向上は何よりも重要だといえるでしょう。

　以上、「全国保育士会倫理綱領」をとおして保育士の倫理について具体的にみてきましたが、この倫理綱領は、保育士に「自らの人間性と専門性の向上に努め」ることを求めています。そこで次に、保育者に求められる人間性や専門性について説明します。

4　人間性と倫理観と専門性について

　前述のように、保育士の専門性については、「保育所保育指針」に書かれていますが、そこには、倫理観が専門性の基盤になければならない

とあります。倫理観なき専門的知識、技術および判断は、保育士の専門性とはいえないということなのです。

ところで、「専門的知識、技術」については、2018（平成30）年改定の「保育所保育指針解説」に以下のように具体的に示されています[†11]。

> ①これからの社会に求められる資質を踏まえながら、乳幼児期の子どもの発達に関する専門的知識を基に子どもの育ちを見通し、一人一人の子どもの発達を援助する知識及び技術
> ②子どもの発達過程や意欲を踏まえ、子ども自らが生活していく力を細やかに助ける生活援助の知識及び技術
> ③保育所内外の空間や様々な設備、遊具、素材等の物的環境、自然環境や人的環境を生かし、保育の環境を構成していく知識及び技術
> ④子どもの経験や興味や関心に応じて、様々な遊びを豊かに展開していくための知識及び技術
> ⑤子ども同士の関わりや子どもと保護者の関わりなどを見守り、その気持ちに寄り添いながら適宜必要な援助をしていく関係構築の知識及び技術
> ⑥保護者等への相談、助言に関する知識及び技術

また、「判断」についても「保育所保育指針解説」でふれています。それによると、「一人一人の職員が備えるべき知識、技能、判断力、対応力及び人間性は、時間や場所、対象を限定して発揮されるものではなく、日頃の保育における言動全てを通して自然と表れる[†12]」と記されています。保育士は日々現場のなかで多くの働きかけをしますが、そのときの「働きかけ」は、状況に応じたものであり、自己研鑽の積み上げの結果であるということなのです。

このように保育士の「専門的知識、技術および判断」とは、倫理観という裏づけのうえになされることが求められているのです。

次に「保育士の人間性」についてですが、一般的に保育にたずさわろうとする人は、子ども好きで明朗であることが多いといわれています。このこと自体はとても重要ですが、それだけではなく、一人ひとりの個性や心情を温かく受け入れ、理解しようとする気持ちや、豊かな感性、思いやりといった人間性も同時に求められるでしょう。「保育所保育指針解説」では、人間性とは「職員の人間観、子ども観などの総体的なものとして表れる[†13]」としています。人や子どもをどのようにとらえて

▶出典
†11 「保育所保育指針解説」第1章1（1）「保育所の役割」エ

▶出典
†12 「保育所保育指針解説」第5章1（1）「保育所職員に求められる専門性」

▶出典
†13 †12と同じ

いるのか、そのとらえ方がその人の人間性として現れると述べているのです。

最後に、人間性と倫理観と専門性については、前述の「保育所保育指針」で、保育士が専門性をともなう保育を行うには、基盤として倫理観と人間性が必要であるということが示されています。この点について、『保育原理』では、「人間性・倫理観と専門的知識・技術・判断との関係は、前者が土台となって後者がその上に成立する関係、あるいは相互に補い合う関係にある†14」と述べられています。

▶出典
†14 柴崎正行編著『保育原理——新しい保育の基礎』同文書院、2009年、226頁

3. 保育者の役割

これまで述べてきたように、保育者の保育は、保護者が行う子育てとは異なり、専門性を備えた保育です。ここに、専門家保育者としての役割が存在します。また保育者は、習得した保育に関わる専門的知識や技術を、子どもの保護者に指導しなければなりません。この点も保育者の重要な役割です。さらに、社会環境が変化し、子育ての困難性が顕著になっている近年においては、保育者には地域の子育て家庭への支援者としての役割も一層期待されるようになっています。

そこで、こうした保育者の役割を「幼稚園教育要領」「保育所保育指針」をもとに学習しましょう。

1 「幼稚園教育要領」から保育者の役割を考える

「幼稚園教育要領」の総則には、環境をとおして行う教育の意義が述べられ、その際、教師に求められる役割について、次のように書かれています†15。

▶出典
†15 「幼稚園教育要領」第1章第1「幼稚園教育の基本」

> その際、教師は、幼児の主体的な活動が確保されるよう幼児一人一人の行動の理解と予想に基づき、計画的に環境を構成しなければならない。この場合において、教師は、幼児と人やものとの関わりが重要であることを踏まえ、教材を工夫し、物的・空間的環境を構成しなければならない。また、幼児一人一人の活動の場面に応じて、様々な役割を果たし、その活動を豊かにしなければならない。

まず、教師が子どもにとってふさわしい物的・空間的環境を構成する

には、「幼児一人一人の行動の理解と予想」をする必要があり、物的・空間的環境構成を「計画的」につくることが重要です。これらは、保育者の専門性に関わる事柄です。この点については、「幼稚園教育要領解説」に次のような説明があります[†16]。

> 幼児の行動と内面の理解を一層深めるためには、幼児の活動を教師自らの関わり方との関係で振り返ることが必要である。幼児と共に行動しながら考え、さらに、幼児が帰った後に1日の生活や行動を振り返る。このことが、翌日からの指導の視点を明確にし、更に充実した教育活動を展開することにつながるのである。これらのことを日々繰り返すことにより、幼稚園教育に対する専門性を高め、自らの能力を向上させていくことができるのである。

つまり、幼児の行動と内面を理解するには、幼児の活動を教師との関わり合いのなかで振り返ることが重要です。この振り返りを繰り返すことが、いうなれば専門性を高めるための教師としての日々の研鑽なのです。

次に「幼児一人一人の活動の場面に応じて、様々な役割を果たし、その活動を豊かにしなければならない」というときの、「様々な役割」とはどのような役割でしょうか。「幼稚園教育要領」には以下のように説明されています[†17]。

> 幼児の主体的な活動を促すためには、教師が多様なかかわりをもつことが重要であることを踏まえ、教師は、理解者、共同作業者など様々な役割を果たし、幼児の発達に必要な豊かな体験が得られるよう、活動の場面に応じて、適切な指導を行うようにすること。

つまり、教師のさまざまな役割とは、幼児が行う活動の理解者、幼児との共同作業者、幼児と共鳴する者などの役割を指しています。

「幼稚園教育要領解説」によると、幼児が行う活動の理解者としての役割を果たすには、「幼児一人一人がこれまでの遊びや生活でどのような経験をしているのか、今取り組んでいる活動はどのように展開してきたのか」という時間の流れの理解と、「自分の学級の幼児がどこで誰と何をしているのか」という空間的な広がりの理解が必要であるとしてい

▶出典
†16 「幼稚園教育要領解説」第1章第1節5「教師の役割」①

▶出典
†17 「幼稚園教育要領」第1章第4 3「指導計画の作成上の留意事項」(7)

ます[18]。これらを総合的に重ね合わせることで、幼児の活動が理解できるというのです。

　幼児との共同作業者、幼児と共鳴する者としての役割とは、「幼児に合わせて同じように動いてみたり、同じ目線に立ってものを見つめたり、共に同じものに向かってみたりすることによって、幼児の心の動きや行動」を理解することです[19]。そうすることで、幼児の活動にさらに集中が生まれるとも述べられています。

　そのほかに、教師はモデルとしての役割、遊びの援助者としての役割があり、この点についても「幼稚園教育要領解説」には、次のように書かれています[20、21]。

> 　幼児は、教師の日々の言葉や行動する姿をモデルとして多くのことを学んでいく。善悪の判断、いたわりや思いやりなど道徳性を培う上でも、教師は一つのモデルとしての大きな役割を果たしている。

> 　物的環境の構成に取り組んでいる教師の姿や同じ仲間の姿があってこそ、その物的環境への幼児の興味や関心が生み出される。教師がモデルとして物的環境への関わりを示すことで、充実した環境との関わりが生まれてくる。

　このように教師には、あこがれを形成するモデル、人的環境としてのモデルという役割があることが指摘されており、その役割は重要なのです。

　また、幼児期における遊びをとおしての総合的な指導は、幼児教育において特に重視される事項です。遊びの援助者としての役割とは、「幼児の遊びが深まっていかなかったり、課題を抱えたりしているときには、教師は適切な援助を行う必要がある」という意味です。

　これまでみてきたように、保育者にはまさに「様々な役割」があるわけですが、「幼稚園教育要領解説」では、「実際の教師の関わりの場面では、これらの役割が相互に関連するものであり、状況に応じた柔軟な対応をすることが大切である」としています[22]。

2　「保育所保育指針」から保育士の役割を考える

　「保育所保育指針」第1章1「保育所保育に関する基本原則」におい

▶出典
[18]「幼稚園教育要領解説」第1章第4節　3（7）「教師の役割」

▶出典
[19]　[18]と同じ

▶出典
[20]　[18]と同じ

[21]「幼稚園教育要領解説」第1章第1節　2（3）「環境を通して行う教育の特質」

▶出典
[22]　[18]と同じ

ては、保育所の役割として、「ア　保育所保育の目的」「イ　保育所の特性」「ウ　子育て支援」「エ　保育士の専門性」の4つがあげられています。そのうち、保育者の役割に関係する内容が含まれているのは、イとウです。

イには保育所の特性として、次のように書かれています[23]。

> 保育所は、その目的を達成するために、保育に関する専門性を有する職員が、家庭との緊密な連携の下に、子どもの状況や発達過程を踏まえ、保育所における環境を通して、養護及び教育を一体的に行うことを特性としている。

これは、「保育に関する専門性を有する職員」つまり「保育士」に、「家庭との緊密な連携」をとりながら、「保育所における環境を通して」「養護及び教育を一体的に行う」ことを求めているものです。アにあるように、保育所保育は「健全な心身の発達を図ることを目的」とし、「入所する子どもの最善の利益を考慮し、その福祉を積極的に増進することに最もふさわしい生活の場」となることが目的とされています[24]。家庭と保育所が、子どもの1日の生活の場としてふさわしいものであるためには、両者は緊密に連携をとる必要があり、保育士は、その役割を担っているといえるでしょう。「環境を通して」行う保育は、前項の「幼稚園教育要領」でふれたように、保育所でも同様です。保育士は、子どもにとってふさわしい物的・空間的環境を計画的に構成する役割が求められています。「養護及び教育を一体的に行う」保育は、とりわけ保育士に求められている保育であり、「保育所保育指針解説」には、次のように書かれています[25]。

> 養護と教育を一体的に展開するということは、保育士等が子どもを一人の人間として尊重し、その命を守り、情緒の安定を図りつつ、乳幼児期にふさわしい経験が積み重ねられていくよう丁寧に援助することを指す。子どもが、自分の存在を受け止めてもらえる保育士等や友達との安定した関係の中で、自ら環境に関わり、興味や関心を広げ、様々な活動や遊びにおいて心を動かされる豊かな体験を重ねることを通して、資質・能力は育まれていく。

乳幼児期という発達過程を踏まえ、また保育所が教育の場であると同

▶出典
[23] 「保育所保育指針」第1章1（1）「保育所の役割」イ

▶出典
[24] 「保育所保育指針」第1章1（1）「保育所の役割」ア

▶出典
[25] 「保育所保育指針解説」第1章1（1）イ【養護と教育の一体性】

時に子どもが長時間過ごす生活の場であることをあわせて考えたとき、保育士には、「個としての尊重」「生命の保持」「情緒の安定」「乳幼児期にふさわしい経験の積み重ね」という養護と教育が一体となった働きかけをする役割が一層重要なのです。

ウの子育て支援についても、「保育所保育指針」には次のように書かれています[26]。

> 保育所は、入所する子どもを保育するとともに、家庭や地域の様々な社会資源との連携を図りながら、入所する子どもの保護者に対する支援及び地域の子育て家庭に対する支援等を行う役割を担うものである。

「保育所保育指針解説」によると、「入所する子どもの保護者への支援は、日々の保育に深く関連して行われる」こと、地域の子育て家庭に対する支援については、「児童福祉法」第48条の4において保育所の努力義務として規定されています。まさに地域のさまざまな人や場や機関などと連携を図りながら、保育所は地域に開かれた施設として、地域の子育て力向上に貢献していくべきであり、保育士はその中核的な役割を期待されているのです。

▶出典
[26] 「保育所保育指針」第1章1（1）「保育所の役割」ウ

演習課題

①皆さんが幼いころに出会った保育者は、どのような保育者でしたか。幼いころを思いだしてみましょう。そして、自分の理想とする保育者像を描いてみましょう。

②保育者としての専門性を育むために、学生の間にどのような学習をしようと思っていますか。自己の課題を踏まえて学びの計画を立ててみましょう。

③保育者は、職場の人、保護者、関係の機関、地域の人々など、多くの人と関わって仕事をします。よりよい人間関係を築くために大切なのはどのようなことか、話し合ってみましょう。

レッスン8

保育制度の基本

近年、日本の保育制度は、社会の変化に呼応しながら急速に変わっています。レッスン8では、現在の新しい保育制度を理解するとともに、それまでの保育のあり方と社会背景についても学び、保育の制度について理解を深めます。

1. 保育制度の基本を学ぶということ

　日本では長い間、就学前の子どもたちは、保育所あるいは幼稚園のいずれかの施設を選び、通所・通園していました。保育所や幼稚園への入所・入園は義務ではありませんので、行かないという選択もありますが、多くはどちらかの施設を選び、集団保育を経験していたのです。

　現在では、認定こども園という新たな施設が創設され、保育所・幼稚園・認定こども園のなかから選べるようになりました。従来からあった保育所と幼稚園だけではなく、認定こども園という施設が加わったことにより、保育制度は新しい時代に突入したのです。さらに、2015（平成27）年には、子ども・子育て支援新制度もスタートしています。

　このように、保育制度や保育のあり方は、社会状況と密接に関係し、変化しています。そのため、制度の中身のみならず、そのときどきの社会状況を把握することが、保育制度を理解するうえで大切になってきます。そこで、ここでは時代の流れを俯瞰的にみながら、保育制度の基本を学習していくことにします。

　また、保育制度は、子どもの最善の利益にかなうしくみでなければなりません。現在の保育制度も、社会の変化に応じて、やがては変わっていくことでしょう。しかし、いつでも、何よりも子どもが最優先される制度であることが求められるのです。

2. 保育制度が整うまで

1 江戸時代

日本では江戸時代に、**香月牛山**の『小児必用養育草』（1703年）や**貝**

人物

香月牛山
1656〜1740年
江戸時代の医師。筑前国（現・福岡県）出身。治療法や薬の書籍が多く、『小児必用養育草』は日本初の本格的育児書といわれている。

貝原益軒
1630〜1714年
江戸時代の儒学者、本草学者。筑前国出身。その他の著書に『養生訓』『大和俗訓』がある。

原益軒の『和俗童子訓』(1710年)などのような、子育ての重要性を論じた書籍が多く出版されています。こういった子育て書には、わが国の子宝思想を基盤にした保育思想が見受けられます。

また、佐藤信淵によって『垂統秘録』(1849年)という書籍も書かれています。そのなかには、農民たちが乳幼児を預けて安心して働けるように、無料で保育する保育所のような「慈育館」、4歳から7歳の子どもを対象として遊びを行う幼稚園のような「遊児廠」という保育施設を公的に設立するということが書かれていました。彼の構想は実現しませんでしたが、わが国には江戸時代から保育施設の構想があったのです。

2 明治時代

1872(明治5)年に「学制*」が公布され、近代的な教育制度が確立しました。そのなかに、就学前(6歳まで)の子どもを保育する学校として「幼稚小学」の規定がありましたが、これはつくられませんでした。

わが国初の幼稚園は、1876(明治9)年、文部省開設の「東京女子師範学校附属幼稚園(現・お茶の水女子大学附属幼稚園)」です。翌年には、同園開設の主旨、目的、保育料や保育内容などが規定された園則が定められました。それによると同園では、満3歳以上の幼児を対象に、1日4時間、フレーベル(Fröbel, F. W. A.)の恩物中心の保育が行われていました。それから、同園の設立以降、全国に次々と幼稚園が広がっていったのです。

全国的に幼稚園が増えるなか、1899(明治32)年、文部省令「**幼稚園保育及設備規程***」が公布されました。この規程により、幼稚園の保育は国レベルで整備され、発展していきます。

「学制」の公布により、国は小学校への就学を推進する取り組みを行っていきます。しかしその一方で、子守りのために小学校に就学できない子どももいました。そこで、そうした子どもへの教育とあわせて、子どもが背負ってきた乳幼児の世話もする「子守学校」が開設されることになったのです。子守学校は1870年代中頃から全国的に設置されていきます。この子守学校が託児施設の前身です。こうした状況のなか、1890(明治23)年、赤沢鍾美・仲子夫妻が新潟市に開設した私塾「新潟静修学校」に託児所が附設されました。これがわが国初の本格的託児所といわれています。

1900(明治33)年、**野口幽香***らにより「二葉幼稚園」が開園されました。園名は幼稚園となっていますが、貧困家庭の子どもたちのために設立された福祉施設のような保育施設でした。1909(明治42)年には、

👤 人物
佐藤信淵
1769～1850年
江戸時代の農政学者、社会思想家。出羽国(現・秋田県)出身。諸国をめぐり農事改良などの指導にあたった。

✳ 用語解説
学制
日本で最初の近代的学校制度を定めた法令。1879(明治12)年に「教育令」が制定され、廃止となった。

📖 参照
フレーベル
→レッスン13

✳ 用語解説
恩物
幼稚園の創始者フレーベルが考案した幼児用教育的遊具。ドイツ語Gabeの日本語訳で1876(明治9)年に日本に紹介された。

幼稚園保育及設備規程
日本ではじめての幼稚園に関する詳細な規程。幼稚園の編成、組織、保育項目などについて規程している。

👤 人物
野口幽香
1866～1950年
幼児教育者。播磨国(現・兵庫県姫路市)出身。母子生活支援施設の始まりといわれる母の家(母子寮)も創設。

人物
石井十次
1865〜1914年
児童福祉事業家。日向国（現・宮崎県）出身。岡山孤児院を創設するなど、生涯を孤児救済に捧げた。

用語解説
幼稚園令
わが国初の幼稚園に関する単独勅令。「学校教育法」公布にともない、1947（昭和22）年に廃止された。

学校教育法
「教育基本法」に基づき制定された。学校制度の基本を定めた法律。

石井十次*が大阪のスラム地域に「愛染橋保育所」を設立しています。

このように明治時代の保育施設は、個人の慈善事業というかたちで運営されていましたが、その数は明治末で15園にすぎず、幼稚園と比べると少ないものでした。

明治時代の保育は、幼稚園と託児所（後の保育所）が併存していました。両者は施設の性質上の違いから、幼稚園は文部省管轄、託児所は内務省（1938［昭和13］年以降は厚生省）管轄と区別されました。

3 大正時代

大正デモクラシーのなか、保育の世界でも自由主義的な風潮が高まります。幼稚園は、明治時代から引き続き園数および幼児数も増えていきました。1926（大正15）年に「**幼稚園令***」が公布され、同時に「幼稚園令施行規則」も制定されています。これにより、幼稚園、園長、保母は、教育制度上、明確に位置づけられました。「幼稚園令」は、1947（昭和22）年に「**学校教育法***」が制定されるまで、幼稚園教育制度の基本となりました。

また大正時代は、重工業の発展にともない労働者が増加した時代でもありました。この労働者の増加が、労働問題や貧困問題なども同時に引き起こします。こうした社会状況から、子どもをもつ共働き家庭を対象とする社会事業として、託児所の設置が急がれました。1919（大正8）年には、大阪市で最初の公立託児所が開設され、その後、京都、東京、神戸と次々に公立託児所がつくられました。こうして明治期に15園であった託児所は、大正時代末には250園とも300園ともいわれるほどに増えていったのです。

4 昭和時代

日本は、1931（昭和6）年の満州事変、1937（昭和12）年からの日中戦争、1939（昭和14）〜1945（昭和20）年の第二次世界大戦と、大きな戦争を経験しました。これらの戦争により、女子の労働力が必要とされ、託児所の数は非常に増えていきました。一方、幼稚園は、託児所に切り替えられた園を除き、休園や閉園という事態に直面することとなりました。

やがて日本は終戦を迎え、新憲法の制定をはじめさまざまな制度改革が進められました。幼稚園は「学校教育法」により、教育制度のなかに学校として正式に位置づけられました。同じく1947（昭和22）年に制定された「児童福祉法」では、これまでの託児所は「保育所」と名称変

更され、すべての子どもの健全な成長、福祉の増進を原則とする施設として規定されたのです。

ここまで保育所と幼稚園についてみてきましたが、以上のように、両者には違いがあることがわかります。制度的には、幼稚園は戦前から法整備が進み、保育所と比べ先行していましたが、戦後の制度改革時には、双方とも今の保育所や幼稚園の基礎となる制度を構築しました。そしてこのときから、保育所と幼稚園は、幼保二元体制のもとでそれぞれ発展してきたのです。

3. 幼稚園と保育所という2つの保育制度

1 幼稚園

幼稚園の制度は、「学校教育法」「学校教育法施行規則」「**幼稚園設置基準***」「幼稚園教育要領」「教育職員免許法」により支えられています。さらに上位法にまでさかのぼれば、「日本国憲法」や「教育基本法」などもあげられますが、直接幼稚園の制度を形づくっているのは、これらの法律といえるでしょう。したがって、ここでは、これらの法を中心に幼稚園の制度をみていくことにします。なお、法律はそのつど、適宜改正されていますので、制度の概要は直近の改正に基づきます。

「学校教育法」で、幼稚園は、学校として教育体系のなかに組み込まれ、教育施設として位置づけられています。同じく同法により、設置は国、地方公共団体、学校法人のみとされており、設置主体ごとに国立学校、公立学校、私立学校と区別されています。また、幼稚園は文部科学省所管の施設ですが、同法によって、設置の際は、国立幼稚園は文部科学省、市町村の公立幼稚園は教育委員会、私立の幼稚園は都道府県知事の認可を必要とすると規定されています。

「学校教育法」第22条によれば、「幼稚園は、義務教育及びその後の教育の基礎を培うものとして、幼児を保育し、幼児の健やかな成長のために適当な環境を与えて、その心身の発達を助長することを目的とする」施設であり、同法第23条には、次の5つの目標が掲げられています。

1　健康、安全で幸福な生活のために必要な基本的な習慣を養い、身体諸機能の調和的発達を図ること。
2　集団生活を通じて、喜んでこれに参加する態度を養うとともに家族や身近な人への信頼感を深め、自主、自律及び協同

※用語解説

幼稚園設置基準
「学校教育法」第3条の規定に基づき、幼稚園を設置するのに必要最低限の基準。幼稚園の設置、またその教育水準を維持向上するための趣旨や、自己評価などの内容が定められている。

> の精神並びに規範意識の芽生えを養うこと。
> 3　身近な社会生活、生命及び自然に対する興味を養い、それらに対する正しい理解と態度及び思考力の芽生えを養うこと。
> 4　日常の会話や、絵本、童話等に親しむことを通じて、言葉の使い方を正しく導くとともに、相手の話を理解しようとする態度を養うこと。
> 5　音楽、身体による表現、造形等に親しむことを通じて、豊かな感性と表現力の芽生えを養うこと。

　このように「学校教育法」には、保育内容の大枠が書かれていますが、これに基づきこの5つの目標は、「幼稚園教育要領」で「健康」「人間関係」「環境」「言葉」「表現」の5領域として具体的に示されています。

　また、「幼稚園設置基準」によると、「1学級の幼児数は、35人以下を原則とする」（第3条）とされ、「学級は、学年の初めの日の前日において同じ年齢にある幼児で編制することを原則とする」（第4条）となっています。したがって、幼稚園の年少クラスは4月2日から翌年4月1日までの生まれで3歳の幼児、同様に年中クラスが4歳、年長クラスが5歳の幼児ということになります。

　施設および設備は、同基準で「幼稚園の位置は、幼児の教育上適切で、通園の際安全な環境にこれを定めなければならない。2　幼稚園の施設及び設備は、指導上、保健衛生上、安全上及び管理上適切なものでなければならない」（第7条）とされています。園地、園舎および運動場は、「園舎は、2階建以下を原則とする。園舎を2階建とする場合及び特別の事情があるため園舎を3階建以上とする場合にあっては、保育室、遊戯室及び便所の施設は、第1階に置かなければならない。ただし、園舎が耐火建築物で、幼児の待避上必要な施設を備えるものにあっては、これらの施設を第2階に置くことができる。2　園舎及び運動場は、同一の敷地内又は隣接する位置に設けることを原則とする」（第8条）となっています。

　また、施設および設備等は、職員室、保育室、遊戯室、保健室、便所、飲料水用設備、手洗用設備、足洗用設備を設置しなければなりません（第9条）。教職員については、「幼稚園には、園長のほか、各学級ごとに少なくとも専任の主幹教諭、指導教諭又は教諭（次項において「教諭等」という。）を1人置かなければならない」（第5条第1項）とされています。

保育時間や日数については、「学校教育法施行規則」において「幼稚園の毎学年の教育週数は、特別の事情のある場合を除き、39週を下つてはならない」（第37条）とされ、「幼稚園教育要領」では、幼稚園の1日の教育時間は、4時間を標準とすることが示されています（第1章3　3（3））。

幼稚園教諭になるには、「教育職員免許法」で定められた免許状を有することが必要です。免許状は、普通免許状、特別免許状および臨時免許状の別があり、普通免許状においては、専修免許状は大学院修了者、一種免許状は大学卒業者、二種免許状は短期大学卒業者に与えられます。

幼稚園への入園手続きは、幼稚園設置者との契約によりなされます。

近年は、子育てに困難を抱えている家庭が多いことから、幼稚園に子育て支援が求められるようになりました。そこで、幼稚園では、希望者を対象に、教育課程に関わる教育時間の終了後などに行う教育活動（いわゆる「預かり保育」）を行っています。また「幼稚園教育要領」に示されているように、幼稚園には次のようなことが求められ、園は実情に応じて実施しています[†1]。

> 出典
> †1 「幼稚園教育要領」第3章2

> 幼稚園の運営に当たっては、子育ての支援のために保護者や地域の人々に機能や施設を開放して、園内体制の整備や関係機関との連携及び協力に配慮しつつ、幼児期の教育に関する相談に応じたり、情報を提供したり、幼児と保護者との登園を受け入れたり、保護者同士の交流の機会を提供したりするなど、幼稚園と家庭が一体となって幼児と関わる取組を進め、地域における幼児期の教育のセンターとしての役割を果たすよう努めるものとする（後略）。

2　保育所

保育所の法的根拠となるのは「児童福祉法」です。その他に「**児童福祉施設の設備及び運営に関する基準**＊」「保育所保育指針」があります。これらはたびたび改正され、それにともない保育所の基準も変わっていきますが、ここでは、現行の制度に従い説明します。

保育所は、「児童福祉法」において、「保育所は、保育を必要とする乳児・幼児を日々保護者の下から通わせて保育を行うことを目的とする施設（利用定員が20人以上であるものに限り、幼保連携型認定こども園を除く。）とする。2　保育所は、前項の規定にかかわらず、特に必要

> 用語解説
> 児童福祉施設の設備及び運営に関する基準
> 「児童福祉法」第45条の規定に基づき制定された厚生労働省令。児童福祉施設の設備、運営の最低基準が定められている。

があるときは、保育を必要とするその他の児童を日々保護者の下から通わせて保育することができる」(第39条)とされています。このように保育所は「児童福祉法」によって、すべての子どもの保育に関わる福祉施設であることが明言されているのです。

保育所への入所については、同法第24条に規定があります。それによると、保育所は厚生労働省の管轄ですが、実施主体は市町村であり、市町村がその権限と責務を果たすことになっています。また入所方法は、従来の、行政が行政処分として子どもを保育所に入所させる措置制度から、保育所の利用者が保育所を選択し、市町村に申し込む契約制度に変わりました。これにより、これまで「児童福祉法」で使用されていた「入所措置」という文言が「保育の実施」に変更されました。これにともない、保育料も**応能負担方式***に改められています。

また、同法第45条において、児童福祉施設の設備および運営については、都道府県の条例で基準を定めることになっています。この場合の基準は、児童の身体的、精神的および社会的な発達のために必要な生活水準を確保するものでなければならないとされ、その基準となるのが「児童福祉施設の設備及び運営に関する基準」です。都道府県が定める条例は、これに定める基準に従うか**参酌***するものとされています。

以下、「児童福祉施設の設備及び運営に関する基準」によると、設備の基準については第32条で詳細に規定されています。第一号では「乳児又は満2歳に満たない幼児を入所させる保育所には、乳児室又はほふく室、医務室、調理室及び便所を設けること」とあり、第五号では「満2歳以上の幼児を入所させる保育所には、保育室又は遊戯室、屋外遊戯場(保育所の付近にある屋外遊戯場に代わるべき場所を含む。次号において同じ。)、調理室及び便所を設けること」、第二号、第三号、第六号では、1人につき必要とされる最低面積が定められています。第四号と第七号においては、乳児室、ほふく室、保育室、遊戯室には保育に必要な用具を備えることが求められています。

職員については第33条において、保育所には保育士、嘱託医、調理員を置かなければならないとし、保育士の数は、乳児おおむね3人につき1人以上、満1歳以上満3歳に満たない幼児おおむね6人につき1人以上、満3歳以上満4歳に満たない幼児おおむね20人につき1人以上、満4歳以上の幼児おおむね30人につき1人以上と規定しています。

保育時間は、第34条において、1日につき8時間を原則とし、その地方における乳幼児の保護者の労働時間やその他家庭の状況等を考慮して、保育所の長が定めることとなっています。

---

* **用語解説**
応能負担方式
収入に応じて支払額を決定する方式。

* **用語解説**
参酌
他のものを参考にして取り入れること。

保育の内容については、第35条において、養護と教育を一体的に行うことを特性とし、厚生労働大臣が定める指針に従うこととしています。

保護者との連絡については、第36条において、「保育所の長は、常に入所している乳幼児の保護者と密接な連絡をとり、保育の内容等につき、その保護者の理解及び協力を得るよう努めなければならない」としています。

業務の質の評価等については、第36条の2において、保育所はみずから業務の質の評価を行い、常に改善を図らなければならないことと、定期的に外部の者による評価を受けて結果を公表し、常にその改善を図るよう努めなければならないとされています。

一方、保育士については、「児童福祉法」で詳細に規定されています（第18条の4～24）。まず、保育士となるには資格が必要ですが、指定保育士養成施設を卒業するか、もしくは保育士試験に合格しなければなりません（第18条の6）。さらに、保育士となる資格を有する者が保育士となるためには、都道府県が備える保育士登録簿に登録を受けなければなりません（第18条の18）。こうして、保育士は、保育士の名称を用いて、専門的知識および技術をもって、児童の保育および児童の保護者に対する保育指導を行うことを業とする専門職として認められるのです（第18条の4）。また、保育士は、保育士の信用を傷つけるような行為をしてはならないという信用失墜行為の禁止（第18条の21）、正当な理由なく、その業務に関して知り得た人の秘密を漏らしてはならず、これは保育士でなくなったあとでも同様であるという秘密保持義務が課せられています（第18条の22）。また、保育士でない者は、保育士またはこれに紛らわしい名称を使用してはならないとされています（第18条の23）。

このような保育士資格が、法定資格として法定化されたのは、2001（平成13）年の「児童福祉法」の改正からです。また、現在の保育士という名称になる前は、保母という名称が使用されていました。しかし男性保育者もいることから、1998（平成10）年の「児童福祉法」の一部改正により、男女共通の保育士という名称に変更されました。

4. 認定こども園制度

1 認定こども園制度誕生の背景

前節で学んだように、日本には、幼稚園と保育所の2つの保育制度が

第2章　保育の基本

併存し、就学前の子どもたちはそれぞれの保育施設で保育されてきました。しかし現在、認定こども園という就学前の教育・保育ニーズに対応する新たな施設が登場しました。どうしてこのような施設が生まれたのでしょう。ここでは、認定こども園誕生の背景について説明します。

まず、幼保の二元体制という制度上の問題です。同じ就学前の子どもであるにもかかわらず、幼稚園と保育所という制度の異なる施設での保育は好ましくないということが、長い間いわれてきました。これまで、こうした問題を解決しようとした動きがなかったわけではありません。1926（大正15）年の「幼稚園令」では、幼保一元化構想がもち上がりましたが、実現に至りませんでした。1930年代に入り、**倉橋惣三**らによっても提唱されましたが、これも実現しませんでした。国も、1963（昭和38）年、当時の文部省と厚生省が「幼稚園と保育所との関係について」という通知を出し、1998（平成10）年には「幼稚園と保育所の施設の共用化等に関する指針」を示しています。このように何度か幼保一元化の試みがなされてきましたが、解決されなかったのです。

そのほかの背景に、社会の変化があげられます。日本は、1989（平成元）年に**合計特殊出生率***が**1.57**となり、その後も数字は下がり続け、深刻な少子化に直面しました。同時に高齢化も相まって、国は少子高齢化対策を進めていくのです。

まず1994（平成6）年に「**今後の子育て支援のための施策の基本的方向について（エンゼルプラン）***」を策定し、1999（平成11）年「**重点的に推進すべき少子化対策の具体的実施計画について（新エンゼルプラン）***」、2004（平成16）年「**少子化社会対策大綱に基づく重点施策の具体的実施計画について（子ども・子育て応援プラン）***」、2010（平成22）年「**子ども・子育てビジョン***」などが、次々と策定されました。これらは、「仕事と子育ての両立」「多様な保育ニーズへの対応」「地域子育て支援」などを軸とした子育て支援策が中心であったので、保育所の役割に大きな期待が寄せられることとなりました。

少子化は、地方に子ども集団の小規模化や、施設運営の非効率化などの問題を引き起こしました。一方、都会では、共働き世帯の増加から待機児童問題が起こります。これに対し国は、2001（平成13）年に「待機児童ゼロ作戦」、2008（平成20）年に「新待機児童ゼロ作戦」を講じたものの、低年齢児を中心に大都市では十分解決できませんでした。もはや、少子化の進行によって発生した諸問題や教育・保育のニーズの多様化などに対して、今までのような幼稚園と保育所という2つの保育制度だけでは対応できなくなったのです。

参照
倉橋惣三
→レッスン15

用語解説
合計特殊出生率
一人の女性が一生のうちに平均して産む子どもの数。

補足
1.57ショック
1966（昭和41）年の丙午の年の合計特殊出生率1.58を下回り、いわゆる1.57ショックといわれた。

用語解説
今後の子育て支援のための施策の基本的方向について（エンゼルプラン）
1994年に策定された子育て支援に関する5年間の国の計画。少子化対策として、国、地方自治体、企業、職場、地域社会が一体となり子育て支援社会の構築を目指すことを求めた。

重点的に推進すべき少子化対策の具体的実施計画について（新エンゼルプラン）
いわゆるエンゼルプラン前期にあたる「緊急保育対策等5か年事業」が1999年に終了し、それを引き継ぐ形で示された2004年までの少子化対策の具体的実施計画。

少子化社会対策大綱に基づく重点施策の具体的実施計画について（子ども・子育て応援プラン）
新エンゼルプランに続く総合的な少子化対策の指針。いわゆる新新エンゼルプラン。

こうして2006（平成18）年に、「就学前の子どもに関する教育、保育等の総合的な提供の推進に関する法律」（以下、「認定こども園法」）が公布されました。同法は、第1条にあるように、小学校就学前の子どもに対する教育および保育ならびに保護者に対する子育て支援の総合的な提供を推進するための措置を講じ、地域において子どもが健やかに育成される環境の整備に資することを目的とし、認定こども園の設置について規定するものです。これにより第三の保育施設である認定こども園が誕生しました。このように国の少子化対策は、保育制度を変えるかたちで進められ、それにともない保育施設も変わっていくことになったのです。

2　認定こども園とは

　認定こども園は、2つの機能を備え、認定基準を満たした施設が、都道府県知事などから認定を受けることによって認められます。内閣府ホームページで説明されている「認定こども園概要」によると、求められる2つの機能は次のとおりです。

①就学前の子どもに幼児教育・保育を提供する機能（0歳から就学前のすべての子どもを対象とし、保護者が働いている、いないにかかわらず受け入れて、教育・保育を一体的に行う機能）
②地域における子育て支援を行う機能（すべての子育て家庭を対象に、子育て不安に対応した相談活動や、親子の集いの場の提供などを行う機能）

　いわば認定こども園は、保育所と幼稚園の両方のよさをあわせもち、教育と保育を一体的に行う施設なのです。
　認定こども園には、地域の実情や保護者のニーズに応じて選択が可能な、以下の4つのタイプがあります（図表8-1）。以前からある保育所や幼稚園等は、認定こども園の認定を受けても、その位置づけを失わないこととなっています。
　認定基準は、内閣総理大臣、文部科学大臣、厚生労働大臣が協議して定める基準に従い、また参酌して、都道府県の条例で定めることとなっています。認定こども園の誕生により、現在、就学前の子どもたちには図表8-2のような施設が提供されています。

用語解説

子ども・子育てビジョン
「少子化社会対策大綱」を見直し、今後の子育て支援の方向性を示したビジョン。「チルドレン・ファースト」を掲げ、「少子化対策」から「子ども・子育て支援」への理念転換が示された。

図表8-1 認定こども園の種類

幼保連携型	幼稚園的機能と保育所的機能の両方をあわせもつ単一の施設として認定こども園の機能を果たす。
幼稚園型	認可幼稚園が、保育が必要な子どものための保育時間を確保するなど、保育所的な機能を備えて認定こども園としての機能を果たす。
保育所型	認可保育所が、保育が必要な子ども以外の子どもも受け入れるなど、幼稚園的な機能を備えることで認定こども園としての機能を果たす。
地方裁量型	保育所、幼稚園いずれの認可もない地域の教育・保育施設が認定こども園として必要な機能を果たす。

図表8-2 未就学児を対象とする施設

保育所	「児童福祉法」に基づく児童福祉施設
幼稚園	「学校教育法」に基づく学校
幼稚園型認定こども園	認可幼稚園が保育所的機能を備えた認定こども園
保育所型認定こども園	認可保育所が幼稚園的機能を備えた認定こども園
地方裁量型認定こども園	幼稚園・保育所いずれの認可もない地域の教育施設が都道府県の基準により認定された認定こども園
幼保連携型認定こども園	幼稚園および保育所の施設、設備が一体的に設置、運営された認定こども園

5. 子ども・子育て支援新制度

1 子ども・子育て支援新制度とは

2012(平成24)年、子ども・子育て支援の新たなしくみに関する3つの法律、いわゆる「**子ども・子育て関連三法**[*]」が成立しました。この三法に基づく新たな制度を「子ども・子育て支援新制度」(以下、新制度)といいます。新制度の特徴は、次のとおりです。

1つ目は、2006(平成18)年に創設された認定こども園制度の改善がなされた点です。認定こども園制度では、「学校教育法」に基づく幼稚園と「児童福祉法」に基づく保育所の2つの制度を前提にしていたため、認可や指導監督などにおける二重行政が指摘されてきました。この点において、4タイプの認定こども園のうち、幼保連携型認定こども園が最も複雑でした。今回の改正で、幼保連携型認定こども園を、学校

✳ 用語解説

子ども・子育て関連三法

「子ども・子育て支援法」、「就学前の子どもに関する教育、保育等の総合的な提供の推進に関する法律の一部を改正する法律」、「子ども・子育て支援法及び就学前の子どもに関する教育、保育等の総合的な提供の推進に関する法律の一部を改正する法律の施行に伴う関係法律の整備等に関する法律」のことである。

および児童福祉施設の両方の法的位置づけをもつ単一の施設（以下、新たな幼保連携型認定こども園）として認可や指導監督などを一本化し、二重行政を解消し、設置の促進が図られることになったのです。

2つ目は、認定こども園、幼稚園、保育所共通の給付である「施設型給付」および小規模保育、家庭的保育などへの給付である「地域型保育給付」の創設がなされたことです。それまで、幼稚園と保育所は個々に財政措置がとられていましたが、施設型給付で一本化されました。また、地域型保育給付により、都市部の待機児童の解消を行うとともに、少子化傾向にある地域でも、家庭的保育などの小規模な保育の活用などで必要な保育が確保されることになりました。

3つ目は、地域の子ども・子育て支援の充実です。教育・保育施設を利用する子育て家庭だけでなく、在宅の子育て家庭を含むすべての家庭および子どもを対象に、地域のニーズに応じた多様な子育て支援を充実させるため、市町村が策定する「市町村子ども・子育て支援事業計画」（以下、事業計画）に基づき、「地域子ども・子育て支援事業」を実施する点です。子育ての相談、地域子育て支援拠点、一時預かり、放課後児童クラブなどを拡充して、育児不安の解消などを図っています。

4つ目は、市町村が実施主体となって事業計画を策定し、子どものための教育・保育給付や地域子ども・子育て支援事業を実施するとともに、国と都道府県がこれを重層的に支えるしくみをつくったことです。このため、市町村はさまざまな準備を行っています。

5つ目は、「子ども・子育て会議」を設置したことです。地方公共団体、事業主代表、子育て当事者など子ども・子育て支援に関する事業に従事する者が、子育て支援の政策プロセスなどに参画、関与することができるしくみとして、国に「子ども・子育て会議」が設置されたのです。市町村などにも、地方版「子ども・子育て会議」の設置が望まれています。

6つ目は、制度ごとにばらばらであった政府の推進体制を整備し、内閣府に子ども・子育て本部を設置した点です。

現在、この新制度のもとで保育制度の整備が進められています。

2 新たな幼保連携型認定こども園について

新制度がスタートしたことにより、認定こども園に変更が生じました。幼稚園型、保育所型、地方裁量型の認定こども園については、財政措置は施設型給付で一本化されましたが、施設体系には変更が及びませんでした。しかし、前項でふれたように、新たな幼保連携型認定こども園は、学校および児童福祉施設の両方の法的位置づけをもつ単一の施設となっ

たため、以前の幼保連携型認定こども園とは異なります。そこで、ここでは新たな幼保連携型認定こども園について説明します。

新たな幼保連携型認定こども園は、改正「認定こども園法」に基づく単一の認可を受けます。したがって、新たな幼保連携型認定こども園の位置づけは、「学校教育法」に定める学校ではなく、「教育基本法」第6条の法律に定める学校という位置づけになります。

また、内閣府による指導監督の一元化、財政措置が施設型給付で一本化されています。設置などの認可は、「認定こども園法」第17条により都道府県知事が行い、設置者は同法第12条で、国、地方公共団体（公立大学法人を含む）、学校法人、社会福祉法人のみとされ、株式会社などは参入できません。

職員については、「認定こども園法」第14条で、園長および保育教諭の配置が義務づけられており、職員の資格は、同法第15条で、幼稚園教諭免許状を有し、保育士資格を併有する**保育教諭**とされています。幼保連携型認定こども園以外の認定こども園では、満3歳以上は幼稚園教諭免許状と保育士資格の併有が望ましいとされ、満3歳未満は保育士資格が必要とされています。

学級編制、職員配置については、満3歳以上の子どもの教育時間は、学級を編制し専任の保育教諭を1人配置します。学級編制については、満3歳以上の教育時間相当利用時および、教育・保育時間相当利用時の共通の4時間程度については、学級を編制することとなっています。

教育・保育内容の基準は、小学校就学前の子どもの教育・保育を一体的に提供する施設として、「幼保連携型認定こども園教育・保育要領」（平成29年告示）に定められています。

「幼保連携型認定こども園教育・保育要領」は、環境をとおして行う教育および保育を基本とすること、5領域を維持していること、養護や乳児および3歳未満児の保育の配慮事項についてなど、「幼稚園教育要領」「保育所保育指針」との整合性が確保されています。また、幼保連携型認定こども園として特に配慮すべき事項を考慮することや、小学校における教育との円滑な接続に配慮することも求めています。

◆ 補足
保育教諭
幼稚園教諭免許と保育士資格の両方をもつ者。ただし、施行から5年間は経過措置としてどちらか一方の免許・資格をもっていれば保育教諭になることができる。

演習課題

①自分の住んでいる市町村には、保育所・幼稚園・認定こども園がどのくらいあるのか調べてみましょう。

②幼稚園や保育所での子どもの事故が見受けられます。インターネットなどで、過去に起こった事故について調べてみましょう。またそれは「幼稚園設置基準」や「児童福祉施設の設備及び運営に関する基準」に照らして問題がなかったのか考えてみましょう。

③保育所・幼稚園・認定こども園について特徴をまとめてみましょう。

参考文献

レッスン4
今井和子編著 『保育を変える 記録の書き方 評価のしかた』 ひとなる書房 2009年
厚生労働省編 『保育所保育指針解説 平成30年3月』 フレーベル館 2018年
日本保育学会編 『保育のいとなみ——子ども理解と内容・方法』 東京大学出版会 2016年
文部科学省 『幼稚園教育要領解説 平成30年3月』 フレーベル館 2018年

レッスン5
奈須正裕 『「資質・能力」と学びのメカニズム』 東洋館出版社 2017年
日本保育学会編 『保育のいとなみ——子ども理解と内容・方法』 東京大学出版会 2016年
無藤隆・汐見稔幸・砂上史子 『ここがポイント！ 3法令ガイドブック——新しい「幼稚園教育要領」「保育所保育指針」「幼保連携型認定こども園教育・保育要領」の理解のために』 フレーベル館 2017年

レッスン6
厚生労働省編 『保育所保育指針解説 平成30年3月』 フレーベル館 2018年
田中亨胤・三宅茂夫編 『子どものいまとみらいを考える 教育課程・保育課程論』 みらい 2014年
三宅茂夫編 『新・保育原理——すばらしき保育の世界へ（第4版）』 みらい 2018年
文部科学省 『幼稚園教育要領解説 平成30年3月』 フレーベル館 2018年

レッスン7
柏女霊峰監修、全国保育士会編 『改訂版 全国保育士会倫理綱領ガイドブック』 社会福祉法人全国社会福祉協議会 2009年
厚生労働省編 『保育所保育指針解説 平成30年3月』 フレーベル館 2018年
柴崎正行編著 『保育原理 新しい保育の基礎』 同文書院 2009年
文部科学省 『幼稚園教育要領解説 平成30年3月』 フレーベル館 2018年

レッスン8
厚生労働省 『保育所保育指針〈平成29年告示〉』 フレーベル館 2017年
内閣府子ども・子育て本部 「子ども・子育て支援新制度について（平成30年5月）」 2018年
内閣府・文部科学省・厚生労働省 『幼保連携型認定こども園教育・保育要領〈平成

29年告示)』 フレーベル館 2017年
待井和江編 『保育原理(第7版)』 ミネルヴァ書房 2009年
文部科学省編著 『幼稚園教育要領〈平成29年告示〉』 フレーベル館 2017年

おすすめの1冊

社会福祉法人恩賜財団母子愛育会愛育研究所 『日本子ども資料年鑑』 KTC中央出版 各年度版
　本書には教育、福祉、保健、医療、家庭生活など、子どもに関する最新の統計が幅広く豊富に収録されている。わかりやすい解説とともに特集も組まれ、子どもたちの今を知ることができる1冊。

第3章

保育の内容と方法

本章では、保育内容とその方法について学びます。2017年改定（訂）の「保育所保育指針」「幼稚園教育要領」「幼保連携型認定こども園教育・保育要領」では保育内容にも変更がありました。その概要について理解しましょう。また、保育の計画を立て、実践し、振り返る一連の流れについてもみていきましょう。

レッスン 9　保育の目的、目標、ねらい
レッスン10　保育の内容：生活と遊びと学び
レッスン11　保育の計画と評価：全体的な計画・指導計画
レッスン12　保育の方法

レッスン 9

保育の目的、目標、ねらい

このレッスンでは、保育の目的、目標、ねらいについて学習します。まずは保育の目的、目標とは何かについて、レッスン1で学習した「保育の理念」からの流れも含めて理解していきましょう。保育のねらいと内容については、幼稚園・幼保連携型認定こども園と共通のものと、保育所独自のものがあります。

1. 保育の目的と目標

1 「保育の理念」から「保育の目的」へ

レッスン1で述べたように、保育の根底に流れる根本的な考えを保育の理念といいます。「子どもの最善の利益」を守ることが保育の根本的な理念であると明らかにされ、これを基盤として、保育のあらゆる営みが成立するのです。この根本的な理念が底流となり、保育が最終的に目指すものが導かれてきます。これを「保育の目的」といいます。

目的とは、成し遂げよう、実現しようとして目指す事柄のことです。保育行為が目指すところ、めあてを意味します。英語で「目的」といえば、purpose、end（goal）、aim などがあります。purpose は、達成しようと決意している目的のことを、end は計画的に到達しようとする目的を、aim は具体的な目的を意味します。「保育の目的」という場合は、ここでいう purpose や end に当たると思われます。aim は、目的よりも具体的な「目標」に当たります。

「保育の目的」をさらにかみくだいて具体的にしていったものが「保育の目標」です。目的は、長期にわたって目指していくやや抽象的で包括的な事柄をいい、目標は、数値目標、努力目標などといわれるように、目的を達成するために設けられた具体的な方向性を示したものです。理念と目的と目標は、保育の理念→保育の目的→保育の目標、というように関連づけることができます。

2 保育所の目的と目標

私たちの保育が行われる場に注目して、保育の目的と目標をくわしくみていきましょう。まず、保育所保育の目的と目標についてです。

保育所保育の目的は、「児童福祉法」に次のように定められています[1]。

▶ 出典
[1]「児童福祉法」第39条第1項

> 保育所は、保育を必要とする乳児・幼児を日々保護者の下から通わせて保育を行うことを目的とする施設（利用定員が20人以上であるものに限り、幼保連携型認定こども園を除く。）とする。

「保育を必要とする」は、もともとは「保育に欠ける」という表現でしたが、「子ども・子育て支援法」（2012［平成24］年）の成立後、このように改められました。保育に欠ける、保育を必要とする状態というのは、主に保護者の就労や疾病等を指します。「保育所保育指針」においては、これを押し広げて次のように示されています。すでにレッスン1において確認済みですが、ここに再掲しましょう†2。

> 保育所は、児童福祉法（昭和22年法律第164号）第39条の規定に基づき、保育を必要とする子どもの保育を行い、その健全な心身の発達を図ることを目的とする児童福祉施設であり、入所する子どもの最善の利益を考慮し、その福祉を積極的に増進することに最もふさわしい生活の場でなければならない。

ここに明らかなように、保育所保育の目的は、保育を必要とする子どもを預かり、その子どもたちの健全な心身の発達を図っていくことです。

保育所は、保育を必要とする子どもを保護者に代わって長時間にわたり保育をしますので、ケアや養護の側面を大切にした保育を行い、一人ひとりに寄り添ってきめ細かく対応することによって、子どもの福祉、すなわち子どものwell-being*を積極的に増進するようにしなければなりません。そして、これを基盤として、保育所を乳幼児期にふさわしい場となるように豊かにつくり上げ、子どもの成長・発達をより力強く推し進めていくことが求められているのです。

この目的に導かれて、保育所の目標が成立します。保育所保育の目標は、「保育所保育指針」において次のように記されています†3。

> ア　保育所は、子どもが生涯にわたる人間形成にとって極めて重要な時期に、その生活時間の大半を過ごす場である。このため、保育所の保育は、子どもが現在を最も良く生き、望ましい未来をつくり出す力の基礎を培うために、次の目標を目指して行わなければならない。

▶出典
†2「保育所保育指針」第1章1（1）「保育所の役割」ア

※用語解説
well-being
身体的、精神的、社会的に良好な状態にあることを意味する概念で、「幸福」と訳されることが多い。1946年の世界保健機関（WHO）憲章の草案のなかで「健康」を定義する際に用いられたもの。

▶出典
†3「保育所保育指針」第1章1（2）「保育の目標」

> (ア) 十分に養護の行き届いた環境の下に、くつろいだ雰囲気の中で子どもの様々な欲求を満たし、生命の保持及び情緒の安定を図ること。
> (イ) 健康、安全など生活に必要な基本的な習慣や態度を養い、心身の健康の基礎を培うこと。
> (ウ) 人との関わりの中で、人に対する愛情と信頼感、そして人権を大切にする心を育てるとともに、自主、自立及び協調の態度を養い、道徳性の芽生えを培うこと。
> (エ) 生命、自然及び社会の事象についての興味や関心を育て、それらに対する豊かな心情や思考力の芽生えを培うこと。
> (オ) 生活の中で、言葉への興味や関心を育て、話したり、聞いたり、相手の話を理解しようとするなど、言葉の豊かさを養うこと。
> (カ) 様々な体験を通して、豊かな感性や表現力を育み、創造性の芽生えを培うこと。
> イ 保育所は、入所する子どもの保護者に対し、その意向を受け止め、子どもと保護者の安定した関係に配慮し、保育所の特性や保育士等の専門性を生かして、その援助に当たらなければならない。

　子どもの命を守ることを基本としながら、子どものさまざまな能力の伸長を図り、生きる力の基礎をつくるということが保育所の目標となっています。保育所が就学前の教育機関の機能を果たすように求められていることがみてとれます。

　同時に、上のイに示されているように、保育所の目標の一部として、「保護者支援」が盛り込まれていることに注目しましょう。保育所においては、保護者支援は、子どもの保育と深く関連して行われることが大切です。保護者支援は、子どもの保育とともに、子どもの最善の利益を守ることに関係しているのです。

3　幼稚園の目的と目標

　幼稚園は、就学前の幼児教育の中心的な役割を果たしてきました。戦前は、幼稚園の機能の一部に、幼児期の子どもの成長・発達を推し進めるとともに、「家庭教育を補完する」ことが含まれていたことがありましたが、戦後の教育制度改革において、学校教育の一翼を担うこととな

り、幼稚園は、学校として幼児教育を行う場という考え方が一般的となりました。

幼稚園の目的は、「学校教育法」に次のように規定されています[†4]。

> 幼稚園は、義務教育及びその後の教育の基礎を培うものとして、幼児を保育し、幼児の健やかな成長のために適当な環境を与えて、その心身の発達を助長することを目的とする。

▶出典
[†4] 「学校教育法」第22条

このように小学校、中学校へと連続する教育の視点、人の生涯発達の基礎づくりという視点に重きが置かれています。また、同じ学校教育である小学校以上の教育におけるような、教える教育、与える教育ではなく、育む教育、すなわち子どもの主体としての育ちを中心とする教育観が語られています。参考までに、小学校の教育の目的は次のとおりです[†5]（下線は筆者）。

▶出典
[†5] 「学校教育法」第29条

> 小学校は、心身の発達に応じて、義務教育として行われる普通教育のうち基礎的なものを<u>施す</u>ことを目的とする。

このように、施す（教える、与える）ことが教育であるという、大人中心の教育観が濃厚に表れています。以上の教育の目的に基づいて、「学校教育法」に幼稚園教育の目標が5項目にわたって定められています[†6]。

▶出典
[†6] 「学校教育法」第23条

> ①健康、安全で幸福な生活のために必要な基本的な習慣を養い、身体諸機能の調和的発達を図ること。
> ②集団生活を通じて、喜んでこれに参加する態度を養うとともに家族や身近な人への信頼感を深め、自主、自律及び協同の精神並びに規範意識の芽生えを養うこと。
> ③身近な社会生活、生命及び自然に対する興味を養い、それらに対する正しい理解と態度及び思考力の芽生えを養うこと。
> ④日常の会話や、絵本、童話等に親しむことを通じて、言葉の使い方を正しく導くとともに、相手の話を理解しようとする態度を養うこと。
> ⑤音楽、身体による表現、造形等に親しむことを通じて、豊かな感性と表現力の芽生えを養うこと。

①は、子どもの健康づくり、生活習慣づくりです。②は、対人関係やコミュニケーション能力を育て、自律した社会生活が営めるように配慮するということです。③は、自分自身のまわりの世界をよく知り、それとの関わり方を学ぶということです。④は、聞く力、話す力を養うということです。⑤は、音楽、身体、造形等の面での表現力を培うことです。これらは、保育の内容や実践に向けて、健康を養う保育、人間関係を養う保育、環境への関わり方を学ぶ保育、言語力を養う保育、表現力を養う保育へと展開されていくことが求められています。

4 幼保連携型認定こども園の目的と目標

近年の幼児教育・保育の制度改革（「就学前の子どもに関する教育、保育等の総合的な提供の推進に関する法律」〔「認定こども園法」、2006年成立〕）により、保育所と幼稚園を統一化、一本化する理念のもとに成立したのが「認定こども園」です。認定こども園は、幼保が一体化したものであり、**いくつかのタイプ**のある認定こども園のなかで、本来の幼稚園機能と保育所機能を合体させたものを幼保連携型認定こども園といいます。新制度を生かして、保育所と幼稚園が合体して認定こども園になったり、幼稚園に保育所機能を加えて認定こども園になったり、保育所に幼稚園機能を加えて認定こども園になったりすることで、認定こども園の数はどんどん増えています。今や、保育所や幼稚園と並び、就学前の子育ての場として、しかるべき位置を確立しています。

幼保連携型認定こども園は、幼稚園機能と保育所機能の合体ですから、その目的や目標においても、両面が生かされたものとなっています。新制度によってまとめ直された「認定こども園法」において、幼保連携型認定こども園の目的と目標は次のように定められています（図表9-1）。

図表9-1のように、目的においては、幼稚園の機能と保育所の機能をあわせもつものであることが示されています。また、目標においては、①～⑤までは幼稚園の目標と同一ですが、⑥に、教職員と子どもがともに歩むということが示されています。これは、レッスン1で述べたように、「保育」の特徴といえる部分です。このように、目標においても、幼保の一体化が語られています。

目標というものは、具体的な保育の実践に強く結びついていくものですから、保育所・幼稚園・幼保連携型認定こども園それぞれの目標をよりよく理解するために、比較して示すことにします（図表9-2）。

> **参照**
> 認定こども園の種類
> →レッスン8 図表8-1

図表9-1 幼保連携型認定こども園の目的と目標

〈目的〉(「認定こども園法」第2条第7項)
　この法律において「幼保連携型認定こども園」とは、義務教育及びその後の教育の基礎を培うものとしての満3歳以上の子どもに対する教育並びに保育を必要とする子どもに対する保育を一体的に行い、これらの子どもの健やかな成長が図られるよう適当な環境を与えて、その心身の発達を助長するとともに、保護者に対する子育ての支援を行うことを目的として、この法律の定めるところにより設置される施設をいう。

〈教育及び保育の目標〉(「認定こども園法」第9条)
①健康、安全で幸福な生活のために必要な基本的な習慣を養い、身体諸機能の調和的発達を図ること。
②集団生活を通じて、喜んでこれに参加する態度を養うとともに家族や身近な人への信頼感を深め、自主、自律及び協同の精神並びに規範意識の芽生えを養うこと。
③身近な社会生活、生命及び自然に対する興味を養い、それらに対する正しい理解と態度及び思考力の芽生えを養うこと。
④日常の会話や、絵本、童話等に親しむことを通じて、言葉の使い方を正しく導くとともに、相手の話を理解しようとする態度を養うこと。
⑤音楽、身体による表現、造形等に親しむことを通じて、豊かな感性と表現力の芽生えを養うこと。
⑥快適な生活環境の実現及び子どもと保育教諭その他の職員との信頼関係の構築を通じて、心身の健康の確保及び増進を図ること。

図表9-2 保育所・幼稚園・幼保連携型認定こども園の目標の比較

保育所 (「保育所保育指針」第1章総則)	幼稚園 (「学校教育法」第23条)	幼保連携型認定こども園 (「認定こども園法」第9条)
(2) 保育の目標 ア (前略) 　(ア) <u>十分に養護の行き届いた環境の下に、くつろいだ雰囲気の中で子どもの様々な欲求を満たし、生命の保持及び情緒の安定を図ること。</u> 　(イ) 健康、安全など生活に必要な基本的な習慣や態度を養い、心身の健康の基礎を培うこと。 　(ウ) 人との関わりの中で、人に対する愛情と信頼感、そして人権を大切にする心を育てるとともに、自主、自立及び協調の態度を養い、道徳性の芽生えを培うこと。 　(エ) 生命、自然及び社会の事象についての興味や関心を育て、それらに対する豊かな心情や思考力の芽生えを培うこと。 　(オ) 生活の中で、言葉への興味や関心を育て、話したり、聞いたり、相手の話を理解しようとするなど、言葉の豊かさを養うこと。 　(カ) 様々な体験を通して、豊かな感性や表現力を育み、創造性の芽生えを培うこと。 イ 　<u>保育所は、入所する子どもの保護者に対し、その意向を受け止め、子どもと保護者の安定した関係に配慮し、保育所の特性や保育士等の専門性を生かして、その援助に当たらなければならない。</u>	一　健康、安全で幸福な生活のために必要な基本的な習慣を養い、身体諸機能の調和的発達を図ること。 二　集団生活を通じて、喜んでこれに参加する態度を養うとともに家族や身近な人への信頼感を深め、自主、自律及び協同の精神並びに規範意識の芽生えを養うこと。 三　身近な社会生活、生命及び自然に対する興味を養い、それらに対する正しい理解と態度及び思考力の芽生えを養うこと。 四　日常の会話や、絵本、童話等に親しむことを通じて、言葉の使い方を正しく導くとともに、相手の話を理解しようとする態度を養うこと。 五　音楽、身体による表現、造形等に親しむことを通じて、豊かな感性と表現力の芽生えを養うこと。	(教育及び保育の目標) (前略) 一　健康、安全で幸福な生活のために必要な基本的な習慣を養い、身体諸機能の調和的発達を図ること。 二　集団生活を通じて、喜んでこれに参加する態度を養うとともに家族や身近な人への信頼感を深め、自主、自律及び協同の精神並びに規範意識の芽生えを養うこと。 三　身近な社会生活、生命及び自然に対する興味を養い、それらに対する正しい理解と態度及び思考力の芽生えを養うこと。 四　日常の会話や、絵本、童話等に親しむことを通じて、言葉の使い方を正しく導くとともに、相手の話を理解しようとする態度を養うこと。 五　音楽、身体による表現、造形等に親しむことを通じて、豊かな感性と表現力の芽生えを養うこと。 <u>六　快適な生活環境の実現及び子どもと保育教諭その他の職員との信頼関係の構築を通じて、心身の健康の確保及び増進を図ること。</u>

注：内側の実線で囲まれた部分は、三者に共通する事項。下線部は、保育所と幼保連携型認定こども園に独自な事項。

2. 保育の構造と保育の「ねらい及び内容」

1 保育の構造

　保育ないし保育実践は、体系的なしくみを有しています。これを保育の構造と名づけましょう。このレッスンでは、保育の目的・目標について学んでいますが、これは保育の全体的な構造のなかでも重要なものであり、保育を構成するために不可欠な要素です。保育の目的・目標について学んでいる今、改めて保育と保育実践の全体的な構造を図式化してみましょう（図表9-3）。

2 保育所・幼稚園・幼保連携型認定こども園における保育の「ねらい及び内容」

　保育の「ねらい」は、保育の目標を一層具体化して示したものです。「ねらい」は、保育の目指すもの（保育の目標）を確かめつつ、実際の保育を展開していくときの手がかり、目安となるもので、保育実践において保育者が念頭に置いて実現していこうとするものです。「内容」は、保育者の側からいえば、育てていきたい指導内容であり、子どもの側からいえば、子どもの経験内容ともいえます。「ねらい」と「内容」は、前者が一般性をもつもの、後者は個別性をもつものといってよいと思いますが、保育の目標を実現していくための同じ枠組みにあるものとして「ねらい及び内容」と常に一体的に表記されるのです。先に、保育の理念と目的と目標のつながりを、「保育の理念→保育の目的→保育の目標」と示しましたが、「ねらい及び内容」を加えると、「保育の理念→保育の目的→保育の目標→保育のねらい及び内容」となります。矢印の方向にしたがってどんどん具体的になっていくのです。

　保育所・幼稚園・幼保連携型認定こども園の保育における「ねらい」と「内容」の意義を比較して示してみます（図表9-4）。

　このように、保育所・幼稚園・幼保連携型認定こども園の「ねらい及び内容」の意義は、ほぼ同一に構成されているのです。

　それでは、幼児教育・保育において、目標をさらに具体化して細やかに示されている「ねらい及び内容」には、どのような事項があるのでしょうか。これを2つの側面から示しましょう。一つは、**「育みたい資質・能力」**です。これは3つの視点から次のように示されています。

　これらの具体的な内容として、**「幼児期の終わりまでに育ってほしい姿」**が10項目の形で示されています。これらを養い、培うことが、具

参照
育みたい資質・能力
→レッスン5、6

参照
幼児期の終わりまでに
育ってほしい姿
→レッスン5、6

図表9-3 保育と保育実践の全体的な構造

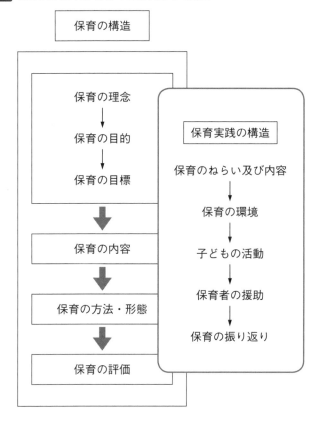

図表9-4 保育所・幼稚園・幼保連携型認定こども園の保育における「ねらい」と「内容」

保育所 (「保育所保育指針」より)	【ねらい】 子どもが保育所において、安定した生活を送り、充実した活動ができるように、保育を通じて育みたい資質・能力を、子どもの生活する姿から捉えたもの
	【内　容】 「ねらい」を達成するために、子どもの生活やその状況に応じて保育士等が適切に行う事項と、保育士等が援助して子どもが環境に関わって経験する事項を示したもの
幼稚園 (「幼稚園教育要領」より)	【ねらい】 幼稚園教育において育みたい資質・能力を幼児の生活する姿から捉えたもの
	【内　容】 「ねらい」を達成するために指導する事項
幼保連携型認定こども園 (「幼保連携型認定こども園教育・保育要領」より)	【ねらい】 幼保連携型認定こども園の教育及び保育において育みたい資質・能力を園児の生活する姿から捉えたもの
	【内　容】 「ねらい」を達成するために指導する事項

体的なねらいとなるのです。

　もう一つは、5領域の視点から示されるねらいと内容です。保育所・幼稚園・幼保連携型認定こども園の保育における「ねらい及び内容」は、健康・人間関係・環境・言葉・表現という5つの分野に分けて示されています。これら5つの分野を「領域」といいます。この「ねらい及び内容」は、保育所・幼稚園・幼保連携型認定こども園で共通です。たとえば、領域「健康」の分野を例にあげると、図表9−5のとおりです。

　以上のように、保育所と幼稚園と幼保連携型認定こども園における保育の「ねらい及び内容」はほぼ共通に示されていますが、保育所の場合のみ、独自の「ねらい及び内容」があります。それは、次に示す「養護に関わるねらい及び内容[7]」です。

▶出典
[7]「保育所保育指針」第1章2(1)「養護の理念」

> 　保育における養護とは、子どもの生命の保持及び情緒の安定を図るために保育士等が行う援助や関わりであり、保育所における保育は、養護及び教育を一体的に行うことをその特性とするものである。保育所における保育全体を通じて、養護に関するねらい及び内容を踏まえた保育が展開されなければならない。

　したがって、保育所保育の「ねらい及び内容」は、「養護」に関わる側面と「教育」に関わる側面という2つの側面から示されています。保育所は、長時間の保育において保護者の代行という側面をもつので、子どもの命を守る養護の働きが保育において重要な部分を占めるのです。「養護に関わるねらい及び内容」は、「幼稚園教育要領」や「幼保連携型認定こども園教育・保育要領」にはみられない「保育所保育指針」の独自性です。なお、「幼保連携型認定こども園教育・保育要領」では、養護的側面のことが配慮されています。図表9−6は、「保育所保育指針」における「養護に関わるねらい及び内容」のなかの「ねらい」を示したものです。

3　発達をみる視点としての「領域」

　「保育所保育指針」「幼稚園教育要領」「幼保連携型認定こども園教育・保育要領」は、共通して「領域」ごとに学びの「ねらい及び内容」を構成しています。「領域」は、小学校の「教科」のようにもみえますが、教科とは異なる意義と役割をもっています。保育・幼児教育において独自な「領域」の意味を考えてみましょう。

　「領域」と「教科」は似て非なるものです。教科は、小学校以上のカ

図表9-5 「健康」における「ねらい及び内容」

健康
健康な心と体を育て、自ら健康で安全な生活をつくり出す力を養う。

【ねらい】
①明るく伸び伸びと行動し、充実感を味わう。
　（明るく伸び伸びと生活し、自分から体を動かすことを楽しむ）
②自分の体を十分に動かし、進んで運動しようとする。
　（自分の体を十分に動かし、様々な動きをしようとする）
③健康、安全な生活に必要な習慣や態度を身に付け、見通しをもって行動する。
　（健康、安全な生活に必要な習慣に気付き、自分でしてみようとする気持ちが育つ）

【内　容】
①保育士等や友達と触れ合い、安定感をもって行動する。
②いろいろな遊びの中で十分に体を動かす。
③進んで戸外で遊ぶ。
④様々な活動に親しみ、楽しんで取り組む。
⑤保育士等や友達と食べることを楽しみ、食べ物への興味や関心をもつ。
⑥健康な生活のリズムを身に付ける。
⑦身の回りを清潔にし、衣服の着脱、食事、排泄などの生活に必要な活動を自分でする。
⑧保育所における生活の仕方を知り、自分たちで生活の場を整えながら見通しをもって行動する。
⑨自分の健康に関心をもち、病気の予防などに必要な活動を進んで行う。
⑩危険な場所、危険な遊び方、災害時などの行動の仕方が分かり、安全に気を付けて行動する。

注1：3歳以上児の保育に関するねらいおよび内容。
注2：（　）は、1歳以上3歳未満児の保育に関わるねらいおよび内容。
出典：「保育所保育指針」第2章3（2）および2（2）をもとに作成

図表9-6 養護に関わるねらい

ア　生命の保持
①一人一人の子どもが、快適に生活できるようにする。
②一人一人の子どもが、健康で安全に過ごせるようにする。
③一人一人の子どもの生理的欲求が、十分に満たされるようにする。
④一人一人の子どもの健康増進が、積極的に図られるようにする。

イ　情緒の安定
①一人一人の子どもが、安定感をもって過ごせるようにする。
②一人一人の子どもが、自分の気持ちを安心して表すことができるようにする。
③一人一人の子どもが、周囲から主体として受け止められ、主体として育ち、自分を肯定する気持ちが育まれていくようにする。
④一人一人の子どもがくつろいで共に過ごし、心身の疲れが癒されるようにする。

出典：「保育所保育指針」第1章2（2）「養護に関わるねらい及び内容」

第3章　保育の内容と方法

リキュラムの中心をなしていますが、学問、科学の体系に基づき、人類文化遺産を系統的に配列したものです。「学校生活において子どもに教授すべき知識・技術の教育内容のまとまりで、科学・技術・芸術など人類の文化遺産を教育的に組織したもの[†8]」なのです。各教科においては、科学、技術、芸術のまとまりを易から難へ、単純なものから複雑なものへと整理して配列しているのです。

　これに対して領域は、教科とはまったくの別物で、子どもの発達をみる視点といえます。幼児期の子どもの発達を考えるとき、「健康」「人間関係」「環境」「言葉」「表現」の5つの視点から考えてみようということであり、「発達の側面」を意味しているものなのです[†9]。保育や幼児教育独自の、遊びをとおして総合的に指導していくために、発達の枠組みを押さえるための窓口や視点といえるでしょう。したがって、「幼稚園教育要領解説」においては、次のように領域の独自性と教科との違いを明確にしています。「幼児の発達は様々な側面が絡み合って相互に影響を与え合いながら遂げられていくものである。各領域に示されている『ねらい』は幼稚園生活の全体を通して幼児が様々な体験を積み重ねる中で相互に関連をもちながら次第に達成に向かうものであり、『内容』は幼児が環境に関わって展開する具体的な活動を通して総合的に指導されなければならないものである。（中略）幼稚園教育における領域は、それぞれが独立した授業として展開される小学校の教科とは異なるので、領域別に教育課程を編成したり、特定の活動と結び付けて指導したりするなどの取扱いをしないようにしなければならない[†10]」。このような領域の意義をしっかりと踏まえたうえで、保育の「ねらい及び内容」を構築していかなければならないのです。

▶出典
†8　編集委員代表 山崎英則・片上宗二『教育用語辞典』ミネルヴァ書房、2003年、138頁

▶出典
†9　「幼稚園教育要領」第2章「ねらい及び内容」

▶出典
†10　「幼稚園教育要領解説」第2章第1節「ねらい及び内容の考え方と領域の編成」

演習課題

①保育所・幼稚園・幼保連携型認定こども園の教育・保育の目的および教育・保育の目標を比較して、それぞれの特徴を考え、まとめてみましょう。
②インターネット検索をとおして、いくつかの保育所・幼稚園・幼保連携型認定こども園を探しだし、その施設の教育・保育の理念、教育・保育の目的や目標、教育・保育の方針を書きだしてみましょう。
③「幼児教育において育みたい資質・能力」の3つの視点は、「学校教育法」第30条第2項から導かれています。また、「幼児期の終わりま

でに育ってほしい姿」は「幼児期の教育と小学校教育の円滑な接続のあり方について（報告）」（文部科学省、2010［平成22］年）から導かれています。それらをインターネット検索等によって確認したうえで、保・幼・小の連携や接続の視点から、これらをどのように小学校教育へとつないでいくことができるかについて、小学校生活科の教育目的、教育目標（「小学校学習指導要領解説」2017年を参照）も参考にしながら考え、まとめてみましょう。

レッスン10

保育の内容：生活と遊びと学び

子どもは、十分に愛され見守られるなかで、周囲の環境と関わり、ふさわしい生活をじっくりと味わうことでしなやかに成長や発達を遂げていきます。乳幼児期にふさわしい保育に必要なのは、各時期ならではの保育の内容、方法、環境です。ここでは、人間の成長・発達における保育内容のあり方について学びます。

1. 保育における保育内容の考え方

1 「生活保育」の考え方と保育内容

保育を考えるうえで基本となる考え方に、「環境を通しての保育」や「遊びによる総合的な保育」などがあります。これらの考え方は、**フレーベル**の幼稚園の創設期から脈々と受け継がれ、さらに次代の思想的・社会的変遷のなかで変化・結実してきたものです。

わが国において、現代の幼児教育・保育が確立していく道程で大きく貢献した人に、**倉橋惣三**がいます。

倉橋は、就学前教育・保育の目的を、子どもみずからが成長・発達していこうとする力（「自己成長力」）の根源となる「根」の部分を育てていくこととし、その重要性を主張しました。植物が大きく豊かに育っていくためには、根の生育は欠かせません。幼苗期から、根がたくましく力強く展開した植物は、やがて大きく育ち、豊かに花や実をつけることを期待できます。このように植物の根の存在を、生涯にわたり豊かに生きていくための人間形成の根源になぞらえて、その「根」をたくましく豊かに育んでいく保育や保育者の役割は、フレーベルのいういわゆる「園丁*」の役割に通じるものがあると考えられます。

さらに、倉橋が保育において重視したのが「生活」で、「生活としての実質を離れないこと」や「生活としての自然を失わせないこと」が重要であるとしています。子ども自身が、興味や関心をもって周囲のさまざまな環境と関わり、そこに生まれる生活や遊びをとおして、「感性や知性などの精神能力」「感覚器や手足などの身体器官」を十分に働かせていくことが、何よりも大切であると述べています[†1]。

また倉橋は、以上の考えをもとに「誘導保育論」を提唱しました。彼の著書『幼稚園真諦』における「生活を、生活で、生活へ」という有名

参照
フレーベル
→レッスン13

参照
倉橋惣三
→レッスン15

用語解説
園丁
園丁とは、庭師のことである。フレーベルは、子どもの園（幼稚園）で育つ子どもを植物になぞらえ、教師を、成長しようとする草木を豊かにたくましく育てていく専門家である園丁にみたてた。

出典
†1 倉橋惣三著、柴崎正行解説『倉橋惣三文庫 1 幼稚園真諦』フレーベル館、2008年

な一節は、「生活(「さながらの生活」)を」起点に、そのなかで興味や関心をもち、心を動かして「自由」に活動(遊び)しながら「生活で」十分に「自己充実」できるように、保育者は環境を整え、必要に応じて活動が深まっていくように充実指導を行うということです。また、より高次な「生活へ」発展させていくように誘導し、ときには教導(最低限の指導など)していくという保育の方法論のことです。今日においても保育の基盤となるこの考え方は、ふだんのありのままの生活や遊び(「さながらの生活」)のなかで、子どもが周囲の環境と遭遇し、関わることにより生じる出来事をきっかけに経験を重ね、学んだことを生活のなかでさらに使い込むことで将来的に有為な力となるまでに高め、築き上げていくというものです。

2 生きていくための糧を学ぶ保育

乳幼児期においては、日々の遊びや生活での具体的・直接的な経験をとおして、現在から将来にわたり豊かに生きていくために必要となるさまざまな力を獲得し、それらを一つひとつ積み上げ、磨き上げていくことが必要となります。

2017(平成29)年改定の「保育所保育指針」の背景には、幼児期の保育・教育から高等学校までの一貫した能力・学力観があります。そこに示される「**資質・能力**」という言葉は、これまで以上に踏み込んだ表現であり、以降の学校教育につながる基礎として位置づけられ、「環境を通しての教育」のなかで「遊びを通しての総合的な指導を通じて育成される」ものとされています。今後は、乳幼児期の保育が「資質・能力」につながっていくための、保育のあり方が問われることになります。

保育の内容や方法は、子どもの生活や遊びを基盤としたものでなくてはなりませんし、子どもたちが主体的に遊びや生活にいそしみ、一つひとつの経験が次の経験や学びにつながっていくものでなければなりません。そのためには、「主体的・対話的で深い学び」(「アクティブ・ラーニング」)に向けた保育の内容や方法となっていくことが求められます。それらを支えるのは、「経験や学びが生活で生かせた」「経験や学びによりみんなが幸福になった」「経験すること、学ぶこと、学び合うことは、楽しく、すばらしいこと」などといった、広い意味での学びの喜びを味わう経験です。

さらに、子どもが遊びや生活のなかで、みずからの成長や変化を感じ取ったり、自分の力で身近な環境や生活に変化を生じさせることを認識したりすることは、自己肯定感を育んでいくことにつながります。

参照
育みたい資質・能力
→レッスン3

以上のような考え方を大切にしながら、子どもの現在と将来への育ちを念頭に、保育者は「この保育は子どもたちの育ちにどのような意味をもつのか」を常に検討し、保育内容の精選や保育方法の工夫に努めなければなりません。

2. 保育における「内容」とは

1 保育内容とは何か

　保育内容とは、保育の目的にのっとって、それを実現するための目標やねらいに向かい、子どもの健やかな育ちを願い、展開される社会的な営みである保育活動の全体を指します。

　そもそも保育とは、自律した社会的な存在として生きていくうえで必要なことを子どもが身につけていくように、保育者が愛情をもって支援する営みです。その過程では、単に必要なことを習得させるという範囲にとどまらず、保育者と子どもが相互主体的に「修得し、修得させていく」というところに大きな意味があります。つまり、保育内容とは、子どもが、保育者など周囲の特別な関係の大人に支えられながら、自己を十分に発揮して、環境と関わり、乳幼児期にふさわしい経験・学びをしていくことそのものです。

2 保育内容の 2 つの側面

　保育内容は 2 つの側面からとらえることができます。「児童福祉法」や「学校教育法」等において、「教育」とせず、あえて「保育」という言葉を用いている根拠がそこにあります。乳幼児期の発達や生活などの特性から、子どもの実態に合わせて、保育者の配慮により進められる側面と、保育者等の援助を受けながら、子どもが主体となって環境と関わり、展開される側面です。前者は、子どもの生命の保持や情緒の安定などへの配慮に関するもの（養護）、後者は、子どもが健やかに成長し、その活動がより豊かに展開されるための発達の援助に関するもの（教育）ととらえられます。これらの 2 つの側面が一体となったものが「保育内容」です。

3 子どもの欲求と成長・発達

　保育が、養護と教育が一体となって展開されるものであることを理解するうえで参考になるのが「マズローの欲求階層説」です（図表10 -

図表10-1 マズローの欲求階層説

(ピラミッド図：下から上へ)
- 生理的欲求
- 安全・安心の欲求
- 集団と愛の欲求
- 承認と自尊心の欲求
- 自己実現の欲求

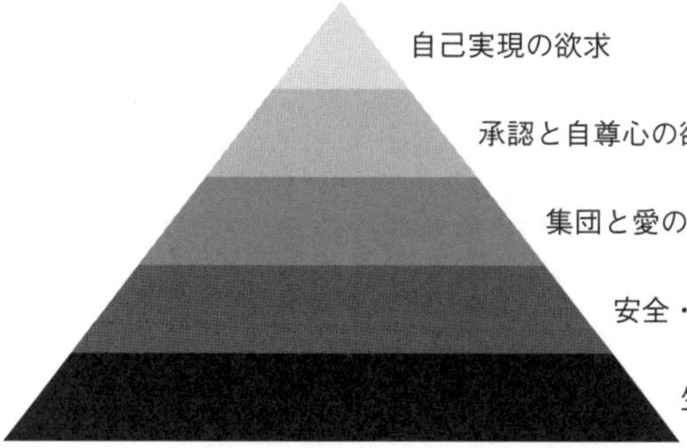

出典：マズロー／上田吉一訳『完全なる人間——魂のめざすもの』誠信書房、1964年

1）。**マズロー***によれば、人間には本来欲求があり、それが意思や動機の要因となります。つまり、欲求を充足させようとするところに行動が生じ、それらが人間の成長や発達の糧となっていくのです。

また欲求は、成長や発達にともないその質を変化させ、新たな行動を生じさせます。それがさらなる成長や発達につながっていくというように、連続性・階層性をもって展開されるという考えを示しました。

マズローによると、欲求は図表10-1のように5段階のピラミッド型で構成され、質的に異なる各階層の欲求による欠乏動機から生じた行動により、多様な成長や発達が促進されていきます。その過程は、下層から上層へと順次進行していきます。最下層にあたる、生きるための基盤である生理的・根源的な「生理的欲求」から、安定した情緒で安全・安心な生活を送りたいという「安全・安心の欲求」へとつながっていきます。さらに、集団などに愛着をもち、居場所を得たいという社会的帰属に関する「集団と愛の欲求」へ、社会に寄与・貢献し、周囲から承認や尊敬を得て自尊心などを高めたいという、高度な社会的・知的欲求である「承認と自尊心の欲求」へと展開し、ついには自律的・創造的な存在として自己を実現しようとする「自己実現の欲求」へと発展していきます。

4 子どもの欲求・要求と保育内容

前項で述べた、マズローの欲求階層説の考え方をもとに、生活と保育内容について考えてみましょう。まず、子どもには、ヒトとして生存していくための一次的欲求があります。保護者に代わって保育者から「生命の保持」につながる食事や排泄、睡眠をはじめ整理・整頓、衣服の着脱など身の回りの世話をとおして、生理的・根源的な欲求の充足が図られます。

人物
マズロー
（Maslow, A. H.）
1908～1970年
アメリカの心理学者。「人間性心理学」の創始者とされ、精神分析と行動心理学の間に位置する立場で人間の心の健全性に資する心理学を目指し、自己実現について研究した。

「生理的欲求」が満たされなければ、落ち着き集中して、まわりの環境に興味や関心をもって関わり、遊びや生活を展開していくことはできません。保育者の愛情ある手厚い世話により、生理的欲求は充足され、その過程で獲得・形成された快の感覚や、保育者との信頼関係により、次の欲求の段階である「安全・安心の欲求」もしだいに充足されていきます。その結果、安全・安心な環境のもとで情緒の安定が築かれ、保育者に支えられ見守られていると実感することで、自分らしさを発揮して遊びや生活が活発に行われるようになります。さらに、盛んに人やものなどと関わり、生活するなかで、一層の成長・発達を遂げていきます。ほかの子どもたちとの遊びや生活は、仲間との絆や共存・共生感、集団への帰属意識等を生み出し、「集団と愛の欲求」「承認と自尊心の欲求」を生じさせます。4つの欲求は、生涯をとおしてみずからの能力や可能性を最大限に発揮し、自分がなりえる最良・最善な存在になりたいという「自己実現の欲求」となっていきます。そうした欲求は、子どもが将来にわたって他者や集団、社会に貢献するために必要となる活動や、具体的な実践力を獲得するための源泉となっていきます。

　子どもの欲求から生じた、子どもと保育者との関わりや、子どもと環境との関わりのすべてが、保育の内容となるわけです。

5　養護と教育の一体化の意味

　以上のように、本来人間がもって生まれた段階的な欲求により、成長や発達の糧となる行動が生じ、そこでの体験によりさらなる成長・発達とさらなる欲求が生みだされ、その過程が繰り返されていくことで、子どもは成長していきます。そうした過程そのものが、子どもの毎日の生活であり、保育なのです。

　先に述べたように、保育内容は、その性質の違いから「養護」と「教育」に大別されます。しかし、「養護」と「教育」の区別は、子どもにとっては意識されるものではなく、一体となったものであり、先に述べた倉橋のいう「さながらの生活」における必然性のある生活の一面にすぎないのです。

　したがって、保育所・幼稚園・幼保連携型認定こども園における生活（以下、園生活）は、そうした個々の子どもの成長や発達、欲求、要求などの実態に即し、子どもが周囲の環境に興味や関心をもち、密接な関わりが生まれるような、「ふさわしい生活」でなければなりません。心身ともに健康・快適で安心・安全な生活を基盤に、自分らしく心を動かし、楽しく、さらに周囲の人たちとともに生活しながら、自信をもって、

よりよく生きていくためのさまざまな力を培っていくことが求められます。そうした子どもにとっての具体的な生活の過程におけるすべてが保育内容となり、それらが計画的に進められていく必要があります。

3. 保育の連続性と総合性

1 個性化・社会化の両面からみる保育

これまで述べてきたように、園生活において子どもは、保育者や周囲の子ども、その他の人々との生活での関わり、ともに生活をつくることをとおして、現在ならびに将来を生きるための力を身につけていきます。そうした力を育んでいくために、保育内容についても「個性化」（その子らしく生きる）と「社会化」（みなとともに生きる）の2つの側面からとらえていくことが必要です。

また、保育内容を展開するうえで、保育者の人間観（子ども観）、道徳的・社会的な価値観、また保育展開の基盤となる保育観などが、保育施設や保育者、状況などによりぶれてしまうようでは、子どもの確かな全人的成長・発達は望めません。個として、集団の一員として、ふさわしい生活を送るためには、一貫性のある保育を展開していく必要があります。

2 ゆとりのある保育

子どもが自発的に活動に取り組むことができる環境で経験を重ねることにより、「資質・能力」は培われていきます。そのような生活を築いていくには、子どもにとって安心し、落ち着ける雰囲気のなかで、興味や関心のある遊びや活動を十分に味わい、楽しみ、集中して行うことが求められます。乳幼児期のこうした経験を原初体験といいます。原初体験は、以後の生活に寄与する貴重なもので、遊びや学びの基盤となるものです。原初体験を積むには、特定の知識や技能を教え込み習得させるのではなく、ゆとりのある有意義な「遊びのある生活」が必要となります。それが、「将来にわたり役立つこと」の基礎となる経験を豊かに積み重ねていくことにつながります。

3 「いま、やりたいこと」が子どもを育てる

ジャーシルドは、子どもが成長過程で獲得したばかりの能力や、獲得しつつある能力を、みずから進んで積極的に使用しようとすることを

「自発的使用の原理」と定義しています。また、子どもは発達の過程でそれまでの行動様式をみずから修正し、より合理的・効率的な行動のしかたに変化させていくとし、このことを「習慣の発達的修正」とよびました[†2]。

子どもは、成長・発達にともない、新たな事象に興味や関心をもち、盛んにみずから取り組むようになっていきます。そうした経験を十分に味わうことで自然に次の発達段階へと進んでいき、そこでまた異なることに魅力を感じて新たに取り組むといった過程を繰り返すことで、成長・発達が進んでいきます。

このような子どもの成長・発達には、子どもが心から「やりたい」と思っていることを、ゆとりのある生活のなかでじっくりと経験し、堪能することが必要です。日課や行事に追われるあわただしい生活、いわれるがままの生活のなかでは、子どもに着実な成長・発達を促すことが難しいばかりか、過干渉や過保護、情緒の安定しない、無気力、指示待ち、自信のない子どもになってしまう可能性があります。

子どもの興味や関心、実態に合わせたゆとりのある生活は、発達により身につけたことや、身につけつつあるものを十分に発揮しながら堪能するうえで、不可欠であるといえます。

▶ 出典
†2 ジャーシルド, A.T.／大場幸夫他訳『ジャーシルドの児童心理学』家政教育社、1972年

4.「保育所保育指針」の改定と保育内容

ここでは、「保育所保育指針」の改定の方向性において示された「乳児・3歳未満児の保育の記載の充実」「幼児教育の積極的な位置づけ」について説明しながら、保育内容についての理解を深めていきます。

1 乳児・3歳未満児の記載の充実

2017（平成29）年の「保育所保育指針」の改定から、乳児および3歳未満児の保育については、3歳以上児とは別に項目が設けられることとなり、その記載内容の充実が図られています。

乳児保育の保育内容については、乳幼児期の育ちをとらえる視点として「健やかに伸び伸びと育つ」「身近な人と気持ちが通じ合う」「身近なものと関わり感性が育つ」の3つの視点が示されています。

乳児保育とは、子どもの生活と遊びで占められるものですが、遊びというものはそもそも総合的な性質をもつことから、3つの視点の要素は互いに関わり合いながら育っていくものととらえられ、遊びや生活する

▶ 参照
乳児保育に関わるねらい及び内容
→レッスン5

姿のなかに関連し合って表れ、育まれていきます。

また、3つの視点に基づく「ねらい及び内容」は、それぞれ、以降の年齢期の保育内容とつながりをもっています。

2 幼児教育の積極的な位置づけ

①「育みたい資質・能力」と保育内容

新たな保育・教育変革では、「資質・能力」の一貫性を図り、すべての保育所・校種等での教育によって、その育成を目指していくこととなりました。当然、保育所においても幼児期の子どもたちが生活し、保育を受けているので、保育所保育も、幼児教育の重要な役割の一翼を担っているわけです。

小学校以降の校種において育成すべき「資質・能力」の3つの柱（「知識及び技能」「思考力・判断力・表現力等」「学びに向かう力・人間性等」）につながるものとして、「保育所保育指針」「幼稚園教育要領」等においては、「生きる力の基礎」となる「育みたい資質・能力」を「知識及び技能の基礎」「思考力・判断力・表現力等の基礎」「学びに向かう力・人間性等」としています。これまでの「保育所保育指針」「幼稚園教育要領」などにおいては、生涯にわたって豊かに生きていくために必要となる力の基礎である「心情・意欲・態度」といった、情意的側面の育成が第一義的*なものとして掲げられており、知識・理解・技能などの認知的・技能的側面は、情意的側面が育つ過程において第二義的に獲得されるものとされてきました。

しかし、今回提示された「育みたい資質・能力」の3つの柱のなかには、「知識及び技能の基礎」も含まれ、これまで第二義的とされていたものも、3つの柱として明確に位置づけられています。図表10-2は、資質・能力の3つの柱に沿った、幼児教育において育成すべき資質・能力の構造的なイメージ等について表したものです。ここでいう「資質・能力」には非認知能力が含まれており、知識や技能のみならず、生涯にわたり身につけた知識や技能を活用し、探究していくための動機や構え、態度、手段・方法などを身につけ、編みだしていくコンピテンシー*となっていくものです。

②「幼児期の終わりまでに育ってほしい姿」と保育内容

保育所・幼稚園・幼保連携型認定こども園と小学校などが連携し、一貫した教育を円滑に進めていく観点から、幼児教育の一翼を担う保育所保育においても、5歳児修了時までに保育活動の全体をとおして「育みたい資質・能力」を踏まえ、その具体的な姿を10項目に整理し「幼児

※ 用語解説

第一義的
まず第一に考えなければいけないこと。

コンピテンシー
思考力や意欲、社会スキルなどを中心とした自己調整して取り組む意欲や協働的に問題を解決したり、相手と交渉したりながら問題解決するような力のことで、「どのように問題解決を成し遂げるか」に関する能力。具体的には、達成への意欲、粘り強さ、問題解決能力、自己学習力、対人関係能力、社会参画能力、コミュニケーション能力などの非認知能力。ヘックマンは『幼児教育の経済学』で、就学前教育における非認知能力育成の重要性を述べている。

参照
幼児期の終わりまでに育ってほしい姿（10の姿）
→レッスン6

第3章　保育の内容と方法

図表10-2 資質・能力の3つの柱のイメージ

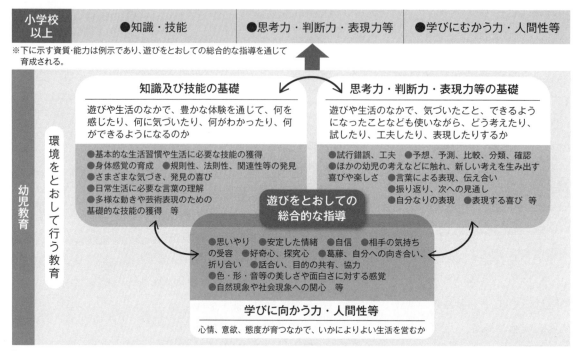

注：3つの円のなかで例示される資質・能力は、5つの領域の「ねらい及び内容」および「幼児期の終わりまでに育ってほしい姿」から、主なものを取り出し、便宜的に分けたものである。
出典：中央教育審議会幼児教育部会資料「幼児教育部会における審議の取りまとめ」2016年をもとに作成

期の終わりまでに育ってほしい姿」（以下、10の姿）を目指していくこととなります。10の姿とは、5領域のねらいや内容などを踏まえ、5歳児修了時までに育ってほしい具体的な姿を、「資質・能力」の3つの柱を踏まえつつ導きだされたものです。具体的には、「健康な心と体」「自立心」「協同性」「道徳性・規範意識の芽生え」「社会生活との関わり」「思考力の芽生え」「自然との関わり・生命尊重」「数量や図形、標識や文字などへの関心・感覚」「言葉による伝え合い」「豊かな感性と表現」です。また、10の姿とは、「保育所保育指針」等の各領域に示される「ねらい及び内容」に基づく保育活動全体をとおして、「資質・能力」が育まれている5歳児修了時の具体的な姿であり、保育士等が指導を行う際に考慮するものとされています。

保育においては、「育みたい資質・能力」を「環境を通しての保育」を基本として、「保育所保育指針」第2章の「ねらい及び内容」に基づいた全体的な計画による保育活動の全体で育んでいきます。そのためには、個々の子どもの生活する姿や発達などの実態を深くとらえ、保育を展開するなかで、子どもが十分に遊びや生活を堪能し、豊かに体験を重

レッスン10 保育の内容：生活と遊びと学び

図表10-3 アクティブ・ラーニングの3つの視点を踏まえた、幼児教育における学びの過程（5歳児後半の時期）のイメージ

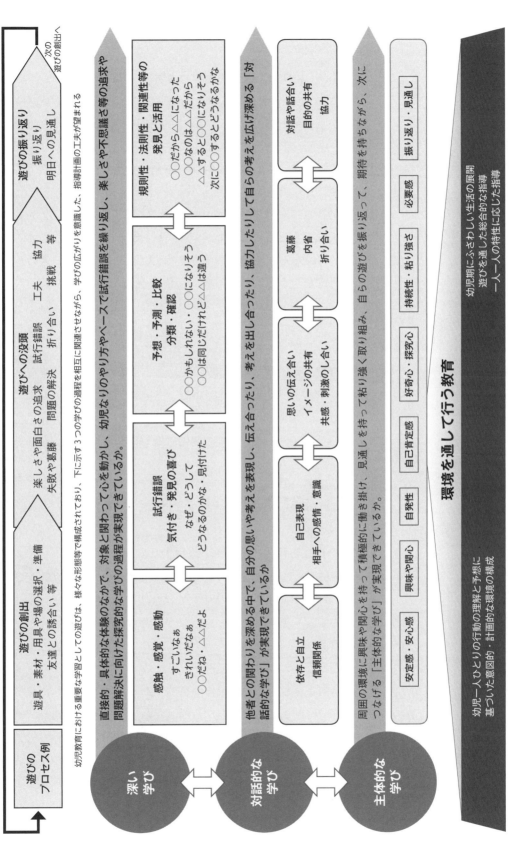

出典：文部科学省中央教育審議会教育課程部会幼児教育部会「幼児教育部会における審議の取りまとめについて（報告）」2016年

ねていくことのできる、魅力ある保育の内容が求められることとなります。

③「学び」に向けた保育の内容と方法

「資質・能力」の育成には、幼児期からの一貫した学習過程の構築と改善が求められます。ここでキーワードとなるのが「主体的・対話的で深い学び（**アクティブ・ラーニング**）」であり、一貫した「深い学び」「対話的な学び」「主体的な学び」の充実を図るための教育方法として打ち出されました。

幼児教育における学びの中心は遊びであり、それらはさまざまな形態・状況で実施されます。そうしたことから、5歳児後半の幼児教育では、環境を通しての教育を基本として、「幼児一人一人の行動の理解と予想に基づき意図的・計画的に構成された環境」のなかで、「幼児期にふさわしい生活の展開」「遊びを通した総合的な指導」「一人一人の特性に応じた指導」を重視し、指導計画等のねらいに応じてアクティブ・ラーニングの3つの視点（「深い学び」「対話的な学び」「主体的な学び」）から指導を行うものとされています[†3]。指導の過程においては、3つの「学び」の過程を相互に関連させ、促していく保育の内容と方法が求められ、保育者はそれらを意図的・計画的に進めていく必要があります。図表10-3はそれらの関係や構想について示したものです。

5. 遊びをとおした総合的な保育

1 子どもにとっての「遊び」

保育における「遊び」の意味は、仕事や勉強との対立概念でとらえられる一般的な意味とは異なり、子どもの興味や関心に基づいた自発的・主体的で、子どもに成長・発達などの育ちをもたらす活動と位置づけられます。

そもそも子どもにとって遊びとは、みずからの意思から生まれるもので、自由さをもち、それ自体が目的であるわけです。したがって、子どもの遊びは、子どもの内面から湧きだしてくる興味や関心、それまでに獲得された成長・発達、経験などが集約されたものとして生じたものです。また、成長・発達をさらに進展させていくために必要な活動・経験を十分に含んだものと考えられます。これらのことが、保育において「遊び」を特別のものととらえ、重視するゆえんです。

子どもの遊びの定義や解釈については、古くからさまざまな説や考え

参照
アクティブ・ラーニング
→レッスン3

出典
†3 「幼稚園教育要領」第1章 総則 第1 幼稚園教育の基本

図表10-4 遊びと各心理的機能間の関連

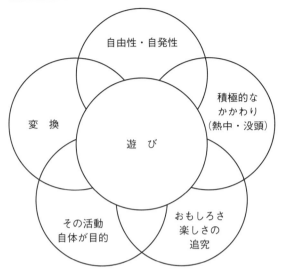

出典：高橋たまき・中沢和子・森上史朗編『遊びの発達学　基礎編』培風館、1996年、6頁

方が存在します。図表10-4の高橋の考え方は、子どもの成長や発達につながる心理的な機能の側面から遊びをとらえています。そこでは、子どもにとっての遊びは、以下のように示されています。①始めるのもやめるのも、遊びの内容や遊び方も、自分の意思や考えで行うことのできる自発的・主体的な活動であること。②刺激的で、子どもの興味や関心を喚起し、熱中したり、没頭したりするなど遊び手との積極的な関わりのある活動であること。③「快」と感じるおもしろさや楽しさなどを追究する活動であること。④手段的なものではなく、遊びそのものが目的であること。⑤「見立て遊び」や「ごっこ遊び」などのように、日常や現実ばかりでなく、日常的な物事についての思いやイメージ、理解の仕方などにより、その子なりの意味や機能を付与した活動であること。

2　子どもの育ちと「遊び」

　新生児期には、母親など特別な関係の大人との情動的なコミュニケーションをもとに、愛着関係が形成されていきます。1歳前後になると、著しい心身の発達によってもたらされた興味や関心により、周囲の環境に自発的・積極的に関わる「探索活動」が盛んになります。やがて、自我の芽生えが生じ、興味や関心の対象は、しだいに周囲の存在へと拡大されていきます。さらに、子どもは周囲の環境に出合い、みずからの方法でそれらに関わることで、環境のもつ魅力を十分に味わうようになります。環境との関わりそのものである生活や遊びのなかで、みずからの

心身を存分に使い、思考力や想像力などを発揮して活動する快感、他者と共感・協力・協働して活動を進めていくことの楽しさやよさを学んでいきます。そうしたなかで培われた自己肯定感、満足感や達成感、充実感、効能観、挫折感、葛藤などが、子どもの生涯の生活にわたる「資質・能力」を形成するための源となっていきます。

　子どもは、遊ぶことで成長や発達をより確かなものにしていくだけでなく、それまでの経験を合成・再構成し、創造的なものへと変化させることで新たな世界を広げていきます。さらに、遊びや活動などにより獲得された知識や認識が偶然の体験により打ち破られ、新たな発見や驚き、喜びなどに気づいていきます。それらの多くは、他者と関わり、ともにさまざまな環境との関わりのなかで培ってきた力であり、以後の子どもの生活や遊び、学びを支える「資質・能力」へと深くつながっていきます。また、子どもがみずから遊びに没頭することで感じた満足感、充実感、自己感などは、情緒の安定にもつながり、以降の行動への自信となります。

　子どもの遊びに対する主体性は、子どもの本性や発達によりもたらされると考えられます。子どもは心身のすべてをかけて「楽しいから遊ぶ」わけです。子どもの総合的な発達をもたらす遊びをとおした保育により育まれた成長・発達は、やがて人間形成への素地となっていくのです。

3　遊びによる総合的な保育の重要性

①遊びの機能的側面

　これまでに述べてきたように、子どもにとって遊びは、成長や発達からもたらされる、環境への興味や関心により生じる自発的・自主的・主体的な活動です。内的な動機の高まりから、子どもは遊びのなかで周囲の環境と積極的・応答的に関わり、繰り広げられる活動において、一人あるいはみんなで没頭して楽しみます。その結果、遊びの過程では、子どもの心身の発達、情動や社会性の発達、コミュニケーションの発達、認知の発達などを進展させていくための適時的な活動が生みだされ、そこには成長や発達にとって有意義な体験が豊富に含まれているわけです。図表10-5は、遊びによって育まれる機能について示したものです。

②遊びによる総合的な保育の意味と保育内容

　「保育所保育指針」第1章1（3）「保育の方法」には、生活や遊びをとおして総合的に保育を展開することが示されています。

　子どもの成長・発達は、さまざまな生活や遊びを体験し、それらの体験がつながり、相互に関連し合い、積み重ねられ、使い込まれることに

図表10-5 遊びの機能

機能	内容
心身の健康の維持と増進	活発に遊ぶことにより、健康をつくる。
運動機能の発達	運動能力、体力を育てる。
知的能力の発達	創意工夫する力、がんばる力を育てる。
情緒の発達	喜怒哀楽の感情体験をとおして、豊かな情緒を育てる。
社会性の発達	遊びをとおして、相手の存在と自分の役割を知り、ルールや規範と協調性を育てる。
コミュニケーション能力の発達	遊びをとおして、家族や友だち、地域の人々と、愛情と信頼のある人間関係を育てる。
安全性の習得	遊ぶ場所、遊具、遊び方などにより、友だちや自分の身を守る安全性を身につける。

出典：野村知子・中谷孝子編『子どもの遊びとその環境』保育出版社、1990年をもとに作成

よって促されていきます。子どもの生活や遊びにみられる一つひとつの姿は、多くの能力がそこに集約されて現れたものです。仲間の助けや子どもたちの工夫により成立することもありますが、原則的には生活や遊びに必要な力が何か一つでも不足していれば、その遊びが生じることはありません。たとえば「鬼ごっこ」であれば、身体を動かすための力、ルールを理解し実践するための力、友だちとコミュニケーションをとるための力、ルールを守り公正に遊ぶための力などが必要となります。

そうした遊びの特性から、子どもが十分に遊ぶことで、遊びに必要な力は使い込まれ、さらに発達が促されていきます。そうした理由から、乳幼児期の保育は「遊びをとおした総合的な保育」になっていくわけです。また、乳幼児期においては、何かの発達をねらって特定の活動を訓練のように行うことは、保育の本質として無意味であるばかりか問題も多く、遊びをとおして子どもの成長・発達を目指していくことが基本となります。

以上のことから、保育の内容を考えていく際に、保育者はまず子どもの生活や遊びの姿をつぶさに観察することなどをとおして、成長・発達、興味・関心、生活の様子、それまでの経験などの子どもの実態を深く理解する必要があります。また、成長・発達の過程について理解し、個々の子どもの成長・発達の道筋とそれに必要な経験について見通しをもつことが求められます。それらを踏まえて、保育を計画し、実施、評価するなかで、さらに深く子ども理解を深め、次の保育を導きだしていきます。

4 保育内容のとらえ方

①保育のねらいについて

「保育所保育指針解説」第2章の冒頭で、子どもにとって「自己を十分に発揮」し、「乳幼児期にふさわしい経験」を豊かに積み重ねていけるよう「保育の内容を充実させていくこと」が、「保育所の第一義的な役割と責任」としています。それを受けて「保育所保育指針」第2章では、保育士等が保育の「ねらい」や「内容」を具体的に把握し、保育を計画・展開していくために、保育の実際においては養護と教育の一体的展開を踏まえつつ、教育に関わる側面を中心に示しています。第1章4（1）「育みたい資質・能力」に示された資質・能力が、保育所における生活や遊びのなかで一体的に育まれていくよう、3つの年齢区分の時期における保育の意図を明確にするために、年齢区分ごとに「基本的事項」および「ねらい」「内容」「内容の取扱い」を示し、各時期における発達の特徴や道筋等を示しています。

「保育所保育指針」において「内容」とは、「『ねらい』を達成するために、子どもの生活やその状況に応じて保育士等が適切に行う事項と、保育士等が援助して子どもが環境に関わって経験する事項を示したもの[†4]」だと説明されています。つまり、保育士等が「ねらい」を達成するために、子どもの生活する姿や発達の実情などを踏まえつつ援助し、子どもが自発的・主体的に環境に関わり経験し、身につけ、学び取っていくことが期待されるものを「内容」としています。それでは、「ねらい」とはなんでしょうか。

「ねらい」とは、「保育所保育指針」第1章1（2）「保育の目標」に示された「保育の目標」をさらに具体化したものです。生活をとおして発達していくことを前提に、保育所における保育を通じて育みたい資質・能力を、子どもの生活する姿からとらえたものだとされています。「保育所保育指針」第2章に示されるすべての視点や領域における「ねらい」は、3項目で構成され、それぞれの視点や領域において育みたい資質・能力が記されています。豊かな保育内容をとおして育み、培われた「資質や能力」は、生涯豊かに生きていくための力へと大きく展開・発展していきます。

②養護について

「保育所保育指針」では、第2章において、「実際の保育においては、養護と教育が一体となって展開されることに留意する必要がある」としています。養護については、改定前の「保育所保育指針」では「保育の内容」に教育に関する事項とともに記載されていましたが、2017（平

▶出典
†4 「保育所保育指針」第2章

成29）年の改定では、保育内容とは別に、第1章2「養護に関する基本的事項」で扱われ、「養護の理念」や「養護に関わるねらい及び内容」として記載されています。

　そこでは養護の意味を、「子どもの生命の保持及び情緒の安定を図るために保育士等が行う援助や関わり」とし、そのねらいや内容を「生命の保持」と「情緒の安定」の面から示しています。「生命の保持」では、子ども一人ひとりの、快適な生活、健康で安全な生活、生理的欲求の充足、健康増進等に努めることをねらいとしています。さらに、それらを具現化するための内容として、一人ひとりの子どもの健康等の異常への迅速・適切な対応、保健的で安全な保育環境の維持および向上、生理的欲求の充足、発達過程等に応じた適切な生活リズムの形成、適度な運動・休息、基本的生活習慣の獲得への援助等をあげています。また、「情緒の安定」では、子ども一人ひとりに、心の安定感や自分の気持ちの表現、主体感と自己肯定感を育み、心身の疲れを癒すことなどに努めることをねらいとしています。そのための内容として、一人ひとりの子どもの、基本的な欲求の充足と応答的関わり、気持ちの受容と共感による信頼関係の構築、主体的活動のなかでの自発性・探索意欲の育成、適切な食事と休息への配慮等をあげています。

③教育について

　教育の意味については、第2章において「子どもが健やかに成長し、その活動がより豊かに展開されるための発達の援助」と説明されています。各々のねらいや内容については、5つの領域から整理されています。それらの領域の位置づけは、「保育所保育指針」第1章「保育の目標」（ア（イ）〜（カ））に通底しており、順に目標の（イ）は「心身の健康に関する領域『健康』」、（ウ）は「人との関わりに関する領域『人間関係』」、（エ）は「身近な環境との関わりに関する領域『環境』」、（オ）は「言葉の獲得に関する領域『言葉』」、（カ）は「感性と表現に関する領域『表現』」にそれぞれ対応しています。ここに示される「領域」という概念は、教科とは異なり、保育の内容や方法を考えるうえで重要なものです。領域概念は、保育において独特なものであり、乳幼児期の成長・発達の特性を踏まえた、保育の基本である環境をとおしての遊びを中心とした、総合的な保育の考え方に起因するものです。つまり、領域とは、入所から修了までに「育みたい資質や能力」を具体的な保育のなかで育んでいくための保育の基盤となり、条件でもある、子どもの活動への「主体性」と生活の「集団性」、保育のねらいである「育ちへの視点（方向性）」として各領域の「ねらい」を掲げ、それを達成していく

ための「内容」を発達の側面ごとにまとめたものです。各領域の「ねらい及び内容」は、保育所の生活をとおして、子どもが遊びや生活のなかで達成に向かうように、保育において総合的に達成されていくことを念頭に、保育者が保育を計画的に進めていくための指針となるものです。

5　各年齢期の発達の特徴と保育のねらいおよび内容

　2008（平成20）年改定の「保育所保育指針」では、発達に関する事項と保育のねらいおよび内容に関する事項が別々に記載されていたのを、2017（平成29）年の改定では、「基本的事項」としてあわせて示し、その時期の発達や生活する姿の特徴、保育実施や保育内容展開時の配慮事項・留意点などについて記しています。以下に、各年齢期の発達の特徴を押さえながら、「ねらい」と「保育内容」を関連づけて整理します。

①乳児期の保育の「ねらい」および「内容」

　乳児期には、しだいに諸器官の発達が進み、探索行動がみられるようになり、心身の発達が盛んになっていくなかで、視覚・聴覚などさまざまな感覚が発達し、首がすわり、寝返りや座る、はう、歩くなどの運動機能の発達も著しくなってきます。母親などの養育者や保育者など特定の大人による生理的欲求の充足や、生活のさまざまな場面での応答的な関わりにより、子どもとの間に特別な情緒的絆が築かれていきます。

　そればかりか、この時期には特に特定の大人への依存度が高いのが特徴で、心身の情態のバランスも、養育者とのやりとりによって整えられているともいわれています。こうした発達の特徴から、乳児期の保育は、子ども一人ひとりの著しい生育や発達の状況により、愛情豊かに、表情や言葉による情緒的なやりとりを大切にした受容的・応答的な関わりによって進められることが重要となります。

　このような乳児期の「ねらい」および「内容」は、ほかの時期と比べて発達が未分化であるという特徴から、5領域ではなく、**3つの視点**のくくりで「ねらい」および「内容」が示されています。

　3つの視点に示される保育の内容については、乳児期の発達の特徴から、特に生活の基盤となる養護の内容である「生命の保持」と「情緒の安定」に配慮し、展開されるよう示されています。また、「3つの視点」はやがてゆるやかに各領域につながっていく内容として想定されています。つまり、乳児期の保育で培おうとする力は、それ以降の年齢における保育内容5領域に示される、育て養おうとする力の基盤となり、さらに「育みたい資質・能力」に収斂されていくことを表しています。

参照
3つの視点
→レッスン5

② 1歳以上3歳未満児の保育の「ねらい」および「内容」

　1歳以上3歳未満の時期になると、歩行につながる動きから歩行へ、さらに走る、跳ぶなどの基本的な運動機能が発達していきます。また、つまむ、めくるなどの指先を微細に使う機能の発達も徐々に進んでいきます。さらに、社会化の進展のうえで大切な習慣となる排泄の自立に必要な身体的機能も整い、トイレットトレーニングが積極的に展開できるようになります。ほかにも、生活の自立に向けて、保育士等の援助を得ながら食事、衣類の着脱、整理整頓、身辺の衛生などの基本的な生活習慣についても、しだいに自分の力で行うことができるようになっていきます。

　周囲の人々への意識や接触の機会も多くなることから、コミュニケーションの動機や機会も高まり、増加していきます。身体構造や認知などの成長・発達により言葉の獲得も進み、発声の明瞭化や語彙の増加により、意思や欲求を言葉などによって表出・伝達することができるようになります。

　1歳ごろになると、自分でできることが格段に増えていき、2歳ごろには、自我の芽生えにより何でも自分でしたがるようになります。いわゆる「イヤイヤ期」といわれるものです。多くの場合、子どもはしようとすることが思いどおりにできるわけではないので、保育士らは自分でしようとする子どもの気持ちを大切にし、温かく見守り、愛情をもって受容的・肯定的に応答し、適切に関わるようにします。そうした関わりにより、経験から多くのことを学ぶのみならず、子どもの自立心や主体性を育んでいきます。

　1歳以上3歳未満児の時期の「ねらい」および「内容」は、「健康」「人間関係」「環境」「言葉」「表現」の5領域で示されています。これらは、3歳以上児の保育に示される「ねらい」および「内容」の基盤となるものです。また、ここで示される保育の内容は、幼児期の発達の特徴から、生活の基盤となる養護の内容である「生命の保持」と「情緒の安定」と一体となって展開されるよう留意することが大切です。

③ 3歳以上児の保育の「ねらい」および「内容」

　3歳ごろになると、運動機能はさらに発達し、走る、跳ぶなどの基本の動きがおおむねできるようになることから、全身を使って盛んに遊ぶようになります。手指を器用に使ったり、しだいに全身を巧みに使ったりして遊ぶようになります。また、この時期になると、保育者や周囲の大人の援助を受けながらも、自分でさまざまなことに取り組もうとし、これまでに積み上げてきた経験をもとに、基本的な生活習慣も獲得され、

自立に向かっていきます。

この時期になると、身体機能や認知、社会性などの発達が進み、言葉によるやりとりが活発化し、発声や発音がさらに明確・適切になり、理解された語彙数も急激に増加していきます。また、認知の発達などにより知的な興味や関心が高まり、好奇心や探究心をもって周囲の環境に深く関わろうとするようになることで、その子らしく感覚的ではありますが、事象をとらえる際の基盤となる概念形成の萌芽を形成していきます。

社会性の発達は、それまでの時期での保育者や特定の大人、子どもなどとの限られた人間関係から、広がりと深まりのある関係に変化していきます。仲間をつくり、クラスや集団の一員であるという帰属意識を明確にもち、他者とイメージや思い、願いを共有・共感し、共通の目的をもってダイナミックな集団遊び、細かなルールのある遊び、明確な役割をもち組織的に活動する協同的な遊びなどがみられるようになります。

この時期の発達の特徴から、保育者は、個の成長（個性化）と集団での活動の充実（社会化）が相互に関連し、個々の子どもが自信をもって周囲の大人や子どもたちとの豊かな生活や遊びを展開できるように、保育を計画・展開していく必要があります。

「1歳以上3歳未満児の保育に関わるねらい及び内容」と同様に、「3歳以上児の保育に関するねらい及び内容」についても、発達の特徴を踏まえ、乳児保育からつながりをもち、積み上げられてきた5領域から「ねらい及び内容」が示されています。

この時期においても保育の内容は、養護における「生命の保持」および「情緒の安定」に関わる保育の内容と一体的に展開されるよう留意することが示されており、保育所保育の全体をとおして、「育みたい資質・能力」の育成に向けて、「幼児期の終わりまでに育ってほしい姿」に向けた指導への配慮を一貫して行っていくことが求められます。

演習課題

①遊びに関する主な理論について調べて、発表しましょう。
②子どもの遊びや生活する様子を観察し、「育みたい資質・能力」や「幼児期の終わりまでに育ってほしい姿」と関連づけて整理しましょう。
③子どもの各時期（乳児期、1歳以上3歳未満児、3歳以上児）の発達の姿について整理し、リストを作成してみましょう。

レッスン11

保育の計画と評価：全体的な計画・指導計画

日々の保育は、その日の思いつきで行うのではなく、指導計画に沿って行われます。そして、指導計画に基づいて保育をしたあとで、振り返り、自己評価し、次への見通しをもって指導計画を練り直していきます。このようなサイクルを意識して行うことが、保育の質の向上につながるのです。

1. 保育の計画とは

　ある保育所の年長児クラスの担任となったときのことを想像してみましょう。子どもと初顔合わせの日、あなたはどのように子どもたちと一日を過ごしますか。2日目はどのように過ごしますか。年長児の子どもたちの多くは、そのまま進級してきているので、すでに顔なじみです。そして保育所生活にもなじんでいるので、何もかもが新しいゼロ・スタートではない状態です。そのようななか、どのような流れで、どのような保育内容を意識しながら、1日目、2日目と、保育所生活を進めていけばよいのでしょうか。さらに、保育室の環境はどのように考えればよいのでしょうか。絵本棚はどこに置こうか、積み木やブロックで遊ぶためのスペースはどこに確保しようか、連絡ノートや水筒を置くためのスペースはどうしようか——。

　そんなことを想像してみると、事前に、初日はこんな遊びをしたり、この絵本を読んだり、手遊びをしたりという、具体的な一日の流れと内容を考えておく必要があります。また保育室の環境も、物的環境や場をどのようにすればよいかを事前に考えて整えておく必要があります。

　このように、日々の保育の裏側には、見通しや計画を事前に立てておくという保育者の役割があるのです。

　さらに、自分が担任する年長児クラスの子どもたちは、1年もたてば修了していきます。修了に向けて、どのようなことを大事にしながら保育をしていきたいですか。また、どのようなことが育ってほしいと思いますか。年長児クラスの1年間で子どもの仲間意識を育てたいとしたら、4月にはどのようなことを意識しながら日々の保育を行い、秋ぐらいになると、さらにどんなことを意識した遊びや活動を取り入れていくとよいのでしょうか。そして、それまでの経験の積み重ねが仲間意識の育ち

につながり、年度末には、仲間意識はどのようになっているのでしょうか。

以上のように、保育者はある1日の保育の見通しや数日の保育の見通しをもつだけでなく、ある月の保育の見通し、さらには1年の保育の見通しをもって保育を進めていく必要があるのです。

そのため、保育者が行う日々の保育の裏側には「指導計画」として、「1日／週／月／年」というようにさまざまな期間の計画があります。また、保育者はいきあたりばったりで保育を行うのではなく、短期的な見通しや長期的な見通しをもちながら、意図的・計画的に保育を行っているのです。

このように、保育は事前に想定した計画に沿って行われますが、それが目の前の子どもの思いや実態とずれてしまうことがあります。そのため、子どもの様子をみながら、柔軟に変化させていくことも必要です。

2. 保育の計画の種類

1 計画の種類

図表11-1のように「保育の計画」は、大きく「**全体的な計画**」と「**指導計画**」とに分けられます。全体的な計画は保育所に1種類だけで、その保育所全体の基本となる計画です。指導計画は、クラスごとに作成されます。また、これらの計画とは別に「デイリープログラム」と呼ばれる一日の生活の主な流れが示されたものが、クラスごとにあります。

「全体的な計画」は、子どもの入所から修了までの保育期間の全体を見通した総合的な計画で、子どもの育ちについての大まかな道筋が示されています。全体的な計画は、その保育所の保育のベースとなる計画であるため、全職員が共通理解していることが大切です。そこには、保育

◆補足
全体的な計画
2017年3月の改定（訂）により「全体的な計画」と用語が統一されたが、それ以前は、幼稚園は「教育課程」、保育所は「保育課程」、幼保連携型認定こども園では「全体的な計画」とよんでいた。

図表11-1 保育の計画の種類

全体的な計画 （保育所全体の計画）	子どもが入所してから修了するまでの保育期間の全体を見通した総合的な計画	
長期の指導計画 （各クラスの計画）	年間指導計画	1年を見通した計画
	期別指導計画（期案）	1年を4～5期に分けて見通した計画
	月間指導計画（月案）	1か月を見通した計画
短期の指導計画 （各クラスの計画）	週間指導計画（週案）	1週間を見通した計画
	日案	1日を見通した計画
	部分案	1日のなかの一部の活動を見通した計画

所の保育理念や教育理念、**保育の目標**や年齢ごとに育てていきたい目標などが示されています。その全体的な計画を基本として、各クラス・年齢で、それを具体化した「指導計画」が作成されます。指導計画は長期と短期の2つに分けて作成されます。

「保育所保育指針」には、全体的な計画と指導計画との関係について、次のように示されています†1。

> 保育所は、全体的な計画に基づき、具体的な保育が適切に展開されるよう、子どもの生活や発達を見通した長期的な指導計画と、それに関連しながら、より具体的な子どもの日々の生活に即した短期的な指導計画を作成しなければならない。

つまり、短期的な指導計画は「具体的な子どもの日々の生活に即したもの」で、長期的な指導計画は「子どもの生活や発達を見通したもの」というように、計画としての役割が違いますが、それぞれはバラバラではなく関連しているものです。

また、「幼稚園教育要領」でも同じように次のように示されています†2。

> 長期的に発達を見通した年、学期、月などにわたる長期の指導計画やこれとの関連を保ちながらより具体的な幼児の生活に即した週、日などの短期の指導計画を作成し、適切な指導が行われるようにすること。特に、週、日などの短期の指導計画については、幼児の生活のリズムに配慮し、幼児の意識や興味の連続性のある活動が相互に関連して幼稚園生活の自然な流れの中に組み込まれるようにすること。

2 全体的な計画・教育課程とは

「全体的な計画」の説明については、「保育所保育指針」「幼稚園教育要領」「幼保連携型認定こども園教育・保育要領」で、それぞれ文章表現が異なりますが、園全体の総合的な計画としての位置づけであることは共通しています。ここではまず、「幼保連携型認定こども園教育・保育要領」の記述をみていきましょう†3（下線は筆者）。

> 教育及び保育の内容並びに子育ての支援等に関する全体的な計画とは、教育と保育を一体的に捉え、園児の入園から修了ま

◆ 補足
保育の目標
「保育所保育指針」第1章3（1）「全体的な計画の作成」
ア　保育所は、1の（2）に示した保育の目標を達成するために、各保育所の保育の方針や目標に基づき、子どもの発達過程を踏まえて、保育の内容が組織的・計画的に構成され、保育所の生活の全体を通して、総合的に展開されるよう、全体的な計画を作成しなければならない。（下線は筆者）

▶ 出典
†1 「保育所保育指針」第1章3（2）「指導計画の作成」ア

▶ 出典
†2 「幼稚園教育要領」第1章第4　3（1）

▶ 出典
†3 「幼保連携型認定こども園教育・保育要領」第1章第2　1（1）「教育及び保育の内容並びに子育ての支援等に関する全体的な計画の役割」

> での在園期間の全体にわたり、幼保連携型認定こども園の目標に向かってどのような過程をたどって教育及び保育を進めていくかを明らかにするものであり、子育ての支援と有機的に連携し、園児の園生活全体を捉え、作成する計画である。

　このことについて、「保育所保育指針」では、前述のとおり「各保育所の保育の方針や目標に基づき、子どもの発達過程を踏まえて、保育の内容が組織的・計画的に構成され、保育所の生活の全体を通して、総合的に展開されるよう」と示されています。「幼稚園教育要領」では、「教育課程」とその他のさまざまな計画を合わせたものを「全体的な計画」としており、その「教育課程の編成上の基本的事項」には、「幼稚園生活の全体を通して第2章に示すねらいが総合的に達成されるよう、教育課程に係る教育期間や幼児の生活経験や発達の過程などを考慮して具体的なねらいと内容を組織するものとする[4]」と示されています。

　このように、全体的な計画や教育課程は、各園において入園から修了までの教育・保育の目標やねらいなどの大まかな全体像を示したもので、子どもの発達の過程（道筋）に沿ってそれらを具体的に整理したものといえます。そして、子どもたちの育ちの方向性としては、「第2章に示すねらいが総合的に達成される」とありますが、これは**5領域のねらい**と内容です。つまり、各園が独自に考えるのではなく、5領域のねらいと内容を踏まえて考えられたものです。

3　年間指導計画とは

　1年間の子どもの育ちとねらいを見通した計画のことを、年間指導計画といいます。各園で作成された全体的な計画・教育課程に基づき、子どもの生活や発達過程等を踏まえて作成されたものです。3歳児クラスと5歳児クラスでは、子どもの発達も違い、1年を通じた「ねらい」（育てていきたいこと）も違うので、クラスごとに作成されます。

4　期別指導計画（期案）とは

　1年間をいくつかの時期や区分に分けて計画を立てたものを期別指導計画（以下、期案）といい、区切る時期や数は各園に任せられています。通常1年を4〜5期に分ける場合が多くみられます。年間指導計画をもとにして、そのねらいを各期の終わりに達成していけるように、子どもの発達に即して細分化して考えられています。

▶ 出典
[4] 「幼稚園教育要領」第1章第3（1）

参照
5領域のねらい
→レッスン9

5 月間指導計画（月案）とは

　1か月間の保育を見通した指導計画が月間指導計画（以下、月案）です。期案のねらいを受けて、ねらいや内容を具体的に考える必要があります。また、計画を立てる際には、前の月からの保育の流れや子どもの姿が分断されないように配慮する必要があります。月案になると、ねらいや内容、保育者の援助や配慮、環境構成などがかなり具体的に示される必要があります。

6 週間指導計画（週案）とは

　1か月の指導計画を4週に分けて、1週間の計画に具体化したものを、週間指導計画（以下、週案）といいます。週案は、月案よりも、ねらいや内容、保育者の援助や配慮、環境構成などを、子どもの姿に合わせてさらに具体的に検討する必要があります。また、月案と同じように、前の週からの子どもの姿や遊びが分断されないように配慮する必要があります。それを週案の様式に詳細に示す場合もあれば、簡略化して示す場合もあります。

7 日案とは

　週案をもとに、今日一日どのように保育するのかを計画したものを、日案といいます。前日までの子どもの姿や遊びをとらえながら、前日よりも改善した案を作成していきます。また、ねらいや内容、保育者の援助や配慮、環境構成などをかなり具体的に検討する必要がありますが、それを日案の様式に詳細に示す場合もあれば、簡略化して示す場合もあります。

3. 指導計画の作成

　前述のように指導計画には、見通す期間によっていくつかの種類がありますが、その作成にあたって、「幼稚園教育要領」では次のように示されています†5（下線は筆者）。

> 　指導計画の作成に当たっては、次に示すところにより、<u>具体的なねらい及び内容</u>を明確に設定し、<u>適切な環境</u>を構成することなどにより<u>活動が選択・展開</u>されるようにするものとする。
> 　ア　具体的なねらい及び内容は、幼稚園生活における幼児の発

▶出典
†5 「幼稚園教育要領」第1章第4　2（2）

> 達の過程を見通し、幼児の生活の連続性、季節の変化などを考慮して、幼児の興味や関心、発達の実情などに応じて設定すること。
> イ　環境は、具体的なねらいを達成するために適切なものとなるように構成し、幼児が自らその環境に関わることにより様々な活動を展開しつつ必要な体験を得られるようにすること。その際、幼児の生活する姿や発想を大切にし、常にその環境が適切なものとなるようにすること。
> ウ　幼児の行う具体的な活動は、生活の流れの中で様々に変化するものであることに留意し、幼児が望ましい方向に向かって自ら活動を展開していくことができるよう必要な援助をすること。

　同様に「保育所保育指針」では次のように示されています[6]（下線は筆者）。

▶出典
[6]「保育所保育指針」
第1章3（2）、（3）

> （2）指導計画の作成
> ウ　指導計画においては、保育所の生活における子どもの発達過程を見通し、生活の連続性、季節の変化などを考慮し、<u>子どもの実態に即した具体的なねらい及び内容を設定すること</u>。また、具体的なねらいが達成されるよう、<u>子どもの生活する姿や発想を大切にして適切な環境を構成し、子どもが主体的に活動できるようにすること</u>。
>
> （3）指導計画の展開
> イ　子どもが行う具体的な活動は、生活の中で様々に変化することに留意して、子どもが望ましい方向に向かって自ら活動を展開できるよう必要な援助を行うこと。
> ウ　子どもの主体的な活動を促すためには、保育士等が多様な関わりをもつことが重要であることを踏まえ、子どもの情緒の安定や発達に必要な豊かな体験が得られるよう援助すること。

　指導計画を作成するためには、子どもの実態、興味や関心、発達の実情などに応じて、子どもの生活する姿や発想を大切にしながら、次の5点について考える必要があります。

- 子どもが行う具体的な活動
- 具体的なねらいと内容   ｝ 子ども理解をふまえる
- 環境の構成
- 援助・関わり

これらは図表11-2のようにイメージするとよいでしょう。

「具体的なねらいや内容」といっても、長期的な指導計画と短期的な指導計画では同じではありません。年間指導計画や期案では、すぐに育てたり、達成できるようなものではなく、それまでの経験や育ちを踏まえて数週間から数か月かけて育てていきたいものを考え、週案や日案は、そのときの具体的な活動をとおして育てたいものを考えます。

たとえば年長児で、具体的な活動として「イスとりゲームをする」にあたっての長期的な視点での「ねらい」を考えてみると、初期段階では「ルールを理解しながら遊びを楽しむ」ということをあげておく必要がありますが、ルールがわかるようになってきたら、「その遊びの楽しさを味わう」ことや「最後まで生き残れるように、歩くスピードを自分で考えて調整しながら遊ぶことを楽しむ」といったことをあげておく必要があります。また、仲間意識や協同性を育む視点から、個人戦ではなくチーム戦で行うために、イスとりゲームのルールや遊び方を工夫したりすると、「ねらい」のなかに領域「人間関係」の視点も加わってきます。

図表11-2 指導計画作成のポイント

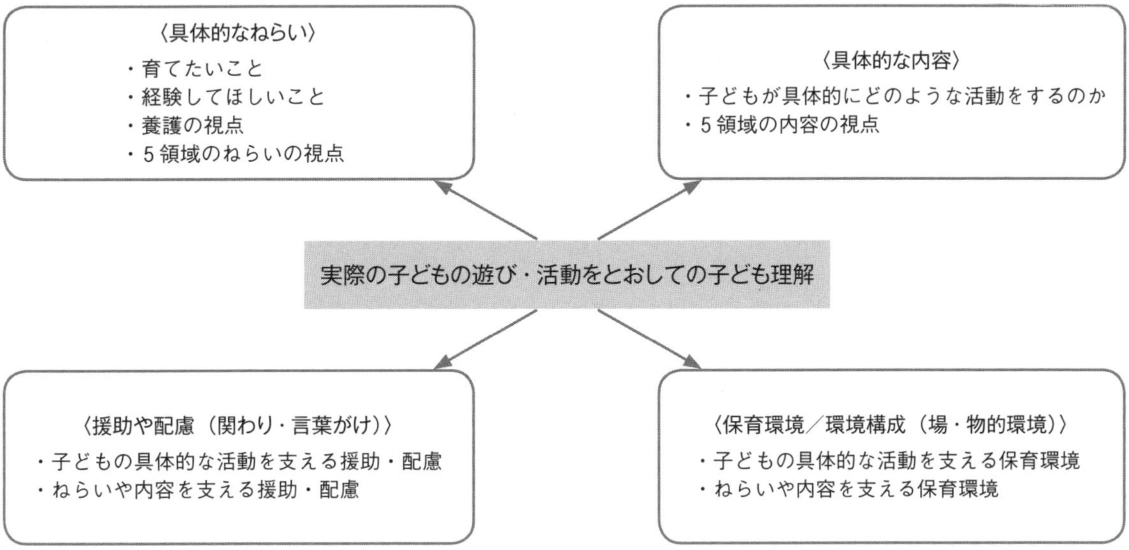

〈具体的なねらい〉
・育てたいこと
・経験してほしいこと
・養護の視点
・5領域のねらいの視点

〈具体的な内容〉
・子どもが具体的にどのような活動をするのか
・5領域の内容の視点

実際の子どもの遊び・活動をとおしての子ども理解

〈援助や配慮（関わり・言葉がけ）〉
・子どもの具体的な活動を支える援助・配慮
・ねらいや内容を支える援助・配慮

〈保育環境／環境構成（場・物的環境）〉
・子どもの具体的な活動を支える保育環境
・ねらいや内容を支える保育環境

このように、長期的な視点では、それまでの育ちや経験を生かしながら考えていくことが必要です。

4. 先の見通しを考えてみる

次の事例は、ある幼稚園の3歳児クラスの6月の子どもの様子を記録したものです。この事例から先の見通しを考えてみましょう（下線は筆者）。

エピソード　6月の3歳児クラス「"ごぼごぼ"の遊び」

この園では子どもたちが花に水やりをするときに、水道水をジョウロに直接入れるのではなく、雨水を貯めた大きなバケツからジョウロで水をくんでいます。

6月のある日、園での生活に少し慣れてきた3歳児クラスの子どもたちと、ホウセンカに水やりをするために、大きなバケツの中に、ジョウロを入れて水をくもうとしました。

そのとき、A児がジョウロをバケツに入れる向きがちょうどよかったのか、"ごぼごぼ"という音が水の中から聞こえてきました。音を立てて泡がでた様子を見て、A児が「わ〜（おもしろい）」と声をあげたので、保育者が「"ごぼごぼ〜"っていってるね」というと、後ろに並んでいたB児が同じようにジョウロを水の中に入れてみました。今度は"ごぼごぼ"という音とともにさっきより水柱が高く激しく吹きだし、「きゃ〜」と歓声があがりました。

「今度はいっぱいでてきたね」というと、また次の子ども（C児）がジョウロをもってきて、水の中に入れてみます。しかし、今度は音も水柱も何もなくスムーズにジョウロの中に水が入っていきました。C児は「あれ？」という表情で、再度、ジョウロの中の水を空っぽにして、一度目とは違う向きにして水の中にジョウロを入れてみます。今度は、少し"ごぼごぼ"と音がしたことに満足して、ジョウロをもって水やりに行きました。

その後も3人だけでなくほかの子どもたちも、水をくみに来ては、

ジョウロの向きを変えてみたり、勢いよく入れたり、ゆっくり入れたりして、"ごぼごぼ"いう音を繰り返し楽しんでいる姿がありました。

その子の期待通りに"ごぼごぼ"と音がして満足の笑顔の場合もあれば、音がなく「あれ？」「なんで？」という表情やつぶやく姿もみられました。しかしながら、何人もが同じことを繰り返す姿がみられましたが、どのような向きでジョウロを水に入れると、"ごぼごぼ"の音が大きくなったり、水柱が大きくなるのかまでは気づいていない様子でした。保育者はこの間、この様子を見守りながら、子どもの満足そうな笑顔や言葉を受け止めていました。

出典：常磐会短期大学付属いずみがおか園（堺市）、2007年の事例

　もしあなたがこのクラスの保育者だったら、どのように次の日以降の保育の見通しを考えますか。おそらく、次の日も水やりはするでしょう。次の日、同じ子どもたちがもう一度同じように、"ごぼごぼ"を楽しむかもしれません。"ごぼごぼ"をやっていなかった別の子どもたちも、興味をもってやり始めるかもしれません。また、子どもたちは、どうしたら大きな"ごぼごぼ"の音が聞こえるのかということには、まだ気づいていない様子です。

　そんな子どもたちの様子を踏まえて、次の日以降の「子どもが行う具体的な活動」「具体的なねらいと内容」「環境の構成」「援助・関わり」ということを具体的に考えていきます。日案では「翌日」の見通し、週案では、この様子が何日か継続したうえでの「翌週」の見通しを考えていきます。

　翌日から翌週の「"ごぼごぼ"の遊び」をとおして、どんなことを楽しい、おもしろいと感じたり、どんなことに気づいたり、試してみたりしてほしいでしょうか。そのとき、あなたはどのように関わればよいのでしょうか。「様子を見守りながら、子どもの満足そうな笑顔や言葉を受け止める」というだけでいいでしょうか。ジョウロやバケツのほかに、別の物的環境や場を用意したほうがよいでしょうか。

　このようにこの**遊びの見通し**を「子どもが行う具体的な活動」「具体的なねらいと内容」「環境の構成」「援助・関わり」の視点から考えて、各園の様式の紙面上に書き表したものが「日案」「週案」になります。

◆補足
遊びの見通しをもとに考える計画
もちろん、この遊びだけでなく、ほかの遊びや生活もあるので、それらを含めて指導計画を作成する必要がある。

5. 保育の振り返りと評価：保育の質の向上のために

1 指導の改善のために、自分の保育を振り返り、評価する

日々の保育を行うにあたって、保育者には、その日の保育を振り返り、評価し、改善していくことが求められています。

「幼稚園教育要領」では、自分自身の「指導の改善」のために、振り返ったり、指導の過程の評価をするように示されています[†7]。

▶出典
†7 「幼稚園教育要領」第1章第4 2（2）、4（1）

> 2　指導計画の作成上の基本的事項
> 　（2）（前略）幼児の実態及び幼児を取り巻く状況の変化などに即して指導の過程についての評価を適切に行い、常に指導計画の改善を図るものとする。
>
> 4　幼児理解に基づいた評価の実施
> 　（1）指導の過程を振り返りながら幼児の理解を進め、幼児一人一人のよさや可能性などを把握し、指導の改善に生かすようにすること。その際、他の幼児との比較や一定の基準に対する達成度についての評定によって捉えるものではないことに留意すること。

また「保育所保育指針」でも同様のことが示されています[†8]（下線は筆者）。

▶出典
†8 「保育所保育指針」第1章3（4）「保育内容等の評価」ア

> ア　保育士等の自己評価
> 　（ア）保育士等は、保育の計画や保育の記録を通して、<u>自らの保育実践を振り返り、自己評価することを通して、その専門性の向上や保育実践の改善に努めなければならない。</u>
> 　（イ）保育士等による自己評価に当たっては、子どもの活動内容やその結果だけでなく、<u>子どもの心の育ちや意欲、取り組む過程などにも十分配慮するよう留意すること。</u>

ここで評価・自己評価という言葉が使われていますが、「幼稚園教育要領」では「他の幼児との比較や一定の基準に対する達成度についての評定によって捉えるものではない」ということが明記されているように、あくまでも、自分の保育の指導の過程を（自己）評価するということが

中心となるものです。そのなかで、「子どもの心の育ちや意欲、取り組む過程」もとらえ、「幼児一人一人のよさや可能性などを把握」していくこと、すなわち「子ども理解」を深めていくことが求められています。

2 事例から具体的に考えてみる

「"ごぼごぼ"の遊び」のエピソードで下線を引いたところは、保育者の援助・配慮に関わる部分で、以下の3か所です。

> ・「"ごぼごぼ～"っていってるね」という
> ・「今度はいっぱいでてきたね」という
> ・保育者はこの間、この様子を見守りながら、子どもの満足そうな笑顔や言葉を受け止めていました。

それでは、もしあなたがこの保育者だったとしたら、このときにどのような関わりをしたでしょうか。子どものやっている様子を楽しく、温かなまなざしで見守るだけではなく、「どうしたら"ごぼごぼ～"って大きい音が鳴ると思う？」と尋ねてみたり、子どもの手に自分の手を添えながら一緒に"ごぼごぼ～"と大きい音が鳴るように意図的にやってみるという関わり方も考えられます。

保育者の行う自己評価とは、このように自分の関わり方や言葉かけを具体的に振り返りながら、次の日からどのように関わっていくとよいのだろうかと、援助や配慮の可能性について考えることです。それは、「これがいけなかったから、次からはこうしようと思います」という単なる反省ではなく、自分自身の「指導の改善」のために保育を振り返り、評価していくことなのです。そのことによって、自分の保育実践の質が向上していくのです。各園では、そのことを組織的・計画的に行うことが求められています。

3 振り返りで、次への見通しを考える（PDCAサイクル）

保育の営みを改善するために、前回の改定（訂）のとき以来、取り入れられてきた考え方に、図表11-3のような「PDCAサイクル」があります。

指導計画を立て（Plan）、それを実践し（Do）、評価し（Check）、改善していく（Action）というサイクルを意識することが、保育の質の向上につながるという考え方です。図では、最初のP（計画）からスタートしていますが、A（改善）の次のP（計画）は、最初と同じでは

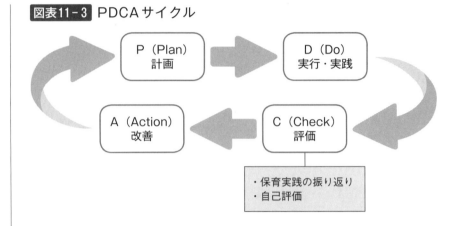

図表11-3 PDCAサイクル

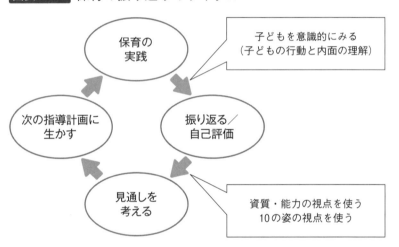

図表11-4 保育の振り返りのサイクル

ありません。改善案を取り入れた計画となるので、単純に一周するという理解ではなく、らせん状に上っていくことをイメージする必要があります。保育者は、次への見通しを立てますが、それには、今日の子どもの姿をもとに考えていくことが大切です。このPDCAサイクルをより保育の実践的な視点で示すと、図表11-4のようになります。

4 子どもの学びや育ちをとらえる記録

　小学校以上の授業であれば、子どもの学びや育ちは、授業内の取り組みの様子だけではなく、ノートやプリントなどの提出物、小テストなどを活用してとらえていくことができます。しかしながら、日々の保育では、子どもたちが形に残すものは少なく、取り組みの様子なども、保育者の頭のなかに印象として残るものが手がかりになります。そのため、乳幼児期の子どもたちの学びや育ちは、リアルタイムでとらえるだけで

なく、記録として残していく必要があります。

　園によって、指導計画の一部に「振り返り（自己評価）／評価・反省」の欄として保育の記録を残す場合もあれば、指導計画とは別の書式で保育記録を残している場合もあります。いずれにしても「どのようなことをしたか」ということだけでなく、次への見通しを立てられるように子どもの育ちや学びを記録に残すことが、「生きた記録」として大切です。「その日の子どもの興味・関心や新たに生まれてきた思い」などの内面の読み取りや、「資質・能力」や「幼児期の終わりまでに育ってほしい姿（10の姿）」の視点を使って意味づけたりすることによって、生きた記録になっていきます。

　そのための手法として近年注目されているのが、文字情報だけではなく、ドキュメンテーションやポートフォリオといった「写真を使った記録」です。文字だけでは伝えきれないことやイメージが、写真を使うことによって、より具体的に残すことができます。

　以上のように、保育の質の向上には、指導計画を立ててそのまま実践するだけではなく、自分自身の指導の過程をPDCAサイクルで振り返り、記録に残しながら、改善点を見出して、先を見通していくことが欠かせないということを理解しておきましょう。

演習課題

① "ごぽごぽ"の遊びの事例の次の日以降の保育について、どんな方向性や展開が考えられそうか、見通しを考えてみましょう。また、保育者の関わりや環境構成について、どのようにしていったらよいかを考えてみましょう。

②「幼稚園教育要領」「保育所保育指針」「幼保連携型認定こども園教育・保育要領」に示されている幼稚園・保育所・幼保連携型認定こども園の「全体的な計画／教育課程」「指導計画」「評価」について書かれている部分を読み直してみて、言葉や考え方を整理してみましょう。

③いろいろな指導計画や保育記録を実際に集めて見比べてみましょう。どのようなことが書かれているでしょうか。また、共通している項目はどのようなことでしょうか。

レッスン**12**

保育の方法

このレッスンでは、保育所・幼稚園・幼保連携型認定こども園等での保育の方法について学びます。レッスン9で学んだ「保育の目的・目標」や「ねらい」に沿って、どのように育んでいけばよいかといった「保育の方法」の基本原則について学んでいきます。

1．「保育の方法」とは何か

1 「保育の方法」と「保育技術」の違い

　皆さんは、「保育の方法」という言葉から、どのようなイメージをしますか。「子どもへの言葉かけのしかた」「子どもと一緒に遊ぶ方法や遊び方」「絵本の読み聞かせのしかた」や「さまざまなことの指導のしかた」などをイメージする人も多いと思います。これらは「保育の方法」というより、「保育技術」といいます。

　「幼稚園教育要領」や「保育所保育指針」等では、「保育の方法」とは、さまざまな保育技術を支える基本となる考え方のことをいいます。たとえば、「子どもが安心感や信頼感をもてるようにする」「自己を十分に発揮できる環境を整える」「子ども相互の関係づくりや、互いに尊重する心を大切にする」というような、保育者として保育をするうえで基本となる考え方を「保育の方法」として示しています。

2 子ども理解を踏まえて「保育の方法」を考える

　4〜5歳児くらいの子どもが"ままごと遊び"をしている様子を想像してみましょう。そのとき、保育者として、どのように子どもと関わるとよいのでしょうか。子どもたちの主体性や意欲が発揮されながら、どんどん遊びを進めているようなら、まずは遊びの様子や展開を見守ることが必要です。そのときに、子どもがどんなイメージをもって遊んでいるのか、どんな言葉をやりとりしながら遊びを進めているのかなどを読み取り、理解する必要があります。そして、その読み取りや理解を踏まえて、子どもたちに言葉をかけたり、一緒に遊びに参加したり、その場に必要なものを用意したりします。そのことによって、遊びがより楽しくなったり、持続したり、発展したりします。

逆に、その遊びのなかで、子どもたちのイメージがすれ違って遊びが停滞しているようならば、イメージのつながりや重なりが生まれ、遊びがうまく持続し、展開していくように関わっていく必要があります。保育者が関わることによって、共通のイメージが生まれ、より楽しくなっていくように、子どもの遊びを理解し、関わっていくのです。AちゃんとBちゃんのイメージを仲介するように言葉でつないでいくこともあれば、保育者も一緒に遊びに参加しながら、イメージをつなぐように関わることもあります。また、共通のイメージが生まれるように、何か具体的なもの（物的環境）を用意したほうがいいこともあります。

そのため、具体的に「こういう場合はこうする」「こういう関わり方をすれば間違いなし」というような保育の方法はありません。そのときの遊びや活動の様子の読み取りや理解を踏まえて、いろいろな関わり方、言葉かけ、保育環境の用意などのレパートリーのなかから、保育者自身が選択して臨機応変に関わっていくことが必要なのです。

2.「保育の方法」を考えてみる

それでは、次のエピソードから、さらに具体的に「保育の方法」について考えてみましょう。

エピソード 「どんぐりを使った遊び」（3歳児クラス）

集団生活にも徐々に慣れ、「せんせい、あそぼ」「こんなんできたよ」と、保育者との関わりを求めていた子どもたちでしたが、10月の園外保育のころから、友だちを意識する様子がみられるようになってきました。園外保育のどんぐり拾いは、その後の遊びにつながりました。

【場面①】どんぐり拾いから音遊びへ

とてもよい天気なので、園外保育に行くことになりました。子どもたちは、たくさん落ちているどんぐりに興奮しています。
㋐いろいろな種類、形のどんぐりをたくさん拾うことができたので、分けて入れられるよう翌日に空き箱、洗面器、ペットボトルを用意しておきました。ペットボトルを手に取る子どもが多く、大きなどんぐりをがんばって入れたり、いっぱい詰め込んでふたをしたりしていました。㋑「先生のはまだちょっとしか入ってないわ」と

振ってみせると「ぼくのはいっぱいやで」とまねをして振ってみせます。そのとき「せんせいのほうがおおきいおとするなー」「せんせいのどんぐりちょっとしかないのに」と、音の大きさとどんぐりの量に気づいた子どもがいました。そこから、いっぱい入れていたどんぐりを減らしたり、小さなどんぐりを入れて振り、自分で気づいていくことで遊びが変化し、「いいおとやろ！」と自分なりの"いい音"を楽しんでいました。

【場面②】どんぐりのすべり台

　音遊びを楽しんでいる途中、ペットボトルを逆さにもってしまったＹ児。どんぐりが飛び出してきたＹ児の様子をみて、ほかの子どもも落とすことを楽しみ始めました。そこで、㋒<u>転がすことはどうだろうかと考え、筒のすべり台を設置し、下に洗面器を置いて受けられるようにしました。</u>最初は１つずつ転がしていた子どもたち。落ちたどんぐりが洗面器から飛びだすことを発見し、たくさん転がし始めました。部屋中にどんぐりが飛びだし転がり、大喜びで集めては転がしを繰り返していました。

　すると、Ｋ児が空き段ボールを見つけ、すべり台の下にどんぐりが入るように受け皿を置きました。段ボールにたくさん集まってきたら箱をもち上げて揺らし、「ざざざー」と音まねを声にだし始めました。他児がＫ児に「もっといれる？」と聞き合ってまた揺らしてみたり、「これはいらんな」と枝つきのものをよけたり、友だちと考えながら試し始めました。

㋓<u>もっとダイナミックに遊ぶ方法はないかと考え、段ボールでつくった大きなすべり台を用意しました。</u>もちろん飛びついて遊び始め、たくさん転がすことを楽しみ始めました。

　このときはまだ、どんぐりの受け皿を用意していなかったので、どんどん散らばっていくことを楽しんでいました。ですが、しばらくすると、数人が近くにあった牛乳パックのつないだものを運び、囲いとしてすべり台の下に置き始めました。拾い集めやすくなったことから、転がす速さは増し、手づかみだったのが洗面器を友だちと一緒にもち上げ、よりたくさん転がし始めました。囲いの中に集まったどんぐりを見て「どんぐりのおふろやわ」と、みんなで中に

入り、手ですくったり、寝転んで楽しみました。

出典：常磐会短期大学付属常磐会幼稚園（大阪市）、2006年の事例

　このエピソードのなかの㋐〜㋓は、保育者の意図がこめられている部分です。㋐㋒㋓は、子どもに直接関わるというよりも、次の日の子どもの遊びを予想しながら、物的環境や場を整えています。これらは、遊びが楽しくなるような環境構成といえます。また、㋑は「先生のはまだちょっとしか入ってないわ」といいながら、「振ってみせる」という行動ですが、それによって子どもは、どんぐりを多く入れてみたり、少なくしてみたりと試しながら、自分で振って音を確かめています。

　それでは、保育者はどうして使い方や遊び方の説明などの直接的な指示をしないのでしょうか。㋑であれば、「大きな音にするには、いっぱい詰め込むよりも、先生みたいに少しにしたほうが、中でたくさん動いていいよ」といえば、まわりにいた子どもたちも同じように少なく減らして遊び始めると想像できます。でも、「あえて正解をいわない」のはどうしてでしょうか。それは、子どもが自分の周囲の環境に主体的・自発的に関わっていくなかで、遊びをつくりだし、自分で試しながら気づいていく力を育てようという保育者の意図（思い・願い）があるからだと思われます。遊びをとおして学ぶというのは、教えてもらって学ぶよりも、自分で試して気づくほうが、豊かな学びになるからです。

　このように、保育者は「目の前の子どもの姿の理解」と「保育者の意図（思い・願い）」との2つを踏まえながら、「保育の方法」として環境構成をしたり、言葉かけをしたり、関わったりということを、臨機応変にしているのです。

3.「保育所保育指針」に示される「保育の方法」

1 「保育の方法」の基本的な考え方

　ここでは、「保育所保育指針」から、保育の基本となる「保育の方法」を整理してみましょう。「保育の方法」には、次のように示されています[†1]。ポイントとなるキーワードに下線を引いてみました。

　また、これらの言葉から浮かび上がってくる「保育の方法」の基本となる考え方は、図表12-1のように整理できます。

　「保育所保育指針」では、「保育の方法」のなかに「保育の進め方」だけでなく、「子ども理解」「環境づくり」「子どもの関係づくり」、さらに

▶出典
†1 「保育所保育指針」第1章1（3）「保育の方法」

> ア　一人一人の子どもの状況や家庭及び地域社会での生活の実態を把握するとともに、子どもが安心感と信頼感をもって活動できるよう、子どもの主体としての思いや願いを受け止めること。
> イ　子どもの生活のリズムを大切にし、健康、安全で情緒の安定した生活ができる環境や、自己を十分に発揮できる環境を整えること。
> ウ　子どもの発達について理解し、一人一人の発達過程に応じて保育すること。その際、子どもの個人差に十分配慮すること。
> エ　子ども相互の関係づくりや互いに尊重する心を大切にし、集団における活動を効果あるものにするよう援助すること。
> オ　子どもが自発的・意欲的に関われるような環境を構成し、子どもの主体的な活動や子ども相互の関わりを大切にすること。特に、乳幼児期にふさわしい体験が得られるように、生活や遊びを通して総合的に保育すること。
> カ　一人一人の保護者の状況やその意向を理解、受容し、それぞれの親子関係や家庭生活等に配慮しながら、様々な機会をとらえ、適切に援助すること。

図表12-1　「保育の方法」の基本となる考え方

子ども理解	安心感 信頼感 子どもの主体としての思いや願い 発達の理解 一人ひとりの発達過程に応じる
子どもの関係づくり	子ども相互の関わり 相互の関係づくり 互いに尊重する心 集団における活動
環境づくり	健康、安全で情緒の安定した生活ができる環境 自己を十分に発揮できる環境 自発的・意欲的に関われるような環境構成
保育の進め方	子どもの主体的な活動 生活や遊びをとおした総合的な保育
保護者支援	状況・意向の理解と受容 適切な援助

「保護者支援」も含めてとらえているのです。

2 保育の方法を支える「保育の環境」

「保育所保育指針」のなかの「**保育の環境**」の項目をあわせてみてみましょう。「保育の環境」としては、次のように示されています[†2]。それぞれの項目から重要だと思われる語句に下線を引いてみました。

> 保育の環境には、保育士等や子どもなどの人的環境、施設や遊具などの物的環境、更には自然や社会の事象などがある。保育所は、こうした人、物、場などの環境が相互に関連し合い、子どもの生活が豊かなものとなるよう、次の事項に留意しつつ、計画的に環境を構成し、工夫して保育しなければならない。
> ア 子ども<u>自ら</u>が環境に関わり、<u>自発的に活動し</u>、<u>様々な経験</u>を積んでいくことができるよう配慮すること。
> イ <u>子どもの活動が豊かに展開される</u>よう、保育所の設備や環境を整え、保育所の<u>保健的環境や安全の確保</u>などに努めること。
> ウ 保育室は、<u>温かな親しみとくつろぎの場</u>となるとともに、<u>生き生きと活動できる場</u>となるように配慮すること。
> エ 子どもが<u>人と関わる力</u>を育てていくため、子ども自らが周囲の子どもや大人と関わっていくことができる<u>環境</u>を整えること。

前項の「保育の方法」に示されていた「環境づくり」と合わせて考えると、「保育所保育指針」における「環境づくり」のポイントは、図表12-2のように整理できます。

図表12-2 「環境づくり」のポイント

養護（生命の保持、情緒の安定）の視点	健康、安全で情緒の安定した生活ができる環境 保健的環境や安全の確保 温かな親しみとくつろぎの場
子どもの自発性・主体性の視点	みずからが環境に関わる 自発的に活動する 自己を十分に発揮できる環境 自発的・意欲的に関われるような環境構成 いきいきと活動できる場
子どもの育ち・学びの視点	さまざまな経験を積んでいくことができるような配慮 子どもの活動が豊かに展開される
人との関わりの育ちの視点	人と関わる力が育つ環境

参照
保育の環境
→レッスン6

出典
[†2] 「保育所保育指針」第1章1（4）「保育の環境」

このような環境づくりも「保育の方法」の一つです。保育所では、これを踏まえて、「人、物、場などの環境が相互に関連し合い、子どもの生活が豊かなものとなる」ように「計画的に環境を構成」して保育を進めていくことが必要なのです。

4.「幼稚園教育要領」に示される「保育の方法」

1 環境づくりの視点

「幼稚園教育要領」には「保育の方法」「保育の環境」として明確に項目が設けられているわけではありませんが、まったくふれていないわけでもありません。「幼稚園教育要領」には、次のように示されています[3]。

▶出典
[3]「幼稚園教育要領」第1章第1「幼稚園教育の基本」

> その際、教師は、幼児の主体的な活動が確保されるよう幼児一人一人の行動の理解と予想に基づき、計画的に環境を構成しなければならない。この場合において、教師は、幼児と人やものとの関わりが重要であることを踏まえ、教材を工夫し、物的・空間的環境を構成しなければならない。また、幼児一人一人の活動の場面に応じて、様々な役割を果たし、その活動を豊かにしなければならない。

「保育所保育指針」と同様に、「主体的な活動が確保される」「活動を豊かにする」ことが保育者の役割として求められています。それとともに、子ども理解を踏まえて「計画的に環境を構成する」こと、「人やものとの関わり」が重要であることを踏まえることなども、文章表現は少し違うものの、同様のことが示されています。その一方、「教材を工夫し」という点は、「保育所保育指針」には示されていない視点です。

2 「保育の方法」の視点

「幼稚園教育要領」には、「次に示す事項を重視して教育を行わなければならない」として示されている箇所があります[4]。「保育の方法」の視点から考えてみましょう。ここに書かれているそれぞれの項目から、重要だと思われる語句に下線を引いてみました。

▶出典
[4] [3]と同じ

> 1 幼児は<u>安定した情緒の下</u>で<u>自己を十分に発揮する</u>ことにより発達に必要な体験を得ていくものであることを考慮して、

> 幼児の主体的な活動を促し、幼児期にふさわしい生活が展開されるようにすること。
> 2　幼児の自発的な活動としての遊びは、心身の調和のとれた発達の基礎を培う重要な学習であることを考慮して、遊びを通しての指導を中心として第2章に示すねらいが総合的に達成されるようにすること。
> 3　幼児の発達は、心身の諸側面が相互に関連し合い、多様な経過をたどって成し遂げられていくものであること、また、幼児の生活経験がそれぞれ異なることなどを考慮して、幼児一人一人の特性に応じ、発達の課題に即した指導を行うようにすること。

このように、「幼稚園教育要領」の「保育の方法」として保育者に求められているのは、「主体的な活動」「自発的な活動」を大切にして「遊びを通した指導」を行うことだといえます。そのうえで、第2章に示されるねらいが総合的に達成されるように、意識していくことが大切です。

図表12-3　保育の方法の7つの視点

①「安全・健康」の視点	・保健的環境や安全を確保する
②「情緒の安定」の視点	・子どもの情緒の安定を図る ・園で過ごすなかで安心感を得られるようにする ・保育者や他児との信頼感を得られるようにする ・温かな親しみとくつろぎの場となるようにする ・安定した情緒のもとで自己を十分に発揮できるようにする
③「自発的・主体的な活動」の視点	・自己を十分に発揮できる環境を意識する ・生き生きと活動できる場となるように意識する ・子どもの自発的な活動としての遊び、主体的な活動を支える ・子どもの主体としての思いや願いを受け止める
④「遊び・活動を支える保育環境（環境構成）」の視点	・自発的・意欲的に関われるような環境構成 ・子どもの活動が豊かに展開されるような環境構成 ・子ども理解に基づいた計画的な環境の構成 ・教材を工夫し、物的・空間的環境を構成する
⑤「子ども同士の関係性」の視点	・子ども相互の関わりや相互の関係づくりを大切にする ・互いに尊重する心を育むようにする ・集団における活動が充実するようにする ・人と関わる力が育つ環境を意識する
⑥「遊び・活動の豊かさを支える保育者の意図性」の視点	・さまざまな役割を果たし、その活動が豊かになるように関わる ・乳幼児期にふさわしい生活が展開されるようにする ・遊びのなかでさまざまな経験を積んでいくことができるように配慮する ・5領域のねらいや内容が総合的に達成されるように、遊びをとおした指導（援助・関わり、言葉かけ、環境構成）を行う
⑦「発達の理解」「個人差」の視点	・子どもの発達を理解し、発達の課題に即した指導を行う ・一人ひとりの発達過程に応じる

また、「幼稚園教育要領」「保育所保育指針」を踏まえると、保育の方法は、図表12-3のように7つの視点で整理できます。

5. 育てていきたいことと「保育の方法」

1 育てていきたいことは何か

あなたは幼児期の子どもたちに対し、何を育てていくことが大切だと思いますか。たとえば、これまで何度もでてきた「主体性」「自発性」ということを思い浮かべた人もいるでしょうし、「思いやりや人を大切にする心」といったことを思い浮かべた人もいるでしょう。さらには、「自信や自己肯定感」「健康な心と体」といったことを思い浮かべた人もいるでしょう。

保育者が子どもと関わるとき、常に心にとどめておく必要があるのが、「何を育てたいか」です。自信や自己肯定感を育てたいと思っているのに、いつも怒ってばかりの冷たい態度の保育者だったら、子どもたちの自信や自己肯定感は育っていくでしょうか。主体性や自発性を育てたいと思っているのに、いつも保育者が指示してばかりで、保育者のいう手順どおりに動くような保育の進め方で、子どもたちの主体性や自発性は育っていくでしょうか。

こう考えてみると、「何を育てたいか」という思いがあっての「保育の方法」なのです。つまり、「保育の方法」は、「保育の目標やねらい（育てていきたいこと）」とあわせて考えていくことが必要なのです。

2 「絵本の読み聞かせ」で具体的に考えてみる

たとえば、『ぐりとぐら』の絵本の読み聞かせ場面を想像してみましょう。この絵本を読むねらいは何でしょうか。

「イメージをふくらませて絵本の物語を楽しむこと」をねらいとした場合、読み聞かせの方法として意識しなければならないのは、「子どもたちが『ぐりとぐら』のお話のイメージをふくらませる」ことができるように意識して読むことです。そうすることにより、子どもは「イメージをふくらませる楽しさ」を経験していくことができるのです。この経験していくことが保育の内容となります。

「言葉のもつリズムや響きを楽しむこと」をねらいとした場合、読み聞かせの方法として意識しなければならないのはどのようなことでしょうか。保育者自身が、事前に何度も絵本を読みながら、自分自身が絵本

のなかの言葉のもつリズムや響きに気づき、どうしたら子どもたちがそのことを楽しいと感じてくれるかを考える必要があります。そして、絵本を読むときには、そのリズムや響きに注意しながら、保育者自身が楽しむように読むことが大切です。そのことをとおして、子どもたちは「言葉のもつリズムや響きの楽しさ」を経験していくことができるわけです。

さらに、どのような「読み聞かせの場や雰囲気」をつくるかは、それらを支える保育環境だといえます。

3 「イスとりゲーム」で具体的に考えてみる

イスとりゲームをするときのことを考えてみましょう。まず第一に考えなければならないのは、子どもの発達と経験の有無です。3歳児と5歳児では、同じルール・同じ展開（進め方）でよいのでしょうか。発達が違うので、その遊びで感じる楽しさも違うことが予想されます。さらに、5歳児でも「はじめての経験」のときと、「すでに何度も繰り返し遊んでいる」場合とでは、その遊びで感じる楽しさや遊びの進め方が違うことも予想されます。

たとえば、3歳児ではじめてであれば、子どもの人数とイスの数を同じにしておき、「みんなが座れる楽しさ」を感じてもらうことをその遊びのねらいとして考えたほうが、発達に合っているといえます。その場合、イスを何個用意するか、遊びのスペース（場）をどのくらいの広さで考えるかは環境構成といえます。

また、5歳児で何度も繰り返し遊んでいる場合は、保育者が遊びに入らなくても子どもに任せてみることで主体性が発揮されるでしょうし、新たなルールを子どもと相談しながら考えてみることで、遊びが創造性を育むことにもつながると考えられます。その遊びのスペース（場）や新たなルールに応じて、必要となる物的環境を考えることも大切なことです。

4 その他の要素との関連性

以上のように、「保育の方法」といっても、それだけが独立して存在しているのではありません。「保育の目標やねらい（育てていきたいこと）」「保育の内容」「保育環境」とともにセットになっています（図表12-4）。

この考え方は、日常の保育室内の遊びだけではなく、設定保育（一斉活動）においても、園庭での遊びでも、給食や午睡などの生活面におい

図表12-4「保育の方法」と関連するもの

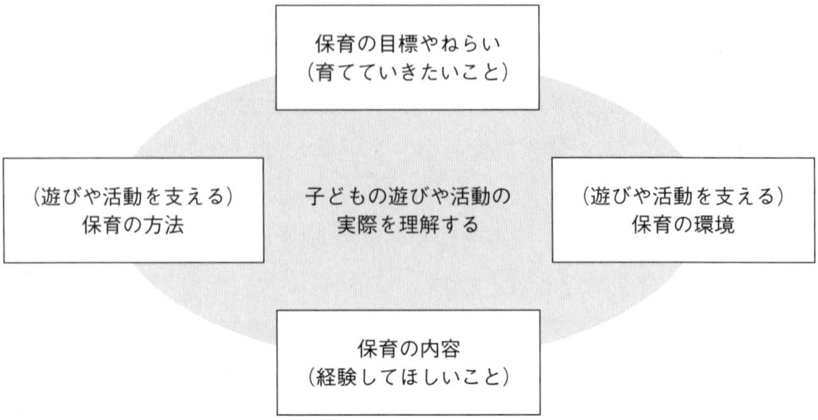

```
        保育の目標やねらい
        （育てていきたいこと）

(遊びや活動を支える)   子どもの遊びや活動の   (遊びや活動を支える)
   保育の方法          実際を理解する          保育の環境

          保育の内容
       （経験してほしいこと）
```

ても同じです。保育の方法は、「どのようにするか」ということだけでなく、「何のためにするか」も考えていきながら、目の前の子どもにとってより適切な方法を考えていくことが大切なのです。

演習課題

①159-160頁のエピソード㋐㋒㋓の環境構成にこめられた保育者の意図（思い）について考えてみましょう。3つとも同じなのでしょうか、違いはあるのでしょうか。

②「保育所保育指針」「幼稚園教育要領」「幼保連携型認定こども園教育・保育要領」に示されている、保育所・幼稚園・幼保連携型認定こども園それぞれの「保育の方法」の基本となる考え方として、共通していることはどのようなことだと思いますか。もう一度、整理してみましょう。

③子どもたちの自信や自己肯定感を育むための保育の方法には、どのようなことが大切でしょうか。いろいろな考えを出し合ってみましょう。

参考文献

レッスン 9
厚生労働省 『保育所保育指針〈平成29年告示〉』 フレーベル館 2017年
厚生労働省編 『保育所保育指針解説 平成30年3月』 フレーベル館 2018年
内閣府・文部科学省・厚生労働省 『幼保連携型認定こども園教育・保育要領〈平成29年告示〉』 フレーベル館 2017年
内閣府・文部科学省・厚生労働省 『幼保連携型認定こども園教育・保育要領解説 平成30年3月』 フレーベル館 2018年
文部科学省編 『幼稚園教育要領〈平成29年告示〉』 フレーベル館 2017年

レッスン10
倉橋惣三著、柴崎正行解説 『倉橋惣三文庫1 幼稚園真諦』 フレーベル館 2008年
厚生労働省編 『保育所保育指針解説 平成30年3月』 フレーベル館 2018年
高橋たまき・中沢和子・森上史朗編 『遊びの発達学 基礎編』 培風館 1996年
野村和子・中谷孝子編 『子どもの遊びとその環境』 保育出版社 1999年
マスロー、アブラハム・H.／上田吉一 訳 『完全なる人間——魂のめざすもの（第2版）』 誠信書房 1998年
文部科学省 「幼児期の教育と小学校教育の円滑な接続の在り方について（報告）」 2010年
文部科学省 「幼児教育部会における審議の取りまとめについて（報告）」 2016年
文部科学省 『幼稚園教育要領解説 平成30年3月』 フレーベル館 2018年
山本多喜司監修 『発達心理学用語辞典』 北大路書房 1991年

レッスン11
安家周一 『0〜5歳児子どもの姿からつむぐ指導計画——指導計画のつながりがわかる！』 ひかりのくに 2017年
天野珠路監修 『3・4・5歳児の指導計画（保育園編）』 小学館 2013年
今井和子監修 『育ちの理解と指導計画——0・1・2歳児の担任になったら読む本』 小学館 2014年
大竹節子・岩城眞佐子・坂場美枝子 『まるわかり保育の記録——誰でもたのしく書ける！』 ひかりのくに 2018年
加藤敏子・岡田耕一編著 『保育課程論——保育の基盤の理解と実習への活用』 萌文書林 2013年
新保育士養成講座編纂委員会 『保育原理（改訂2版）』 全国社会福祉協議会 2015年
新保育士養成講座編纂委員会 『保育内容総論（改訂版）』 全国社会福祉協議会 2015年
髙橋弥生・大沢裕編著 『教育・保育課程論（新版）』 一藝社 2017年
豊田和子・新井美保子編著 『保育カリキュラム論——計画と評価』 建帛社 2018年
師岡章 『保育カリキュラム総論——実践に連動した計画・評価のあり方、進め方』 同文書院 2015年

レッスン12
梅田優子・久富陽子 『保育方法の実践的理解＝early childhood care and education』 萌林書院 2018年
柴崎正行編著 『保育方法の基礎（改訂版）』 わかば社 2018年
那須信樹著者代表 『手がるに園内研修メイキング―みんなでつくる保育の力』 わかば社 2016年
無藤隆編 『10の姿プラス5・実践解説書——「幼児期の終わりまでに育ってほしい10の姿」〈10の姿〉と重要事項〈プラス5〉を見える化！』 ひかりのくに 2018年
無藤隆編 『育てたい子どもの姿とこれからの保育——平成30年度施行幼稚園・保育所・認定こども園新要領・指針対応』 ぎょうせい 2018年

> **おすすめの1冊**
>
> **日本保育学会編 『保育のいとなみ——子ども理解と内容・方法』 東京大学出版会 2016年**
> 　保育実践、すなわち保育の営みを形成する、子ども理解、保育の内容、保育の方法、保育の計画と評価などについて、豊富な実践事例を参照しつつ、それらの基本原則を明らかにした書物である。どのような保育内容を組み立て、どのように保育を実践していくかについて考えるとき、大いに参考となる1冊。

第4章

保育の歴史的変遷と思想

本章では、保育の歴史的な変遷と、保育思想の歴史について学んでいきます。海外で生まれた保育思想がわが国に輸入され、近現代の保育の歴史が始まりました。海外の思想とわが国の思想の両方について学んでいきましょう。

レッスン13　外国の保育思想

レッスン14　特徴のある海外の教育

レッスン15　わが国の保育の歴史

レッスン **13**

外国の保育思想

このレッスンでは、外国の保育思想について学びます。保育の思想や子育ての営みについて学ぶことは、現在、そしてこれからの保育を豊かにするヒントを見つけることでもあります。保育思想の歴史を理解することは、現在取り組まれている保育の根拠を理解するだけでなく、皆さんの保育観をより深めるでしょう。

1. ヨーロッパで保育に関して影響を与えた思想

1 コメニウス（Comenius, J. A., 1592-1670）

①あらゆる人にあらゆることがらを

ヨハネス・アモス・コメニウスは、モラヴィア生まれ（現・チェコ共和国の一地方）の教育思想家です。彼が活動した17世紀のヨーロッパは、激しい教会間の対立のなかで、宗教者による教育改革が提起されていました。コメニウスもプロテスタント教団の牧師を務め、度重なる宗教的弾圧を受けながら民族解放運動の指導を続け、ヨーロッパ諸国の教育改革に尽力しました。

コメニウスは、戦争で祖国を去らなければならなかった体験から平和への願いを強く抱き、人類愛に基づく平和の実現には青少年への教育が不可欠だと考え、教育学の研究を進めました。

彼の教育論の重要な点は、主著『**大教授学**』で「あらゆる人にあらゆることがらを教授する普遍的技法を提示する」ことを宣言し、すべての人を対象とする教育制度を構築する必要性を訴えたことです。地位も性別も、地域も民族も年齢も障害の有無も関係なく、すべての人が人生と世界のあらゆることを学ぶという教育を目指したのです。

彼は『大教授学』で、人間が一人前になるまでの期間を24年と考え、単線型の**学校教育体系**を構想しました（図表13－1）。この『大教授学』は、世界ではじめて幼児期を含めた教育目的、内容、方法、学校制度について記した教育学に関する体系的な書であり、コメニウスは「近代教授学の父」ともいわれます。

②「母親学校」の構想

『大教授学』で記した学校教育体系で、コメニウスは24年をさらに6年ずつに分けて構想し、各時期の教育上の目標を示しています（図表

▶ 補足

『大教授学』
『大教授学（Didactica Magna）』でコメニウスは、年齢ごとの学年編成、カリキュラムの整備、同一年齢の同一教科書使用、教師1人に対し多数の子どもという一斉授業を構想した。

コメニウスの学校教育体系
コメニウスはこの学校体系にそれぞれ植物的、季節的な名称をつけている。これは自然の成長を人間の成長モデルとする考え方に基づいている。

コメニウスの学校区分
晩年に著した『汎教育』では、『大教授学』よりも学校の範囲を広げ、誕生前から死に至るまでを8段階に区分している《①誕生前の学校（胎教）、②幼児期の学校、③少年期の学校、④青年期の学校、⑤若年期の学校、⑥壮年期の学校（職場や社会生活）、⑦老年期の学校、⑧死の学校（永遠のアカデミアへの入場）》。コメニウスのこのような構想は生涯教育の先駆けともいえる。

図表13-1 コメニウスの発達区分と教育体系

年齢	0歳	6歳	12歳	18歳　　　24歳
発達段階の区分	乳幼児期	幼年期	少年期	青年期
学校	母親学校または母の膝	小学校または公立母国語学校	ラテン学校またはギムナジウム	大学および旅行
教育の重点	外官注1)の訓練と事物の識別	内官注2)の訓練と想像力の深化	理解と判断	意志の訓練と諸能力の調和
教育の目標	さまざまな事物を見、聞き、ふれ、味わうことをとおして、「外部感覚」の対象と交わり、識別する習慣をつける(外的感覚器官の識別能力の訓練)。	文字の読み書きや絵の描写、歌うことや数を数えて何かを計測することを通して、「内部感覚」および内部感覚を表現する器官である手と舌の訓練をする(手や言葉とともに内的感覚による想像力と記憶力の訓練)。	感覚で集めた事物について「それは何か？なぜか？」を問うて得られた知識と技術を通じて、認識力と判断力を磨く(感覚による知識や判断力の陶冶のために弁証法や因果律を学ぶ)。	調和を保つ意志を培うこと(神学では魂の調和を保つ能力、哲学では精神の調和を保つ能力を培うこと等)を目指す(霊魂の平安を保つための能力を神学が授けるように、精神には哲学、肉体の活動には医学、財産のためには法学を学ぶとともに、特に意志の力を陶冶すること)。
植物と季節からの分類	花の春	成長の夏	収穫の秋	果実の加工の冬

注1：外部感覚のこと。いわゆる五感。
注2：内部感覚のこと。身体内の状態や変化を意識させる感覚。
出典：小川正通『世界の幼児教育——歴史・思想・施設』明治図書出版、1966年、23頁；今井康雄編『教育思想史』有斐閣、2009年、89-90頁；乙訓稔『西洋近代幼児教育思想史——コメニウスからペスタロッチ』東信堂、2010年、8-9頁をもとに作成

13-1)。そのなかで、乳幼児期の教育を「母親学校（Scola Materna）」と位置づけています。「学校」と称していますが、私たちが考える学校という意味ではなく、母親による家庭教育を意味しており、母の膝もとで学ぶ時期という考えです。ただし、その後に幼児教育段階に関してより具体的に示した『**母親学校指針**』では、**幼児期**には家庭教育とともに集団教育も必要であると記しています。

また、コメニウスは「幼子は、この上もなく高価な、神の賜物」であり、「幼子を自分自身のものではなく、神の幼子、神のために産み出された幼子として、私たちが尊重すべきである[†1]」ととらえています。

③直観教授

コメニウスは「知覚は感覚から始まる」という考え方に基づいており、子どもは言葉や論理による理解よりも、感覚や直観、生活経験をとおして学ぶものと考えました。そこで、乳幼児期には知識を感覚的に体験する教育方法が望ましいと考えました。

1658年には『世界図絵（Orbis Sensualium Pictus）』という絵入りの教科書を出版しました。これは、初等教育用につくられたものですが、感覚をとおして事物を具体的に、直観的にとらえることを目指してつくられています（図表13-2）。

◆補足

『母親学校指針』
『母親学校指針』には、母親の胎教、授乳や離乳食の方法をはじめ乳幼児の教育が記されている。

コメニウスの幼児期の区分
『汎教育』において、コメニウスは幼児期（1～6歳）をさらに6つの発達段階に区分している。①新生児のクラス、②乳児のクラス、③喃語と歩行のクラス、④言語と感覚のクラス、⑤道徳と敬虔のクラス、⑥最初の共同の学校。

▶出典
†1 コメンスキー, J. A.／藤田輝夫訳『母親学校の指針』玉川大学出版部、1986年、13頁

第4章　保育の歴史的変遷と思想

図表13-2 世界図絵（Orbis Sensualium Pictus）

出典：コメニウス／井ノ口淳三訳『世界図絵』ミネルヴァ書房、1988年、55頁

2 ルソー（Rousseau, J. J., 1712-1778）

①子どもを「子ども」として

　ジャン・ジャック・ルソーはスイスのジュネーブで生まれ、フランスで活躍した思想家です。政治・経済だけでなく、教育・文学・音楽などの分野でも活動しました。彼は当時のフランスでの特権階級による不平等で封建的な社会制度を批判し、自由と平等に支えられた民主的な社会のあり方を示した『社会契約論』を著しました。ほぼ同時に、民主的な社会を構成する人間を育てるという観点から『エミール*』を出版しました。

　『エミール』の序文で、ルソーは、子どもを「小さな大人」あるいは「大人の縮図」としてみなす伝統的な子ども観を「間違った観念」であると批判し、次のように述べています[†2]。

> 　自然は子どもが大人になるまえに子どもであることを望んでいる。この順序をひっくりかえそうとすると成熟もしていない、味わいもない、そしてすぐに腐ってしまう促成の果実を結ばせることになる。（中略）子どもには特有のものの見方、考え方、感じ方がある。その代わりに私たちの流儀を押しつけることぐらい無分別なことはない。

　ルソーは、子どもを子どもとしてみること、子どもには子ども特有の考え方やものの見方、感じ方があり、大人と子どもは質的に異なる存在であると主張しました。さらに次のようにも述べています[†3]。

＊用語解説
『エミール』
（Émile ou de L'education）
主人公の男子エミールを家庭教師が教育するというかたちで、その誕生から成人までの教育方法を説いた「教育小説」。5つの編で成っている。子どもの発達段階に目を向け、各発達段階に適した教育のあり方を示した『エミール』の内容は、当時の社会的な考え方から非難され、焚書（発行禁止）にあった。

▶出典
†2　ルソー, J. J.／今野一雄訳『エミール（上）』岩波文庫、1962年、125頁

▶出典
†3　†2と同じ、18頁

> このうえなく賢明な人でさえ、大人が知らなければならないことに熱中して、子どもには何が学べるかを考えない。かれらは子どものうちに大人を求め、大人になるまえに子どもがどういうものであるのかを考えない。

　当時、富裕層の子どもは、乳母や家庭教師によって教育されていました。また、農民や手工業者層の生活状態は厳しく、幼いころから徒弟になるなど早くから働くことが求められていました。子どもは大人と同じように仕事を担う存在としてみなされ、子どもとしての時期を認められていませんでした。できるだけ早く大人社会に適応させるために、職業に直結する訓練や、大人の型にはめ込むようなしつけを行っていました。そのなかにあって、ルソーは、子どもの独自性を理解し尊重する教育を主張したのです。

②自然主義教育（消極教育）
　ルソーの教育理念は『エミール』の冒頭部分に表れています[†4]。

> 万物をつくる者の手をはなれるときすべてはよいものであるが、人間の手にうつるとすべてが悪くなる。

　この言葉が示すように、ルソーの思想には、人為への批判と自然への賞賛が根底にあります。子どもは文明のなかに生まれる自然人であり、子どもの本性を「善」なるものとしてとらえたルソーは、生まれたときの善なるものが、大人による社会や文化により損なわれると考えました。
　ルソーの教育論の主眼は、人間の本性に従った教育を構想しようというものです。善性をもつ子どもの本性をゆがめることなく自然のままに伸ばしていくためには、大人からの直接的・積極的な教育を排して、子ども自身の内発的な成長を通して自律的な人間を形成していくことを教育の任務として考えました。
　ただし、ルソーの考えは、決して教育を自然まかせにしようというものではありません。**人間の成長や発達をもたらす力**として「自然」「人間」「事物」の３つの力をあげ、それらを相互に矛盾することなく調和させていくことを目指しています。そして、子ども自身が自然な法則に従って、直接に事物と関わる体験を通して学ぶことが重要であると示しました。彼の思想は、教育も「自然」に従い、指導を極力避けるという理念に基づくことから、**消極教育**[*]といわれます。この考えは決して自

▶出典
†4 †2と同じ、23頁

◆補足
人間の成長や発達をもたらす３つの力
「自然の教育」：私たちの能力と器官の内的発展。私たちの自由にはならない。
「人間の教育」：この発展をいかに利用すべきかを教える。私たちの自由になる。
「事物の教育」：私たちを刺激する事物について私たち自身の経験が獲得するもの。ある点では自由になる。

✴用語解説
消極教育
子どもが自然に備えているさまざまな能力を伸ばす教育。対して「積極教育」とは、大人が知識や技能を教え込むことを意味している。

由放任ではなく、子どもがさまざまな経験ができるような環境を整え、それを子どもに提供して、内的な発展を待つということです。

2. ヨーロッパにおける保育の草創期

コメニウスやルソーによって示された、乳幼児期の子どもについての考え方や子どもの成長発達に沿った教育方法（子どもみずからが直接事物から学ぶことを保障する「自然主義教育」）は、これから取り上げる保育の草創に関わった人たちに大きな影響を与えました。

ここでは、乳幼児期の子どもたちを対象とする施設の設立に尽力した教育実践家・思想家を取り上げたいと思います。

1 ペスタロッチ（Pestalozzi, J. H., 1746-1827）

①「民衆教育」の父

ヨハン・ハインリヒ・ペスタロッチはスイスのチューリッヒで生まれた教育実践者です。ルソーの教育思想から影響を受け、それをさらに発展させた実践をしました。当時のスイスでは、封建的な政治経済体制と近代的市民社会の勢力がせめぎ合っていました。そのような社会の混乱や貧困で生活に苦しむ人々のために、農業改良事業にたずさわり、著述活動を展開しました。

その後、孤児院（現在の児童養護施設にあたるもの）や貧民学校の開設・運営、初等学校の開設など教育事業に邁進し、子どもたちの教育に尽力しました。特にイヴェルドン（現：イヴェルドン・レ・バン）で開いた学園はヨーロッパ諸国から注目され、多くの見学者が訪れました。すでに性格形成学院を開設していたオーウェンも視察していますし、のちに幼稚園を開設したフレーベルも訪れています。

②教育の根底に「家庭的な温かさを」

貧困にあえぐ農村の状況を何とかしたいという思いをもったペスタロッチは、子どもたちに、自活して生活するために必要な能力を育てることが必要であると考えました。ノイホーフ*で、麦の栽培や織物など手仕事や労働を行う教育を通じて、子どもたちが自分で生活を支えていく能力を育てようとしました。このように、生活することと教育することとを結びつけた「生活が陶冶する」という考え方と実践は、その後の教育者たちに影響を与えました。

また、ペスタロッチが学校で何よりも大切にしたことは「家庭的な温

◆補足
ペスタロッチ
「初等教育の父」とも称され、現在でも賞賛される教育者の一人。ペスタロッチの墓碑には彼の生涯が端的に表れている。「ノイホーフでは貧民学校で、シュタンツでは孤児院で、イヴェルドンでは小学校で」、ペスタロッチは貧しい子どもたちの教育を進めた。主な著作に『シュタンツ便り』『幼児教育の書簡』『ゲルトルートはいかにしてその子らを教えるか』などがある。

✳用語解説
ノイホーフ
チューリッヒ近郊のアールガウ州レッテンに農場経営のために購入した約20ヘクタールの地。ノイホーフとは、新しい農場という意味。

かさ」でした。単に知識や技能を学習することではなく、子どもたちが学校のなかで分かち合う家庭的な関係を体験することで、人格形成をも含めた教育活動を展開しました。

「家庭的な温かさ」は、特に乳幼児期における家庭教育の重要性としても示されました。なかでも家庭教育における母親の役割は大きいものとしてとらえられており、母親（女性）教育の必要性も示唆しています。子どもは家庭的な温かい生活のなかでこそ、安心や満足などを感じ、「愛、信頼、感謝、従順」といった人間の基盤を育むと考えました。

③人間の調和的発達と直感教育

ルソーの教育思想から影響を受け、ペスタロッチも、子どもの内部にはあらゆる素質や諸能力があり、それが自然に伸びるのを助力することが教育であると考えました。

彼は子どものなかに培っていく諸能力を、**精神力（知的な能力、認識力）**と**心情力（道徳、宗教的心情）**と**技術力（身体的、技術的能力）**の3つの領域として示しました。これらを調和的、総合的に育む方法として「直観教授」を提唱しました。知識を言葉で伝えるのではなく、ものに直接ふれるなど、五感によって伝えることを認識のはじめとして位置づけ、その後の認識の系統化へとつなげ、さらに理性の教育へと展開すべきと考えたのです。このような「直観」を基礎として、子どもが生活のなかで事物にふれて感じ、考える自発的な「子どもの自己活動」を出発点とする教育方法を示しました。

2　フレーベル（Fröbel, F. W. A., 1782-1852）

フリードリヒ・ヴィルヘルム・アウグスト・フレーベルはドイツのチューリンゲンで生まれ、**キンダーガルテン**（Kindergarten）の創始者として知られる教育学者です。大学では自然科学系の研究を進め、林務官見習いや測量技師などの職業を経て教師となりました。当時、ヨーロッパで注目を集めていたペスタロッチのイヴェルドンの学園で研修を重ねたのち、フレーベル独自の教育を進めていきます。フレーベルは、子どもたちとともに生きるという信念をもって、幼児教育の先駆的な役割を担いました。

①子どもの創造的な自己活動である「遊び」の重要性

フレーベルは、すべてのもののなかに永遠の法則があり、その永遠の法則が働きかつ支配していること、その永遠の根底に存在するものが神であるという万有内在神という考えをもっていました。神性こそそれぞれの本質であり、その働きによって生は展開されると考えます。そして、

補足

精神力、心情力、技術力
「あたま」「こころ」「て」といい換え、のちにペスタロッチの「3H（Head, Heart, Hand）の調和的な教育理想」ともいわれるようになった。

補足

キンダーガルテン
（Kindergarten）
キンダーガルテン（子どもたちの庭）は、日本では「幼稚園」と訳された。

フレーベルの墓碑
フレーベルの墓碑には、「いざ、われらが子らに生きようではないか（Kommt, lasst und unsern Kindern leben!）」という言葉が刻まれている。

子どもを純粋な神性の発露とみていました。

　フレーベルの教育の基本には「教育、教授、および教訓は、根源的に、またその第一根本対象において、どうしても受動的、追随的（単に防御的、保護的）であるべきで、決して命令的、規定的、干渉的であってはならない†5」という考え方があります。「命令的、規定的、干渉的」なあり方を明確に否定し、子どもの自己活動を尊重したことは、子どもとともにある大人のありようを示しているともいえるでしょう。ここで、子どもの自己活動である「遊び」について、フレーベルが『**人間の教育**』に記した一節をみてみましょう†6。

> 　遊戯することないし遊戯は、幼児の発達つまりこの時期の人間の発達の最高の段階である。（中略）遊戯は、喜びや自由や満足や自己の内外の平安や世界との和合を生み出すのである。あらゆる善の源泉は、遊戯のなかにあるし、また遊戯から生じてくる。力いっぱいに、また自発的に、黙々と、忍耐づよく、身体が疲れきるまで根気よく遊ぶ子どもは、また必ずや逞しい、寡黙な、忍耐づよい、他人の幸福と自分の幸福のために、献身的に尽くすような人間になるであろう。この時期の子どもの生命の最も美しい現れは、遊戯中の子どもではなかろうか。自分の遊戯に没頭しきっている子ども――遊戯に全く没頭しているうちに眠り込んでしまった子ども――ではなかろうか。

　フレーベルは遊びを「幼児期の発達の最高の段階」ととらえ、この時期の「生命の最も美しい現れ」として、遊びを子どもの発達上重要なものであると示しました。また、子どもたちは遊びのなかで育つものであり、「あらゆる善」は遊びによって生まれるととらえていました。

　このように、フレーベルは、幼児期の遊びをきわめて真剣で深い意味をもつ重要な活動ととらえ、高い教育的価値を見出しました。自己活動の最も人間らしいものである遊びを、乳幼児教育の中核に据えたフレーベルが、遊びを豊かにするために制作した遊具が「**恩物***」です。恩物は、子どもたちが楽しく遊びながら表現力や認識力を自然に身につけるものとしてつくられました。恩物で遊ぶ際も、大人は「命令的、規定的、干渉的」な存在ではなく、子どもとともに遊ぶものとして位置づいており、目指しているものは、子ども自身の自己活動なのです。

② キンダーガルテン（子どもたちの庭）の創設

　フレーベルは、母親をはじめとする幼児教育の指導者養成所として

▶ 出典

†5　フレーベル, F. W. A.／荒井武訳『人間の教育（上）』岩波文庫、1964年、18頁

◆ 補足

『人間の教育』
フレーベルの著作『人間の教育』（1826年）は、カイルハウでの一般ドイツ教育舎での家庭的な学校教育における実践をもとに書かれている。キリスト教的世界観と人間観を背景に、乳児・幼児・少年へと連続する発達に即した教育について具体的に示している。

▶ 出典

†6　†5と同じ、71頁

✳ 用語解説

恩物（ガーベ：Gabe）
フレーベルの考案した遊具で、日本に導入された際に人間が恩恵によって賜ったものという意味で、「恩物」「賜物」と訳された。第1～第10恩物までの「遊具」と第11～第20恩物までの「作業具」からなる教育遊具。日本に紹介された恩物のなかで、第2～第6恩物がいわゆる「積み木」である。

「幼児教育指導者講習科」を開設し、そこに6歳以下の子どもを集めて実習を行う「遊びと作業の施設」をつくりました。1940年にはこの「遊びと作業の施設」をよりふさわしいものにしたいと、キンダーガルテン（Kindergarten）と改称しました（図表13-3）。

キンダーガルテンは3歳から7歳までの子どもを対象とし、3歳から5歳と5歳から7歳までの縦割り方式をとり、最大50名までを受け入れました。フレーベルは子どもを理解し、遊びの意義を理解した保育者のいるキンダーガルテンで、幼児のための教育を行っていきました。しかし、1951年には当時の政府によって「幼稚園禁止令」がだされ、フレーベルのキンダーガルテンは閉じざるを得ませんでした。

さて、フレーベルもコメニウスやルソー、ペスタロッチのように人間の成長を植物の成長に重ねる考えをもっていました。また、ルソーやペスタロッチと同様、自然から子どもが直接学ぶことの意義を認識していました。

このような考えをもっていたフレーベルは、キンダーガルテンの保育者を「園丁（庭師）」と示しました。植物の本性に従って育てる庭師のように、保育者は子どもの本性に従ってその内的な発達を見守り、十分な配慮をもって育てていくものととらえています。

それだけでなく、子どもたち自身もまた小さな庭師として、たえず園庭の植物に関わってその生長を支えることが期待されました。子どもたちは植物の成長にあわせた世話をしていくことによって、自然の法則を受け止め、自然の不思議さを感じ取っていきます。神に造られた自然をとおして、見えない存在である神への理解にもつながっていくとフレーベルは考えたのでした。

フレーベルは子どもたちには「庭」の生活が不可欠であると考え、園庭に花壇や菜園をつくっていきました。そのなかに一人ずつの小花壇と

図表13-3「遊びと作業の施設」のちの「キンダーガルテン」

1939年につくられた「遊びと作業の施設」は、1940年に「キンダーガルテン」と名づけられ、1949年までここで続けられた。1982年4月、フレーベルの誕生200年を機会に、博物館となった。フレーベルの直筆原稿などの遺品をはじめ、歴史的な資料や恩物などが展示・保管されている。

共同の部分を設け、作物や植物を育てました。そこで子どもたちと観察や収穫をしました。さらに、近隣の散歩や野山にもでかけ、子どもと自然との関わりを深めていきました。

③母親への教育

幼稚園に入る前の子どもをもつ母親のための書として、フレーベルは『母の歌と愛撫の歌*』（1844年）を出版しました。そのなかで、母と子の遊びが展開していくように、手や指を使った遊びや歌遊びを紹介しています。遊びをとおして乳児期の子どもの情操を育み、身体と感覚の発達を図っていきます。

フレーベルは、母性は本能からではなく、理知的自覚によって生まれるととらえています。この著作は、日常生活での母子の関わりのなかで、遊戯や歌をとおして子どもを育てることが、子どもの幸福にとって意味深いものであるとともに、母親自身の人間としての充実につながり、母親も育つことを教えるという「母親教育」をも意図したものでした。

3 オーベルラン（Oberlin, J. F., 1740-1826）

ドイツで生まれ、フランスの牧師であったヨハン・フリードリッヒ・オーベルランは、赴任した北東部アルザスロレーヌの山間部にあるバン・ド・ラ・ローシュ地区にある村で、社会改革のために子どものための保育施設を開設した人物です。赴任した村は戦禍に疲弊し、貧しい経済状況にあったため、農耕の改善や道路の建設などの事業を行い、村民たちの収益を上げていきました。オーベルランは、牧師を務めながらこのような村民の生活改善を図るなかで、教育の必要性を感じました。また、親が働いている間、幼い子どもたちが放置されていることに気づき、幼児期の子どもたちを保護し、教育する施設が必要であると考えました。

そこで、オーベルランは、みずから創設した学校に付設する形で、**保護と教育のための施設**として「幼児学校」をつくりました。幼児には、基本的な生活習慣や宗教教育、道徳教育、**言語教育**が行われました。年少児には、遊びが生活の主要に置かれていたといわれています。

6歳からの学校では、読み書きや農業などを、大人の女性には生業となるよう編み物を教えていました。さらに編み物が上手な女性が保育にも関わり、編む・紡ぐ・縫うことも子どもへの保育内容に組み込んでいたため、「幼児学校」は「編み物学校」ともよばれていました。このようなオーベルランの取り組みは、その後のフランス各地での保育施設設立に影響を与えました。

＊用語解説
『母の歌と愛撫の歌』
7首の母の歌、50首の遊戯歌、1種の結び歌の58首の歌からなっている。前半は歌とその歌の意味を成す絵が記され、後半は親向けの解説が記されている。絵の説明により、乳幼児期の教育・保育の内容と方法を示している。

◆補足
保護と教育のための施設
オーベルランは「幼児学校・初学学校・中間学校・成人学校」を整えた。「幼児学校」では、授業時間外の学童も収容して学童保育的な役割を果たした。また、学校と並行して牧師館で教師養成も行った。

言語教育
村民は方言のみで正確なフランス語を話せなかったため、子どもたちには絵カードによる言葉の学習など、言語教育がなされた。

4 オーエン（Owen, R., 1771-1858）

①「幼児学校」の設立

ロバート・オーエンはスコットランドのニューラナークの紡績工場の経営者として、当時の工場労働者の人道的管理を行ったこと、労働法の成立に力を注いだことで知られる人物です。オーエンが活躍した時代は、まさに産業革命期であり、多くの大規模工場がつくられていました。

そのなかで、劣悪な工場労働の環境のもと、安価な労働力として長時間労働に従事する幼い子どもたちがいることや親の働いている時間には街に放任される子どもたちがいるという実態を知ることとなりました。そこで、生活環境の改善と教育の必要性を感じたオーエンは、1816年に自身の工場内に「**性格形成新学院**」を開設しました。この学校の第1段階に位置づくものとして、1歳から5歳までの子どもの保護と教育という機能をもった「幼児学校」を設けました。

オーエンの活動に影響を受け、イギリス各地に「幼児学校」が開かれていき、数のうえでの普及には著しいものがありました。ただし、オーエンの「幼児学校」の理念と実践とは異なり、知識を注入するような一斉授業化した方法となっていきました。このような流れを経つつ、「幼児学校」はイギリスの義務教育制の最初の段階に位置する「幼児学校」へとつながっていきます。

②よい環境のなかで育てる

オーエンは、人間の性格は環境によって形成されるものであり、環境の改善によって性格も改めることができるという考えをもっていました。また、人間の善性を信じ、犯罪などの原因も、個人ではなく劣悪な環境や不十分な教育にあるとして、教育の重要性をとらえました。オーエンは、人間が悪くなるのは環境に原因があり、幼児期に子どもたちが育つためのよい環境を用意し、よい教育をすることによって、よい人間形成がなされると考えたのです。

幼児学校では、子どもを叩いて教えるというような当時の一般的な教育に対して、賞罰や競争はなく、仲間と遊ぶことを目指し、子どもの自由な活動と自発性を尊重しました。音楽やダンスを取り入れたり、子どもたちを戸外に連れだしたり、野原などで見つけた自然物や生物に親しませるようにしていました。

書物からの注入式の教育ではなく、明るく楽しい雰囲気のなかで楽しく遊び、打ち解けた会話をしながら、事物の性質や使い方について生活経験をとおして学ぶことが目指されたのです。

◆ 補足

性格形成新学院
性格形成新学院は、幼児学校、初級学校、青年と成人の学校という3部構成であった。

マクミラン姉妹の保育学校
オーエンやフレーベルなどから影響を受け、子どもの自発活動を重視する考えに基づいたイギリスの保育施設としては、マクミラン姉妹による「保育学校」が代表としてあげられる。マクミラン姉妹は、1911年にロンドンの自宅の庭を開放し、1歳から5歳までの労働者家庭の子どもを対象に戸外保育を始めた。1914年には「野外保育学校」を設立し、健康増進と生活習慣の形成をはじめ、子どもたちの自由な遊びを大切にし、子どもの育ちのための環境を整えた。

幼児学校、保育学校
現在イギリスで初等学校を「幼児学校」、幼稚園を「保育学校」とよぶのは、オーエンとマクミラン姉妹が設立した施設に由来するといわれている。

3. 欧米における保育実践の取り組み

　保育実践の歴史はペスタロッチに始まり、オーエンやフレーベルによる集団保育施設の創設と実践によって大きな一歩を踏みだしました。彼らの思想や実践は、各地で社会の状況を受けながらさまざまな取り組みが生まれ、実践が積み重ねられていきました。

　特に20世紀初頭、子ども中心に「すべては子どもから」始めようという教育のあり方が一つの潮流となり、「**新教育運動**」として世界へ広がっていきました。ここで取り上げるエレン・ケイやデューイ、モンテッソーリもこの流れに位置づけられています。デューイらが提唱した教育理論や実践は日本にも紹介され、当時の教育改革を進めようとしていた教育者たちに影響を与えました。

1　エレン・ケイ（Key, E. K. S., 1849-1926）

①子どもの人格を尊重する20世紀に

　エレン・ケイはスウェーデンの社会評論家、思想家であり教育学者です。1900年12月31日に出版された『児童の世紀*』は、20世紀こそ子どものための世界として、子どものための100年になってほしいという願いがこめられています。

　当時の社会において人権という考え方はすでに提起されていましたが、もっぱら大人の人権として論じられていました。そのなかで、エレン・ケイは「子どもは大人と同様に権利をもっている」と考え、子どもの自由と権利の保障を社会に問いました。そして、子どもを主体と認め「子どもが他人の権利の境界を超えない限り自由に行動できる世界をつくってやる[†7]」ことが必要だと主張しました。

　また、エレン・ケイは子どもの本性を本質的に善なるものと考えています。子どもの過ちのなかにも善に対する不朽の芽が包まれており、「『悪い子』であることも子どもの権利[†8]」と述べ、「過ちも子どもの権利」であると示しました。さらに、子どもの性格のなかには未来を志す力が潜んでいるととらえ、子どもの成長・発達に対する未来志向性と可塑性を示しています。大人と同じ人格をもつものとしてだけではなく、「子ども固有」の権利を示しているといえるでしょう。

　エレン・ケイは子どもが自発的に動き、そのなかで自分の行動に責任をもつようになっていくことを目指しており、子どもへの命令や体罰を批判しました。彼女が提起した「子どもの権利」は世界に影響を与え、

◆補足
日本における新教育運動
大正デモクラシーを背景に、日本でも「新教育運動」の影響を受け、子どもの個性や興味・関心を尊重し、子どもの主体性を尊重する理論と実践が展開された。大正期を中心に豊かな実践が生みだされたため、この時期の日本における「新教育」は「大正自由教育」あるいは「大正新教育」といわれる。

✴用語解説
『児童の世紀』
子どもをもつすべての親に向けて、子どもの教育と女性の使命について記しているほか、これからの学校教育についても提言している。

▶出典
†7　エレン・ケイ／小野寺信・小野寺百合子訳『児童の世紀』冨山房、1979年、139頁

†8　†7と同じ、144頁

1924年の「児童の権利に関するジュネーブ宣言」の成立へとつながっていきました。

②子どもの主体的な活動

当時の学校教育は、工業化社会へ変貌していく近代的な国家づくりが進められるなかで、知識や技術の注入や詰め込みに陥りがちになっていました。それに対し、ルソーの思想に強い影響を受けていたエレン・ケイは次のように述べています[†9]。

> 静かに、おもむろに、自然を自然のあるがままに任せ、自然本来の仕事を助けるために周囲の状態に気を配る。それが本当の教育というものだ。

このように、子どもが自然のうちにもっている内発的な成長に沿って、子どもがみずから学ぶことを保障する自然主義教育を主張したのです。エレン・ケイは、子ども固有の世界に干渉しすぎたり、大人の考えで、子どもが好きなことや思いとは異なる方向へ引っ張ったりするのではなく、大人の直接的な介入をできるだけ避けて、子ども自身が主体的に活動を生み出すことを目指していました。そのために、子どもの本来的な活動を十分な配慮をもって助けることが**大人の役割**であるとして、大人には、干渉や命令ではなく、思いやりと信頼をもって子どもに接することを求めました。

エレン・ケイは、幼児教育について次のように述べています[†10]。

> 現在または将来、ある種の幼稚園を必要とするならば、子どもが屋内でも屋外でも子猫や子犬のように、自分で遊び、自分で遊び方を見つける自由のある場所にすべきだ。大人は、子どもが遊びを見つけたときに、仲間と一緒にそれで遊べるだけの準備をしておけばよろしい。

エレン・ケイは、幼稚園を「自分で遊び、自分で遊び方を見つける自由のある場所」と示しています。子どもがみずから活動することを保障するのはいうまでもありませんが、幼児期の子どもたちにとって、「遊び」が本来の自然な姿であること、遊びも遊び方も選べ、子どもたちがいきいきと過ごせる環境を構成することが保育者の役割であることを指摘しています。さらに、保育施設ならではの「仲間」を記した点も、保育者を志す者として見逃してはならないでしょう。

▶出典
†9 †7と同じ、140頁

✥補足
大人の役割
大人の役割については、「今日の親は、子どもの生活に干渉する努力を100分の1だけにとどめ、残りの100分の99を干渉ではなく目立たない指導のために使用すべきである。陰の配慮には、子どもに自分で経験を積ませ、そのうえで自分の結論を引き出せるように仕向ける必要がある」というエレン・ケイの言葉からも考えることができる(†7と同じ、146-147頁)。

▶出典
†10 †7と同じ、208頁

第4章 保育の歴史的変遷と思想

2 デューイ（Dewey, J., 1859-1952）

ジョン・デューイは20世紀のアメリカを代表する哲学者であり、教育学者です。彼は先に述べた新教育運動のリーダー格として知られています。ペスタロッチやフレーベルにも通じる経験主義教育に基づく彼の実践は、進歩主義教育とよばれました。彼の教育思想と実践は**キルパトリック***や**ヒル***に受け継がれ、アメリカ国内に進歩主義教育の幼稚園が広がりました。また、彼は日本の教育界にも大きな影響を与え、来日して講演も行いました。

①児童中心主義と経験主義

1894年にシカゴ大学に学部長として招かれたデューイは、1896年には大学に付属の実験学校を設け、子どもの自主的な経験や活動を重視する教育を行いました。その検証をもとに父母や学校の後援者たちに講演をした内容がまとめられたものが『学校と社会』です。その一節に次のような文章があります[†11]。

> 旧教育はこれを要約すれば、重力の中心が子どもたち以外にあるという一言につきる。重力の中心が、教師・教科書、その他どこであろうとよいが、とにかく子ども自身の直接の本能と活動以外のところにある。それでゆくなら、子どもの生活はあまり問題にはならない。子どもの学習については多くのことが語られるかもしれない。しかし、学校はそこで子どもが生活する場所ではない。いまやわれわれの教育に到来しつつある変革は、重力の中心の移動である。それはコペルニクスによって天体の中心が地球から太陽に移されたときと同様の変革であり、革命である。このたびは子どもが太陽となり、その周囲を教育の諸々のいとなみが回転する。子どもが中心であり、この中心のまわりに諸々のいとなみが組織される。

デューイはこのように、教師や教科書が中心となり、子どもに詰め込み、締めつけるような従来の学校教育のあり方を転換し、子どもを中心に置く教育の重要性を示しました。そのため教師は、子どもたちの生活経験における興味・関心から子ども自身が学習する経験が生まれるように、教材などの環境を整え、子どもの活動を援助する役割を担います。

子どもは、体験をとおして学んだことを、さまざまな生活の場面で生かす経験を積み重ねていきます。この生活による「経験の再構成」が「学習」であり、デューイの唱える「learning by doing（なすことに

▣人物

キルパトリック
(Kilpatrick, W. H.)
1871〜1965年
アメリカの教育学者でデューイのコロンビア大学での弟子であり、同僚でもあった。デューイとともにプロジェクト・メソッドを研究し、デューイの理論を一般化させて、進歩主義教育の普及に取り組んだ。

ヒル
(Hill, P. S.)
1868〜1961年
コロンビア大学でデューイやキルパトリックの思想を受け継いだ、アメリカの教育学者。ヒルの積み木と呼ばれる大型積み木を考案したことで知られている。

▶出典

†11 デューイ, J./宮原誠一訳『学校と社会』岩波文庫、1957年、45頁

よって学ぶ）」という意味です。

②幼稚園教育改革の方向

実験学校では、幼稚園と小学校の連携によるスムーズな移行を目指し、1898年に幼児教育部門を開設しました。そこでは、子どもの家庭や身近な生活に即した教育が試みられました。

デューイは、当時のアメリカの幼稚園で普及していた形式的な**フレーベル主義**[*]の教育には批判的でした。恩物による活動こそが教育の手段であるとする形骸化した教育方法ではなく、子どもの身近な家庭の物事を取り入れた活動や遊びが展開することを目指しました。

ただしデューイは、子どもの遊戯（遊び）についての考え方をはじめ、フレーベルの教育思想から多くを学び、取り入れています。シカゴの実験学校についても「当小学校はフレーベルの教育思想の主唱者と見なされるべき[†12]」と述べています。批判すべきは、あくまで当時のアメリカにおいて行われていたフレーベル主義の教育方法であり、フレーベルの精神を継承しながら、心理学などの最新の研究を取り入れた子ども中心の教育を提唱していったのです。

③「未成熟」という子どもの本質

デューイは乳幼児の子どもの本質を「未成熟さ」ととらえています。この「未成熟」とは、乳幼児はこれから成長する存在として可能性や潜在性をもつという積極的な意味であり、子どもの学習能力や柔軟性の豊かさをとらえています。また、乳幼児の依存性は、発達可能性を意味するとともに社会的素質としてとらえ、人間は社会のなかで生きていく存在であり、子どもも社会的な存在としてみています。

デューイは学校を小型の社会として考えており、「共同体」のなかにいる仲間と協同する力や相互扶助、コミュニケーション能力を育てることも重視していました。そのため、子どもが共通の目標に向かって協同で行う活動を取り入れました。

3　モンテッソーリ（Montessori, M., 1870-1952）

マリア・モンテッソーリはイタリアで女性初の医学博士であり、保育の科学的な研究を推進した人物として知られています。知的障害児の治療と教育研究から、五感を練磨する感覚教育が知的な水準を上げることがわかり、その成果を、ローマのスラム街における「**子どもの家**[*]」での取り組みに生かしました。

モンテッソーリは「子どもの家」で、劣悪な環境のもとでの生活を強いられ、知的な発達や社会性の発達の遅れがみられる3～6歳くらいま

✳ 用語解説

フレーベル主義
フレーベルが考案した恩物以外は適切な遊具でないとし、またフレーベルのテキストに記されていないものは教育に取り入れないという考え方。

▶ 出典

†12　†11と同じ、140頁

◆ 補足

デューイの学校に対する考え方
デューイはカリキュラムの中心に「オキュペイション（occupation）」を位置づけることを提言した。学校でのオキュペイション（仕事）の条件は3つ。①心が奪われるほど集中している活動（「専心的活動」とも訳す）であること、②人間が協同しながら自分たちの生活をよりよいものにしてきたということがわかること、③子どもたちが協同して活動を体験できるということ。

✳ 用語解説

子どもの家
（casa dei bambini）
イタリア政府の貧困政策から1907年に設立され、モンテッソーリはその監督・指導を任された。60名の子どもを対象に、異年齢保育がなされた。

での子どもたちに、彼らが落ち着いて生活できるような環境を整え、諸感覚を生かして事物認識を積み重ねる教育を行いました。その結果、子どもたちは自発的に集中して取り組むようになり、短期間に成果を上げていきました。

一般の子どもたちの教育に応用した「子どもの家」での取り組みは「モンテッソーリ・メソッド」という一つの保育法として理論化され、諸外国の教育界に影響を与えました。また、新教育運動の流れのなかで、欧米のみならず、日本でも大正自由教育の時期に紹介され、その後保育現場にも広まりました。現在もモンテッソーリ・メソッドを基盤にした保育を展開する園が国内各地にあります。

モンテッソーリ教育の目的は、「自立した子ども」を育てることです。モンテッソーリは、子どもは生まれながらにしてみずから成長し発達する力をもっている存在であり、適切な環境と援助が与えられるならば、みずから能動的に成長し、自己形成をしていくととらえていました。

この自己成長を支えるために、親や教師は、子どもたちの思いをくみ取り、自由を保障し、自発的な活動を援助する存在でなければならないと考えました。子どもを一人の人格として尊重し、そのうえで子どもが自分で活動できるよう、周囲の環境を整える存在であることを求めたのです。たとえば、子どものサイズに合った生活用品を置くことも、子どもが自分で活動しやすい環境の一つとして整えられました。

モンテッソーリは、子どもの自発性とともに「**敏感期**[*]」を生かすことが、教育の効果をもたらすと考えました。

4 シュタイナー（Steiner, R., 1861-1925）

ルドルフ・シュタイナーは思想家であり、教育者です。旧オーストリア・ハンガリー帝国領内（現・クロアチア）で生まれ、ドイツで活躍しました。彼の人間認識の立場である「アントロポゾフィー（人智学）」に基づく世界観から、農業や建築、医療、教育などさまざまな分野で活動しました。

新教育運動の担い手の一人であり、「自由ヴァルドルフ学校」を開いて、子どもの自由と個性を尊重する芸術教育を行いました。ナチス政権により一時閉鎖されますが、戦後再開されて1970年代以降は世界的な広がりをみせ、学校教育のみならず幼児教育界においても受容されています。

①自由への教育

シュタイナー教育の目的は「真に自由な人間」を育てることにありま

◆ **補足**

モンテッソーリ・メソッド
フランスの医師であり、アヴェロンの野性児の研究とともに聴覚障害の研究で知られる。特別支援教育の先駆者とされるイタール(Itard, J.M., 1774-1838)やイタールの弟子であり、知的障害児の教育と療育に専心した医師のセガン(Séguin, E. O., 1812-1880)の研究を行い、知的障害児の療育の理論や方法を研究した。また、19世紀の諸科学の成果を取り入れた教育法として、科学的教育法といわれる。

✻ **用語解説**

敏感期
発達の過程において、ある特定の対象への感受性が特に敏感に働き、その機能・能力が急速に発達する時期のこと。

す。「自由」とは、自分が行動すべきことを自分でつかみ取り、自分の生きる道を見つけて行動できることです。自由な人間となっていくには、意思と感情と思考が調和的に発達する教育が必要であり、この3つを順番に育てることが大切です。

シュタイナーは、誕生から自我が完成する21歳までの人間の成長をほぼ7年ごとの周期で3つの期間に区切り、それぞれの時期に最もふさわしい働きかけが必要であると考えました。そのなかで0～7歳の乳幼児期は、感覚的に生きようとする時期であり、五感に働きかけながら、土台となる身体をしっかりつくることだととらえています。それが、のちの感情や思考を育むために大切だと考えています。

②芸術としての教育

シュタイナー学校では、あらゆる教科が芸術性に満ち、全課程に通底しているととらえられており、どの授業も美術的・音楽的な要素に貫かれています。たとえば、文字の学習は抽象的な記号ではなく絵から派生する方法を用いますし、詩で始まる授業やリズム体験による算数がなされています。フォルメンという図形・紋様を描くことも思考の練習です。

シュタイナー教育は独自のカリキュラムをとっており、「エポック授業」という総合的な学習に位置づけられる授業が行われています。これは、同じ科目の内容を3～4週間集中して学びます。教科書は使用せず、子どもみずから授業を通じて「エポックノート」を作成していきます。子どもが授業の内容を描いた手づくりの教科書といえます。

また、ペーパーテストや数値による成績評価は行いません。学年末にはそれぞれの成果と課題が表現された文（手紙・詩）が担任より送られます。さらに、8年間同じ教師が継続してクラスを担任する、一貫担任制という特徴があります。

◆補足
シュタイナー学校
1919年、ドイツのシュトゥットガルトに自由ヴァルドルフ学校を開設した。

【ミニコラム】　コルチャック（Korczak, J., 1878-1942）

1989年に国連総会で採択された「児童の権利に関する条約（子どもの権利条約）」の条約化に向け、戦争で何百万人もの子どもたちが犠牲となったポーランドの代表による提案がなされました。そのポーランドで「子どもの権利条約」発効の数十年前に、「児童の権利に関するジュネーブ宣言」の影響を受けながら、自身の経験に基づいて子どもの権利を示した人物がヤヌシュ・コルチャックです。

コルチャックは、ポーランドのワルシャワで生まれ育った小児科医であり、児童文学作家であり、教育者です。ナチス・ド

第4章　保育の歴史的変遷と思想

イツ支配下のワルシャワで孤児院の運営を担ったコルチャックは、子どもの命と権利を守ろうと生涯を捧げました。

ここでは紙面の関係もあり、コルチャックが示した19項目の**子どもの権利**のうち、前半10項目を記しますが、改めて子どもの権利について考えてほしいと願っています。

第1条　子どもには愛を受ける権利があります。
第2条　子どもには尊敬される権利があります。
第3条　子どもには最適な条件のもとで成長発達する権利があります。
第4条　子どもには生きる権利があります。
第5条　子どもには自分自身である権利があります。
第6条　子どもには誤りを犯す権利があります。
第7条　子どもには失敗する権利があります。
第8条　子どもには真剣に受け止められる権利があります。
第9条　子どもにはあるがままの自分の価値を認められる権利があります。
第10条　子どもには秘密をもつ権利があります。

◆ 補足

子どもの権利
塚本は、コルチャックが「子どもはすでに人間であり、尊敬に値する」という認識をしていたと指摘している。そのうえで、『子どもをいかに愛するか――家庭の子ども編』(1918年)をもとに「子どもの死に対する権利、今日という日に対する権利、子どものあるがままで存在する権利」という3つの子どもの権利を主張していると紹介している(塚本智宏「ヤヌシュ・コルチャックの子ども・教育思想の歴史的形成(1820-1920年代)――"子どもを人間として尊重する"思想の形成を中心に」『名寄市立大学紀要』5、2011年、35-47頁；塚本智宏「ヤヌシュ・コルチャック『子供の権利』の探求」『稚内北星学園大学紀要』2、2002年、17-24頁)。

乳幼児の権利
小田倉は、コルチャックが、子どもの要求する保護や生命への権利の行使が大人の義務として果たされなければならないこと、権利を行使する子どもに耳を傾けるべきだととらえていたと指摘している。特に、『子どもをいかに愛するか』において、コルチャックが積極的な権利の行為者として記し、乳幼児の子どもの権利尊重を求める主張をしていたという指摘は注目に値する(小田倉泉「乳幼児の意見表明権とその実施に関する一考察――J.コルチャックの権利思想を基として」『埼玉大学紀要　教育学部』56(1)、2007年、95-107頁)。

演 習 課 題

① このレッスンで取り上げた外国の保育思想について、さらにくわしく調べ、それぞれどのような特徴をもっていたのか整理してみましょう。その際、子ども観、保育・教育の方法、大人(保護者・保育者)の役割というような実践を意識した視点をもって調べてみましょう。
② グループで調べた内容をもち寄って、比較しながら整理し、それぞれ発表してみましょう。
③ 取り上げた人物の子ども観や保育・教育観などが、現代の保育思想にどのような影響を与えているのかについて考えてみましょう。

レッスン**14**

特徴のある海外の教育

このレッスンでは、諸外国の保育のなかでも特徴のある取り組みとして知られ、日本においても取り入れられている取り組みを中心にいくつか紹介します。OECD（経済協力開発機構）により発表された、幼児教育の先進的なカリキュラムとして注目を集めている取り組みも含めて学習しましょう。

1. モンテッソーリ・メソッド

　モンテッソーリは、子どもを、適切な環境と援助があれば、自然のプログラムに沿って、生まれながらにみずから成長・**発達**する存在だととらえています。そのため、自由と秩序を重んじながら、自己発展の力が十分に発揮できるように援助していくことが**モンテッソーリ・メソッド**の大きな特徴だといえます。大人には、子どもたちが自発的に活動に取り組む自由を保障するための「環境」を整えることが求められます。

　モンテッソーリ・メソッドを取り入れる園では、自己発展を支える「環境」として、①社会性・協調性を育むための異年齢でのクラス編成、②子どもがやってみたいと思うような教具、③自分で自由に教具を選べる環境、④子どもを観察し、環境を整備する人的環境としての教師という4つの要素が満たされていなければなりません。

　モンテッソーリ・メソッドでは、子どもの敏感期をもとに教育内容が「日常生活の練習」「感覚の教育」「数の教育」「言語の教育」「文化の導入」の5つの分野に体系化されています。まず「日常生活の練習」という分野を土台としつつ、同時に「感覚の教育」を経験していきます。この2つを経験した子どもは自然に「数」「言語」へと興味を広げ、さらに「文化」へと興味・関心をもつようになっていきます（図表14－1）。

　この5つの分野には、モンテッソーリが考案した独特の体系をもつ教具が用意されています。これが「モンテッソーリ教具」です。「モンテッソーリ教具」には数多くの種類がありますが、いずれも子どもの集中が継続するものであること、子ども自身が誤りに気づき、自分で訂正できるものであること、単純で目的がよくわかり、系統性と関連性があるように考案されたものです。

　モンテッソーリ・メソッドを実践する園へ行くと、登園した子どもた

◆補足

モンテッソーリの発達段階
モンテッソーリは、成長の土台となる発達が顕著な時期を0歳から24歳までとし、この期間をさらに4つの発達段階（①1～6歳、②6～12歳、③12～18歳、④18～24歳）に区分している。そのうえで、子ども期を大体18歳くらいまでとしている。さらに、0～3歳を「秩序」の敏感期、3～6歳を「身体発達と運動」と「感覚」の敏感期ととらえ、これらが完成していく時期だと考えた。

モンテッソーリ・メソッドの内容
たとえば、「日常生活の練習」で、子どもたちは、自分の意思どおりに動く身体をつくり、自分のことは自分でできるようになる。その結果、自立心、独立心が育つ。
→レッスン13

図表14-1 モンテッソーリ・メソッドの領域と内容

領域	内容	教具の例
日常生活の練習	生活のなかの基本的な動作、身の回りのことが、自分でできるようになること。	基本練習、環境への配慮、自分自身への配慮、社交的ふるまい（折る、切る、縫う、水注ぎ、洗濯、掃除、着衣枠、あいさつなど）
感覚の教育	五感に訴えるための教具と具体物にふれる活動をとおして、感覚を洗練し、抽象的概念やものを考える力が身につくこと。	ピンクタワー、円柱さし、音感ベル、触覚板、重量板、雑音筒、嗅覚筒、幾何学タンス
数の教育	感覚的に把握する「量」の体感から「量」を「数」に一致させ、具体から抽象へ移行し、数量概念や論理的思考を身につけること。	型抜き数字、十進法のビーズ、算数棒、切手遊び
言語の教育	絵カードや文字カードなど、発達段階に即した教具を使って「話す、読む、書く」作業を通じて語彙を豊かにし、言語活動を身につけていくこと。	文字板（砂、みぞ）、絵合わせカード
文化の導入	地理や自然、生命の歴史、音楽や絵画など。広い世界の文化に接し、多岐にわたる知性が育つこと。	世界地図・日本地図パズル、太陽系の惑星の模型、動植物の絵カード

◆ 補足
感覚教具
「感覚教具」には、比較することを基本とした「対にする、段階づける、仲間分けする」の3つの操作法が組み込まれている。

ちは、それぞれ自分で「やりたい」と思う**教具**を選び、活動を始めていきます。園にある教具は手に取りやすく、いつも決まった場所に収められており、やりたいと思ったときにすぐに手に届く環境が整えられています。そのため、子どもたちも教具を使ったら自分で元の場所にもどします。

また、モンテッソーリ教具の多くは、自分で間違いに気づいて修正できるようにつくられています。つまり、自分で選んだ教具によって、子どもは自己訂正をしながら取り組めるようになっているのです。

日常生活に用いる教具等は実際に生活で使っているもので、清潔で色や形が魅力的であるもの、本物の陶器やガラスなどを用います。これらの本物を子どもたちに渡すことで、実際の質を感じることができ、感覚が洗練されていきます。それだけでなく、壊さないように慎重に扱ったり、ていねいに使ったりするようにもなります。

子どもに何か教えるとき、教師は言葉ではなく「提示」をします。「提示」とは、順序立てて、はっきりとゆっくりとした動作で見せることです。子どもが動作を正確にできるようになるために、繰り返し見本を見せることを大切にしているのです。

間違ったり、難しくて困ったりしている場合には、どうすれば自分で

できるのかをわかりやすく見せます。言葉ではなく動作を見せ、そこから子どもが自分で正しい方法を見つけていくようにします。なお、見本を見せたら、子どもがそれを行うかどうかは子どもの判断に任せます。子どもたちが「自分で動きたい」「自分でできるようになりたい」という思いを大切に静かに見守っていくのです。

2. シュタイナー教育

シュタイナーは、幼児教育施設の必要性と幼児教育について、多くの見解を示しています。しかし、経済的な問題もあって、自身の生存中には幼児教育施設を設立できませんでした。シュタイナーが亡くなった翌年の1926年、シュタイナーの弟子のエリザベート・M・グルネリウスらにより、シュタイナー教育の理念に基づく幼稚園が開設されました。

シュタイナー教育では、幼児教育においても学校教育と同様のもち上がり担任制をとっており、異年齢保育を行っています。

1 感覚的に生きようとする乳幼児期

シュタイナーは、0〜7歳の乳幼児期は子どもが感覚的に生きようとする時期であり、五感に働きかけながら、土台となる体をしっかりつくることが大切であると考えました。すこやかな体をつくることは、のちに豊かな感情や自我が形成される土台となるものです。そのために、リズムのある生活を大切にしています。リズムの繰り返しが子どもの心に安心を与え、すこやかな体をつくると考えているためです。

2 感覚を使って「模倣」する

子どもは感覚を使って周囲を「模倣」する存在であるという考えから、子どもの周囲の環境に格別の配慮を求めます。保育者には、子どもが受容するにふさわしい環境を整え、模倣するにふさわしいお手本を示すことが求められています。

シュタイナーの幼稚園へ行くと、子どもたちが自由に遊んでいる傍らで、保育者はフェルトの人形をつくったり、おやつづくりをしていたりと、園生活に関わるさまざまな手仕事をしています。保育者は、仕事をしながら注意深く子どもたちを見ていて、必要であれば子どもの遊びを手伝います。

子どもたちが保育者のしていることに興味をもった場合には、同じこ

> 補足
> **シュタイナーの人間の体に対する考え方**
> シュタイナーは人間が4つの構成体でかたちづくられていると考えた。
> 物質体：からだ、肉体
> 生命体：生まれ、育ち
> 感情体：快・不快と結びつくもの、本能
> 自我：わたしの存在を認識するもの
> この4つのなかで、人間だけが自我をもっていると考えている。そのうえで、自我をもつ人間は「意思・感情・思考」の3つを備えていると考えた。
> →レッスン13

とを子どもにもしてもらいます。保育者のしていることが子どもたちの遊びに取り入れられることもありますが、保育者が子どもと一緒になって遊ぶことはありません。子どもは自分のなかに取り入れたもののなかから、心が動いたものを自己表現として模倣し、意思を発揮していくと考えているからです。

　保育者も、子どもにとってモデルになることを意識して、自分の行動や声のだし方に特別な注意を払っています。ゆったりとした動きと、穏やかで歌うような声で子どもに語りかけます。

　人間には五感以外にも、言語感覚、思考感覚、生命感覚、自我感覚、熱感覚、均衡（平衡）感覚、運動感覚を加えた**12の感覚**が備えられているとシュタイナーは考えました。シュタイナーの幼児教育では、特に触覚の体験を大切にしながら純粋知覚を育てています。そのため、園では子どもたちの感覚が育まれるよう、静けさ、やわらかさ、温かさのある環境をつくっています。

　美しい色づかいや本物の素材を重視した温かみにあふれる保育環境のなかで、子どもたちの感覚を豊かにしていきます。子どもたちがふれるもの、感じるものはすべて、子どもの感覚が成長する力のもとになると考えています。

3　芸術としての幼児教育

　幼児教育段階においても、シュタイナーの提唱した活動は芸術性に満ちています。自然のリズムを体得するための**オイリュトミー**＊や「ぬらし絵」などの特徴のある保育内容を行っています。

　ここでは、ぬらし絵について簡単に説明しましょう。ぬらし絵とは、たっぷりと水を含ませた紙の上に絵の具で描くことです。ぬれた紙に色をおくため、色が動く、あるいは色が混ざるという色の体験を積み重ねて、子どもたちの色彩の感覚を育てていきます。基本的に赤、青、黄の3原色を用いて自由に描きます。何かの絵を描く、形を描くことが目的ではなく、色彩から受け取った感覚を蓄積していくことが、その後の思考へとつながっていくのです。

　子どもたちの感覚やイメージを大切にするため、木の実や木片、羊毛などの素朴な自然素材を重視していますし、園では保育者が3～4週間、同じお話を繰り返し、子どもたちが覚えるまでします。それにより、子どもたちは自分のなかでイメージをもち、内面性を育てていくのです。そのほか、園では蜜ろうクレヨンで描いたり、蜜ろう粘土で遊んだりもします。いずれも、子どもの内面がイメージとなって現れるものです。

◆補足
「意思・感情・思考」と12の感覚とのつながり
意思：触覚、生命感覚、運動感覚、平衡感覚
感情：熱感覚、味覚、嗅覚、視覚
思考：聴覚、言語感覚、思考感覚、自我感覚

✳用語解説
オイリュトミー
1911年にシュタイナーが発案した「運動芸術」。ギリシャ語で美しいリズム、調和のとれたリズムを意味する。言葉や詩、物語などを体の動きで表現する。

◆補足
シュタイナーの音楽教育
シュタイナーは子どもの発達と音楽の4つの要素との関連性を見出し、幼児期にはメロディーとリズムが重要だととらえた。
〈音楽の4つの要素〉
メロディー：思考に関わる
リズム：手足に働きかける
ハーモニー：感情に働きかける
タクト：骨格と関わる

3. コダーイ・メソッド

ゾルタン・コダーイ（Kodály, Zoltán 1882-1967）は、ハンガリーの作曲家であり、民族音楽の研究を進めた研究者であり、教育者です。少年用合唱曲の作曲をきっかけに**音楽教育**の研究を深めていきました。彼は、音楽教育は音楽の能力だけでなく、子どもの多面的な能力を育てる人間教育でもあると考え、追究しました。彼の教育原理を柱として体系化されたものが「コダーイ・メソッド」とよばれています。ハンガリーだけでなく、各国の音楽教育に影響を与えており、日本では特に、幼児教育におけるわらべうたの再評価につながりました。

1 歌唱の重視

コダーイは「音楽の真髄に近づく最もよい手段は、誰もがもっている楽器、のどを使うことである」と考え、歌うことを音楽教育の中心に据えました。音楽教育はまず歌から始められ、歌唱指導の際にも、ピアノの音を聴いて音を模倣するのではなく、人が歌った声を聴いて模倣することを求めています。

コダーイ・メソードを取り入れている園の保育者は、自然な声で歌い、乳幼児期の子どもたちは多くの歌を聴いて学んでいきます。

2 わらべうたで遊ぶ

コダーイは、芸術的価値のあるよいものを子どもに渡さなければならないと考えました。そこで、彼は、子どもに最もふさわしい芸術的価値のある音楽として、自国の**わらべうた**を取り上げました。わらべうたは、その国の言葉とリズムやメロディーが一体となった文化芸術だからです。

またコダーイは、子どもにとって歌うことは本能的な言葉であり、年齢が低いほど、歌と一緒に動くものだととらえています。そのため、歌と動きが結合しているわらべうた遊びは、子どもにとって不可欠なものなのです。

単純明快であり、安定したリズム感のあるわらべうたは、子どもにとって、歌いやすい音域と聴きとりやすく**歌いやすい5音階**でつくられています。さまざまなわらべうたで遊ぶなかで、子どもたちには自然にリズム感や聴感が育ち、正しい音程で歌うようになっていきます。子どもたちとわらべうたを楽しむためには、子どもの年齢に適した歌詞や遊びの内容であることはもちろん、年齢に適した音域であることも重要

> ◆ 補足
> **ハンガリーの音楽教育**
> ハンガリーの保育園には一般の保育園のほかに、音楽に重点を置いた音楽保育園がある。一般保育園では、歌唱のほかにリズムや鑑賞などを行っている。音楽保育園では、階名をそれぞれの手の形で示すハンドサインによる読譜練習なども行われている。

> **コダーイの器楽教育**
> コダーイは器楽教育においても「聴けなければ歌えない、歌えなければ弾けない」という立場をとる。子どもたちが楽器の演奏を始めるのは、十分に歌うことができるようになり、手先の運動能力が発達した7、8歳ごろからとし、器楽教育のなかでも必ず歌唱を行っている。

> ◆ 補足
> **わらべうた**
> 日本のわらべうたとも共通点が多くみられるが、言語のもつ音感性などによる違いもある。

> ◆ 補足
> **歌いやすい5音階**
> 歌いやすい5音階とは、半音を含まない5音階のことで、これをペンタトニックという。

な要素です。

　それだけでなく、コダーイは、わらべうたを人間同士の結びつき、生きる喜びを高めてくれるものと考えています。子どもは、身近で親しい人の声で歌われるわらべうたを優しく心地よいものと感じ取り、情緒的な関係を生みだしていきます。また、仲間とわらべうたを歌い、遊ぶなかで、音楽的、言語的な力や想像力、社会性などが育っていくのです。

4. フレネ教育

　フレネ教育はセレスタン・フレネ（Freinet, C., 1896-1966）によって提唱された取り組みです。フレネは南フランスで生涯学校の一教師として教育にたずさわり、子どもの生活と表現を中心とする子ども主体の教育を探求していきました。彼の実践に基づく教育は、**フレネ学校**[*]をはじめ、学校教育や幼児教育のなかで受け継がれています。

　フレネ教育は、子どもの興味を大切にした個別学習を基本として、子ども自身が考えた学習計画に沿って学習を進めていきます。子どもの生活の延長にある教育を目指し、自然のなかで遊んだり、動物の飼育をしたり、絵を描くほか、木工や織物などの手仕事も取り入れています。

　フレネ教育の柱の一つに「**自由作文**」があります。子どもたちは3歳から、日常生活のなかで発見し、表現したいと思ったことを、文章にしていきます。幼児は絵で表現することも多く、絵の内容についての応答から、教師が短い文をつづって手助けをします。

　自由作文は朝の会や研究発表などで発表され、子どもたちは内容に対して率直な意見交換をしていきます。また、そこで子どもたちと教師で選んだ自由作文は、子どもたちによって印刷・配布され、共有財産として蓄積されます。

　フレネ教育では、自分の思いを表現することが大切にされています。自由作文だけでなく、毎日の朝の会、帰りの会、自由研究発表会などでお互いの考えを発表し、意見を交換し合います。幼児期から、自分の意見を言い、他人から意見をもらうことをとおして育ち合い、互いの違いを認め合っていくのです。

　常に一人ひとりの発言をしっかり聞き、話し合う教師の姿から、子どもたちは自分の意見もきちんと聞いてもらえることを理解していきます。一人ひとりを認め合う関係を構築してこそ、子どもたちは率直に発言できるのです。

✱ 用語解説

フレネ学校
同じ敷地内に幼児クラスと小学校がある幼小一貫校で、少人数制教育を行っている。幼児クラスは3〜5歳の異年齢のクラス。

✱ 補足

フレネ学校の現在
1935年にフレネが開校したフレネ学校は、財政難により1991年からは国立実験校として国に移管され、ヴァルボンヌ国際高校の付属となっている。

自由作文
印刷された自由作文は後に1冊にまとめられ「テキスト（読物）」となり、学校間通信として他校ともやりとりされている。

5.「森の幼稚園」活動

1 「森の幼稚園」とは

　自然のなかでのさまざまな体験をとおして子どもたちの豊かな学びや成長を目指す「森の幼稚園」活動は、北欧諸国やドイツなどのヨーロッパ各地で取り組まれています。国や組織によって活動時間や内容はさまざまですが、「森の幼稚園」は、その多くが**園舎をもたず**、季節や子どもの状況に対応しながら、森や自然のなかで一日の多くを過ごします。

　「森の幼稚園」には、スウェーデンの環境教育団体「森のムッレ協会」から始まったものと、デンマークで母親たちの自主運営によって始まったものとの2つの大きな潮流があります。

　ドイツでは、国連が進める「持続可能な開発のための教育（ESD）」への取り組みの一つとして「森の幼稚園」における教育プログラムの提案もなされており、日本でも各地で取り組みが広がっています。なお、**日本での「森の幼稚園」**は、自然のなかで子どもの豊かな育ちを目指す取り組みを象徴する言葉として用いられており、「**森**」のみに限定された活動ではありません。

2 「森」＝自然のなかで学ぶ

　「森の幼稚園」には、園舎をもたず森のなかで過ごす形態だけでなく、一般的な園で、園舎をもちつつ森のなかで過ごす形態もあります。森にいる時間にも違いがありますが、森＝自然が子どもの活動の場であり、自然のなかで子どもが全身と全感覚を使って体験することによる学びから、さまざまな力を培って自立能力を高めていくことを目指しています。

　多くの「森の幼稚園」は、自然の教育力を信頼し、意図的に大人の考えを強要しません。子どもがもっている感覚や感性を信じ、その力を存分に発揮できるような関わりをしていきます。保育者たちは、さまざまに活動する子どもたちを見守り、必要以上の手出しはしません。

　基本的に、自然のなかでの活動を主としているので、運動や活動をする空間も大きく、子どもたちは自己を最大限に発揮して遊ぶことができます。森は子どもにとって、自分でチャレンジすることが保障される場所なのです。子どもが1人で考えごとをしたいときにも、自然は子どもたちを包んでくれます。自然は子どもに働きかけ、自然界の多様な世界をも子どもたちに見せてくれます。子どもたちは、自然の不思議さ、生命の営みを自分の身体と感覚で受け止めて、自分も自然界の一員として

> **◆ 補足**
>
> **園舎をもたない園**
> 基本的にどのような天気でも森のなかで過ごす。たとえば、雨の日には雨具を着て、寒い日には防寒対策をする。ただし、かなりの悪天候の場合には、緊急避難用のワゴン車やヒュッテで過ごすなど、各園で対応する。
>
> **日本の「森の幼稚園」**
> 日本でも大正自由教育期に、橋詰良一によって、園舎をもたない「家なき幼稚園」の取り組みがなされた。
>
> **森**
> 名称にある「森」については、日本では森林の多いヨーロッパ諸国とは自然環境が異なるため、野原や里山、畑、都市公園など、広義にとらえた自然体験を行う場を指している。

共生していることに気づいていきます。

　また、森には、通常の幼稚園にあるようなブロックやジャングルジムなどの既製の遊具はありません。自然のなかにあるもので遊ぶなかで、子どもたちは自然からさまざまなものを見つけ、つくりだしていきます。多くの刺激に満ちた自然は、子どもの想像力、創造力を育み、遊びの限りない多様性を子どもたちに手渡してくれます。

　「森の幼稚園」では、子どもたちがみずから遊びをつくりだし、問題を解決していく姿がみられます。危険予測も、今の自分の限界と可能性も、子どもたちが実感をともないながら理解していきます。自己決定や自己責任がともなうことも、活動をとおして身につけていくのです。

　そこには、子どもたちの自主性を尊重し、子どもみずからがつかみ取り経験していく姿を見守る保育者がいます。「森の幼稚園」活動は、子どもたちがみずから成長する力を見守り、主体性を尊重するなかで、子どもたちの心身の健康と感性の豊かさ、創造性や社会性を育み、子どもたちの自立を促していくことを目指しています。

6. レッジョ・エミリア・アプローチ

　現在、世界の幼児教育関係者から注目を浴びているのが、レッジョ・エミリア・アプローチとよばれる保育です。これは、北イタリアのエミリア・ロマーニャ地方の人口14万人のレッジョ・エミリア市で、戦後まもなく始まった共同保育運動からの取り組みです。保育者が保護者、市民、公的機関などと協議を重ねながら、市独自の公的な教育システムとして取り組まれてきたものです。

　レッジョ・エミリア市の幼児教育実践の理論的リーダーであったローリス・マラグッツィ（Malaguzzi, L., 1920-1994）の、子どもは創造性にあふれた無限の可能性をもつ研究者であり一人の市民であるという認識が、市の教育方針や実践のなかに息づいています。

　佐藤は、レッジョ・エミリア・アプローチの大きな特徴を「アートの創造的経験によって子どもの潜在的可能性を最大限に引き出していることにある[†1]」と述べています。子どもが自己や他者、地域、世界を知る過程における遊びや芸術がもつ重要性に注目して、子どもの可能性や表現を広げていく教育が、レッジョ・エミリア・アプローチなのです。

◆補足
レッジョ・エミリア市の幼児教育実践
1991年 *Newsweek* の「世界の教育ベスト10」に最も革新的な乳幼児教育として、レッジョ・エミリアのディアーナ幼児学校が紹介され、世界に影響を与えている。世界各地で「子どもたちの100の言葉」と題した作品展が催され、その取り組みが伝えられた。日本では2001年原宿のワタリウム美術館で開催された。

◆補足
イタリアの幼児教育
イタリアの幼児教育は、3か月～3歳児を対象とする乳幼児センター（Asilo nido）と、3～6歳児を対象とする幼児学校（Scuola dell'infanzia）の2種類からなっている。幼児学校は教育省が監督している。市が運営する幼児学校では、1クラス25名の子どもを保育者2名が担当する。

▶出典
†1　佐藤学監修、ワタリウム美術館編『驚くべき学びの世界　レッジョ・エミリアの幼児教育』ACCESS、2011年、22頁

1 「プロジェッタツィオーネ（プロジェクト）」と「ドキュメンテーション」

レッジョ・エミリア・アプローチの中心となるのは、**プロジェッタツィオーネ**（Progettazione）という活動です。これは、小グループの子どもたちによるテーマをもった活動のことです。幼児学校では大体1グループ2〜5人くらいで学ぶ形態をとります。

プロジェッタツィオーネは、日々の保育者による子どもの観察を土台に、子どもの興味・関心・疑問を読み取り、子どもと話し合うことから、さまざまな表現や探究活動へと学びが発展していきます。1つのテーマはいつまでという決まりはなく、数日から数か月、年間をとおしてなど期間はさまざまです。活動の時間や流れは子どもの活動によって変わっていきますし、話し合うなかで、内容も変化したり、方向性が変わったりすることがあります。

子どもたちと保育者は、話し合いに対等に参加し、ともに探究するなかでの学び合いが行われています。またプロジェッタツィオーネには、保育者や保護者だけではなく、活動内容に応じて地域のさまざまな人も参加します。たとえば、子どもたちが、遠足の途中で足に絡みつく根っこの塊に遭遇して、それを「弦の草」と名づけたことから、音の彫刻を組み立て、「音のシステム」をつくる活動が始まりました。子どもたちはさまざまな素材の紐や糸を調べ、張りの度合いを考え、音をつくっていきました。また、デザインをし、形と音の関係を確かめながら「音のシステム」と名づけた楽器を組み立てていったのです。このプロジェッタツィオーネには音楽家や大工も参加して、子どもたちの知的探究を支えていきました[2]。

また、この創造的な子どもたちの話し合いや活動の記録が、レッジョ・エミリア・アプローチの特徴の一つである**ドキュメンテーション***です。ドキュメンテーションは、保育者や**アトリエスタ***によって作成される、文字や写真などによる細かい記録です。**ドキュメンテーションの意義**は、活動における子どもの思考や学びを記録することで、子どもだけでなく大人や地域社会とその学びの過程を共有することです。子どもたちと活動をともにしながら同時進行で作成されており、活動の軌跡がていねいに記録されていきます。

保育者は、子どもたちが帰った後にこの記録を整理して、活動を振り返る際に、常に同僚の保育者と話し合い、活動がどのような方向で進んでいくのかを推測し、子どもたちの学びをどのように支えていくかを考え、次の準備をしています。さらに、子どもたちの活動の展開をパネル

補足

プロジェッタツィオーネ
乳児保育所におけるプロジェッタツィオーネは、教師の環境構成や働きかけで始まることが多いが、子どもの言葉や表現を教師がとらえることによって、発展していく。

出典
†2 †1と同じ、133-149頁

用語解説

ドキュメンテーション
メモ、カメラ、テープレコーダー、スライド投影、ビデオカメラ、コンピューター、コピー機など、さまざまな手段を用いてドキュメント（記録）を作成する。

アトリエスタ
（Ateliersta）
芸術士。アトリエスタは「アトリエ」の設置とともに導入された。

補足

ドキュメンテーションの意義
リナルディは、「ドキュメンテーションは、大人たちや子どもたちの中でのやりとりを目に見えるかたちで適切に示し、対話のある関係を築いていく拠り所とするためのもの」と述べている（エドワーズ, C., ガンディーニ, L., フォアマン, G. 編／佐藤学・森眞理・塚田美紀訳『子どもたちの100の言葉——レッジョ・エミリアの幼児教育』世織書房、2001年、112頁）。

にして、保護者や地域の人にも見てもらえるような形で展示します。そして、保護者や地域の人たちとも話し合っていきます。

　また、子どもたちも、ドキュメンテーションをもとに何をつくったのか話し合いをしながら、想像力をさらにふくらませていきます。ドキュメンテーションは、子ども一人ひとりの学びの軌跡が記されると同時に、子どもたちのグループとしての学びの展開が記されています。そのため、保育者をはじめとする大人が子どもたちの学びの過程を確認するものであると同時に、子どもたち自身も、自分の取り組んでいることの意味や活動の展開を認識していくことができるのです。

　このドキュメンテーションは「壁が語る」といわれるように、教室や廊下の壁はもちろんのこと、本棚や窓など、施設内のいたるところに展示されて共有され、子ども同士や保育者同士をつなぎ、保護者、地域と学校とをつなぐものとなっています。

2　創造性を育む「ペタゴジスタ」と「アトリエリスタ」の存在

　レッジョ・エミリア・アプローチの特徴の一つは、ペタゴジスタ*とアトリエリスタの存在です。ペタゴジスタは大学で教育を専攻した教師で、数校に1名配置されています。教育の専門家として研究と実践を指導し、市の教育プログラムの質を一貫して保つ役割を担っています。

　アトリエリスタはレッジョ・エミリアで生まれた独自の役割をもつ存在で、大学で美術を専攻した芸術の教師であり、各学校に1名配属されています。彼らは保育者とともに子どもたちの創造的活動を支援しています。

　ペタゴジスタとアトリエリスタは子どもたちの活動を支える保育者の専門性を高め、保育の質を高める重要な役割を果たしています。

3　創造性を育む施設空間

　どの幼児学校にも中心スペースとなる「広場（ピアッツァ）」があり、そのまわりにクラスが配置されています。学校内の共有スペースであり、異なる年齢の子どもたちが行き交い、保護者と幼児学校をつなぐ場所であり、地域ともつながる場所として、コミュニケーションと情報のオープン性が大切にされています。

　さらに、どの幼児学校にも、広場と連結して「アトリエ」が設けられています。アトリエは、子どもたちが探求し、創造する空間であると同時に、科学的な理論や詩的言語を培う場でもあります。

　アトリエには常に100を超える素材が用意されています。素材はイ

＊用語解説
ペタゴジスタ
（Petagogista）
教育コーディネーター、教育主事。

メージの発生装置ととらえられており、木の実や石、土といった自然物や、毛糸や布をはじめとする自然素材のほか、釘やねじ、針金や廃棄品など人工のものもあります。色や形、手触りや香りの異なる多様な素材が種類ごとに分類され整然と準備されており、子どもたちが思ったものを表現できるよう、自由に、かつすぐに使える環境が整えられています。また、各教室にはクラス専用のミニアトリエが設けられています。

4 保護者や市民の役割

保護者は、プログラムの重要な要素としてとらえられ、個々の幼児学校を運営する諮問委員会の一部をなしています。幼児学校での活動、討議、特別行事や遠足など、さまざまなかたちで参加が期待されています。

各クラスでは、ドキュメンテーションをもとに、保護者と保育者が子どもの発達について学び合う会を設けています。さらに、幼児教育の基本方針は、保護者と市民が集まる学習会で議論され、決定されます。

このように、レッジョ・エミリア・アプローチは子ども、保育者、保護者、市民や地域の企業など、地域全体の共同と連携によって支えられているのです。

【ミニコラム】　アガッツィ法

アガッツィ姉妹（Agazzi, R., 1866-1951／Agazzi, C., 1870-1945）は、フレーベルの幼児教育の理念を理解したうえでフレーベル主義の刷新を図り、イタリアの子どもにふさわしい幼児教育の方法を構想し、実践しました。1895年に北イタリアのモンピアーノの教会において始められたアガッツィ姉妹の思想や取り組みは、イタリア法、あるいはモンピアーノ法とよばれ、現代のイタリアにある保育施設の約8割が継承しているといわれています。

◆善き市民を育成する

アガッツィ姉妹は、幼児教育において「善き市民を育成する」ことを目指しました。つまり、幼児教育を市民教育の場としてとらえ、子どもたちが義務と権利を学ぶ場として位置づけました。

また、子どもを「遊びをとおして他者への敬意や親切さといった市民的な要素を身につけていく」存在であると考え、兄弟愛の精神と社交性の原理を重視しました。子どもは社会へと開かれた存在であり、人と関わりたいという欲求をもっている

＋補足

アガッツィ法
イタリアのみならず、地中海地域における普遍的な幼児教育の方法として認知されているといわれている。

第4章 保育の歴史的変遷と思想

と考え、小さい社会としての「母親学校」で子どもの社会性を育てていきました。

　鈴木は、家庭的な雰囲気をもつ共同体として機能する「母親学校」で、子どもたちが「社交好きさ」を指向しながら、遊びのなかで調和的に育つことを目指していたと指摘しています[†3]。アガッツィ姉妹は、子どもたちが「自律性」を習得するためには、「兄弟愛と奉仕の心を通して、役に立つ喜びを味わう」ことが大切だと考えていました。そのため、子どもたちの関わり合いから相互扶助の精神を育てようと、異年齢の子どもとも関わりをもつようにしました。また、集団やグループの活動も取り入れていきました。

　アガッツィ姉妹は、子どもにとって自然な環境は「家」であり、「母親学校」は家庭のように自然な雰囲気で、母性的なものでなければならないと考えました。イタリアの伝統的な家庭の母親を保育者のモデルとして、保育者は母性的感覚を重視し、子どもに温かな態度で接すること、一貫的、情緒的な関わりをすることが大切であるとしました。

◆ガラクタ博物館

　アガッツィ姉妹が**幼児教育**に取り組んだ時期は、イタリアが統一間もない時期で、社会が安定していない状況にありました。当時のイタリアはまだ貧しく、農民や労働者たちには栄養失調や衛生の問題から病気の蔓延などが起こっていました。そこでアガッツィ姉妹は、子どもたちに衛生の習慣をつけるよう、日常生活の練習や、清潔の検査を行いました。

　その清潔の検査の際に、子どもが陶器のかけらを大事そうにポケットに入れていたのを見て、大人にとってはガラクタであっても子どもには宝物になると気づいたことから始まった実践が、「ガラクタ博物館」です。子どもが集めたものは、自然物や糸、ボタン、くぎなど日常生活のなかで用いられているものや、先ほどの陶器のかけらのような不完全なものも含め、子どもの興味に合ったものでした。また、保育者の手づくりのものや、子どもと保育者がともに集めたものなどで、独自の「博物館」をつくっていきました。

　アガッツィ姉妹は、この「ガラクタ博物館」に集められた身近なものを教材として用いました。そのため、教材は基本的に自然物や、日常生活に密着した身近なものでした。

▶ **出典**
†3　鈴木昌世『イタリア人と母』サンパウロ、2009年、113頁

◆ **補足**
アガッツィ姉妹の教育観
鈴木は、アガッツィ姉妹が教育において大切にしたことを、「①人間はみな平等であり、尊敬に値する存在であること、②すべての人間には権利と義務があり、寛大さ、奉仕、相互作用性、協力が必要とされ、③母親学校において子どもは連帯と善良さの姿勢を身につけ、④子どもが自己と他者の両方にとって善いものを選べるよう育てること」とまとめている（鈴木昌世『イタリアの幼児教育思想——アガッツィ思想にみる母性・道徳・平和』福村出版、2012年、28-29頁）。

遊びをとおしてものにふれることによって、子どもたちはさまざまなものの特徴を感じ取っていきます。アガッツィ姉妹は、ものを大切にする精神だけでなく、子どもたちがものをとおして関わり合い、育ち合っていくと考えていました。そして、ものをとおして生まれた子ども同士や保育者との自由な会話によって、言語を豊かにすることを目指しました。

演 習 課 題

①このレッスンで紹介した保育のなかで関心をもった保育について、文献を読んでくわしく調べてみましょう。
②紹介した取り組みが、日本では実際にどのように取り組まれているのかを調べてみましょう。
③このレッスンでは紹介していない、海外のさまざまな保育や子育て支援などについて調べてみましょう。

レッスン **15**

わが国の保育の歴史

このレッスンでは、近現代日本の保育の歩みを振り返り、明治期に海外の思想と方法を手がかりに始まった日本の保育が現在の姿に至るまでを、制度と思想の両面から追っていきます。現在の私たちが目指す保育は、どのような足跡のうえに成り立っているか、歴史をひも解くことで将来を見通す目をもってほしいと思います。

1. わが国における集団保育の始まり

1　保育施設の黎明期

　日本において幼児の集団保育が本格的に開始されるのは、明治以降のことです。1872（明治5）年に「学制」が頒布され、日本における近代教育制度が開始されました。この「学制」のなかで、幼稚を対象とした教育施設として「幼稚小学」が制度化されています。しかし、幼児小学についての記述は「幼児小学ハ男女ノ子弟六歳迄ノモノ小学ニ入ル前ノ端緒ヲ教ルナリ」という一文だけでくわしい規定はなく、実際に設置されることはありませんでした。

　また、このほかの保育施設としては、幕末に農政学者の佐藤信淵によって構想された「遊児廠」や、1871（明治4）年、宣教師によって横浜に開設された「亜米利加婦人教授所」などがあげられます。さらに、1875（明治8）年には京都の寺院に「幼稚院」、同じく京都の柳池小学校に「幼穉遊嬉場」が付設されましたが、いずれも長く続くことはありませんでした。幼児の成長を長らく家庭や地域で見守ってきた江戸や明治初期の人々にとって、幼児を施設に通わせて保育を受けさせることは一般的ではなかったのです。

2　幼稚園の始まり：東京女子師範学校附属幼稚園

　小学校の設置が進みつつあった1875（明治8）年、文部省（現・文部科学省）の役人であった田中不二麿は、幼児についても教育の必要性を訴え、幼稚園の設置を強く主張しました。東京女子師範学校の校長であった中村正直らの尽力もあり、1876（明治9）年、日本で最初の幼稚園である「東京女子師範学校附属幼稚園」が開設されます。園舎は当時では珍しい洋風建築で、園庭をともない、設備の整った非常にりっぱな

図表15-1 開園当初の東京女子師範学校附属幼稚園

お茶の水女子大学図書館蔵

ものでした（図表15-1）。

　東京女子師範学校附属幼稚園の初代監事（園長）には、英語が堪能であった関信三が就きました。関はフレーベルの幼稚園教育について書かれた書物を『幼稚園記』として翻訳し、**保姆**の学習に役立てました。また主席保姆には、ドイツ人でフレーベルの幼稚園教育にくわしい松野クララが就任しています。松野は日本語を話さず、関が通訳を務めながら保育の指導を受けたといわれています。幼稚園保姆には東京女子師範学校卒業生の豊田芙雄と近藤濱が就きました。開設当初の幼稚園は、園舎の環境、保育内容ともにフレーベルの思想を模範としており、海外の思想や保育内容をそのまま取り入れるかたちで始まりました。

　開園当初の幼稚園は3歳から就学前の6歳までが対象とされ、1日4時間の保育時間とされました。「物品科」「美麗科」「知識科」という科目と時間割が設定されており、『幼稚園法二十遊嬉』（図表15-2）として日本に紹介されたフレーベル恩物の取り扱いを主な保育内容としていました。子どもたちは幼稚園で机（図表15-3）に向かい、30～45分ごとに区切られた時間割に沿って、いろいろな恩物に取り組みました。ほかにも遊戯や唱歌、説話、体操などの時間がありましたが、唱歌は漢

◆補足
保姆
保母の旧表記である。明治期は、現在の幼稚園教諭を保姆と呼称した。

図表15-2　二十遊嬉之図

お茶の水女子大学図書館蔵

図表15-3　恩物机

お茶の水女子大学図書館蔵

文調で歌詞が難しく、説話も教訓的な内容が多く含まれていました。保育内容が知識教育に偏重していたといえます。当時の幼稚園に通った子どもの多くは富裕層の子女であり、一般家庭の子どもにとって幼稚園が身近になるには、もう少しの時間が必要でした。

また、この幼稚園は東京女子師範学校生の教育実習施設も兼ねており、幼児の保育を実際に行うとともに日本全国に優れた保姆を輩出するための研究の場でもありました。実際に日本の各地に幼稚園がつくられ始めたときには、東京女子師範学校で学び、附属幼稚園で実習を行った保姆たちが活躍して、日本の保育の礎をつくっていったのです。

3 託児施設の始まり

日本初の幼稚園が富裕層の子女を主な対象とした一方で、保護者の労働などを理由に、昼間に家庭で十分な養育を受けられない幼児のための施設が誕生します。

①新潟静修学校付設託児所

赤沢鍾美・仲子夫妻が貧しい家庭の子女を対象に開いていた「新潟静修学校」では、昼間に両親が不在となるため家庭に残される幼児が、学校に通う兄や姉について登校してくるという状況がありました。1890（明治23）年、これを見かねた鍾美と仲子が、幼児だけを別室に集めて保育を行ったのが、日本で最初の託児施設だとされています。やがてこの託児施設のことを伝え聞いた多くの人から、子どもを預かってほしいとの要望が集まり、1908（明治41）年には「守孤扶独幼稚児保護会」として新たな保育施設を誕生させました。

②下味野子供預かり所

赤沢夫妻が、新潟静修学校で幼児の保育を始めたのと同じ1890（明治23）年、鳥取県でも農民のための託児施設が誕生しました。筧雄平の尽力によって開かれた**農繁期託児所**です。家族が遠方まで農作業にでかける間、残された幼児が、けがをしたり、無謀な飲食をしている様子に心を痛めた筧が、持ち家に幼児を集め、近くのお寺の尼さんに頼んで保育を行ったのが始まりです。1900（明治33）年には「下味野子供預かり所」として整備されました。

> 補足
> 農繁期託児所
> 季節託児所と同意。

4 幼稚園の普及：簡易幼稚園・貧民幼稚園の設立

上でみたように、幼稚園と託児所は、その出発点で性格が大きく異なりますが、明治中期を迎えると、しだいに幼稚園を一般に普及させようという動きが盛んになります。文部省の簡易幼稚園奨励の後押しもあり、

地方都市にも設置可能な簡便な設備の幼稚園が構想されました。

①女子高等師範学校附属幼稚園分室

　1892（明治25）年、**女子高等師範学校**に附属幼稚園分室が開設されました。分室は、本園の敷地内にあった一室を保育室にあて、3歳から就学前の幼児を異年齢混合で保育しました。保育料は無料で、広く一般市民の子女を受け入れました。本園に比べて教材も十分にはそろっておらず、自由遊びに多くの時間を割いていましたが、当時の保姆の記録には、分室の園児たちが、いきいきと遊ぶなかで社会性を培ってゆく様子が描かれています。

　園長は中村五六が本園と分室を兼務し、担任の下田たづも、もとは本園の保姆でした。日本初の幼稚園である本園を基盤に、一般市民に向けた幼稚園のあり方が、分室の保育を通して研究されたといえるでしょう。

　また、本園と同じく分室も、女子高等師範学校生の教育実習施設でした。卒業生が地方の設備が整わない幼稚園に勤めたときにも困らないよう、あえて簡易な設備の分室で教育実習を行ったのです。

②二葉幼稚園

　1900（明治33）年、野口幽香と森島峰によって東京の貧民街に二葉幼稚園が開設されました。野口は、東京女子師範学校附属幼稚園や華族幼稚園といった富裕層の子女を対象とした幼稚園に勤務する保姆でしたが、通勤途中の路上で目にする貧民層の幼児を放っておけず、みずからの手で貧しい家庭の子どもを受け入れる幼稚園を設立したといいます。3歳から就学前までの幼児を受け入れましたが、その目的は「家庭が貧しいために幼稚園保育を受けることができない子どもを保育し、両親の労働を助けること[1]」だとされています。

　園児の家庭はどこもたいへん貧しく、衛生状態もよくなかったため、幼稚園で風呂を沸かして入浴させたり、手洗いや着替えの指導など、幼児に基本的な生活習慣を身につけさせることに多くの努力を要しました。また、入園するまでは路上で好きに遊んでいた子どもたちに規律ある活動をさせることは難しく、自由遊びを中心として一日に7～8時間の保育を行っていました。その後、二葉幼稚園は、移転を繰り返しながら園児数を増やし、乳児も預かるようになっていき、1916（大正5）年に二葉保育園に名称変更をしています。

◆補足

女子高等師範学校
前身は東京女子師範学校。

▶出典

[1]「二葉幼稚園設立趣意書」1900年

2. 保育内容の整備と改良

1 「幼稚園保育及設備規程」の制定

日本の幼稚園は、長く東京女子師範学校附属幼稚園の規則を基準としながら各園の保育内容を決定していました。このような状況を鑑み、幼稚園に関する**省令***を制定しようという動きが起こりました。1896（明治29）年に**フレーベル会***が発足し、文部省に対して幼稚園に関する省令をつくるよう建議書を提出しました。この建議書に書かれた内容は、幼稚園の開設以来、東京女子師範学校附属幼稚園で繰り返された幼稚園保育に関する研究と実践の成果をもとにしたものでした。この建議を受けて、1899（明治32）年に日本ではじめて幼稚園を独自に規定する「幼稚園保育及設備規程」が制定されました。

入園の年齢は満3歳から就学前まで、保育時間は1日5時間以内、保姆1人当たりの園児数は40人以内とされました。また、幼稚園の目的を「心身ヲシテ健全ナル発育ヲ遂ケ善良ナル習慣ヲ得シメ以テ家庭保育ヲ補ハンコト†2」と取り決め、幼稚園の保育内容は「**遊嬉・唱歌・談話・手技**」の4項目とされました。それまで保育時間の多くを割いていたフレーベル恩物は、「手技」という項目にまとめて簡潔に記され、代わって「遊嬉」が筆頭に記されました。これは、フレーベル恩物に傾斜していた保育内容を改め、幼稚園保育の中心に遊びを据えることを意味しています。「幼稚園保育及設備規程」は、次の「幼稚園令」が制定されるまで、幼稚園保育の基準とされました。

2 「幼稚園令」の制定

「幼稚園令」は、1926（大正15）年に**勅令***として公布されました。ここでの幼稚園の目的は、「幼稚園ハ幼児ヲ保育シテ其ノ心身ヲ健全ニ発達セシメ善良ナル性情ヲ涵養シ家庭教育ヲ補フヲ以テ目的トス†3」とされています。広く人間性の基礎を培うことが望まれながらも、幼稚園の保育はあくまで家庭を補うものであるとされていることは注目できます。当時は、子育てや子どもの教育は、母親をはじめとした家庭の重要な役割だと認識されていたのです。

また、同時に公布された「幼稚園令施行規則」において、保育項目が「遊戯・唱歌・観察・談話・手技等」と規定されました。新たに追加された観察の項目は、「自然及人事ニ属スル観察ヲナサシムルコト」を目的としており、幼児に科学の目を開かせることを目指したといえるで

✱ **用語解説**
省令
各省の大臣が発する命令。

フレーベル会
東京市保育研究会と女子高等師範学校附属幼稚園保姆会が合同した保育研究団体。

▶ **出典**
†2 「幼稚園保育及設備規程」第5条

✚ **補足**
遊嬉
遊戯の別表記。

✱ **用語解説**
勅令
天皇が発する法令。

▶ **出典**
†3 「幼稚園令」第1条

しょう。さらに、手技の後に「等」という文字が追加されたことにも意味があります。これは、当時の日本がめざましい進歩を遂げていたことに鑑み、学術の進歩や幼児の経験に応じて、各園で保育内容を追加することができるようにと加えられたのです。幼稚園は保育内容を細かく規定するのではなく、柔軟に対応できるように計画されていたことがわかります。

3 保育改良を目指した人々

日本の幼稚園は、幼稚園の開設以来、フレーベル恩物を主な保育内容としていましたが、長い時間のなかで、恩物を取り扱う際の決まりごとばかりが独り歩きして重要視され、本来、最も大切なフレーベルの教育思想が十分に伝わっていないという状況が生まれていました。フレーベル主義の形骸化（けいがいか）といえるでしょう。そのようななかで、幼児本来の姿を見つめなおし、より子どもたちにふさわしい保育を模索した人々がいました。

①中村五六（1861-1946）：自由遊びへの着目

中村五六は、1890（明治23）年に東京女子高等師範学校附属幼稚園の主事となり、その後約20年間、幼稚園教育の研究と指導にあたりました。1892（明治25）年には分室の主事を兼務し、幼稚園の一般普及にも尽力しています。1896（明治29）年に結成されたフレーベル会では主幹を務め、「幼稚園保育及設備規程」の制定にも大きな力を注ぎました。中村は著書『幼稚園摘葉』のなかで次のように述べ、幼稚園保育における自由遊びの重要性を指摘しています[†4]。

「幼児ニ須要ナル能力ノ発達ヲ見ント欲スレバ、幼児ヲシテ自由ニ遊嬉セシメ、其活動ニ寸毫ノ制肘ヲ加フ可カラザルヲ知ルナリ」（幼児にとって必要な能力の発達をみたいと思えば、幼児を自由に遊ばせ、その活動に少しの制限をも加えてはならないことを知りなさい）。

幼稚園生活のなかで、子どもが自由遊びをとおして社会性を身につけること、また保姆が子どもの個性や生活背景を知るきっかけとして、自由遊びが重要な役割を果たすことへの着目は、遊びを中心とした保育を築く、以後の日本の保育に大きな視座を与えたといえます。

②東基吉（ひがしもときち）（1872-1958）：唱歌の改良

東基吉は、1900（明治33）年に東京女子高等師範学校附属幼稚園批評係に任命され、中村五六とともに幼稚園保育の実践と研究にあたりました。恩物中心主義を批判し、遊戯を中心とした保育を提唱した人物です。東の保育論は、1904（明治37）年に出版した『幼稚園保育法』の

▶出典
†4 中村五六『幼稚園摘要』普及舎、1893年、75頁

なかで述べられています。また、妻である東くめと友人の瀧廉太郎らの協力を得て、子どもにとって歌詞がわかりやすくリズミカルな唱歌の作成を目指しました。現在でも歌い継がれている「鳩ぽっぽ」「お正月」などがつくられ、1901（明治34）年には『幼稚園唱歌』が発行されました。

③和田実（1876-1954）：遊びの理論化

和田実は、1907（明治40）年から東京女子師範学校助教授として保姆の養成にあたるとともに、幼稚園保育の研究を行いました。1908（明治41）年に中村五六との合著として出版された『幼児教育法』のなかで、遊戯を中心に据えた保育論を展開しました。和田は子どもの遊びを詳細に分類し研究することで、遊戯がもつ教育的意味について言及しようとしたのです。当時、幼稚園に対して批判的な意見があったことを背景に、和田は、幼稚園での活動がりっぱな教育活動であることを主張しました。「幼児教育」という言葉をはじめて使ったのも、和田だといわれています。1915（大正4）年にはみずから目白幼稚園を開園し、園長を務めるとともに、1930（昭和5）年には保姆養成所も開設しました。

④倉橋惣三（1882-1955）：児童中心主義の保育

倉橋惣三

倉橋惣三は、第一高等学校（現・東京大学）に通っていたころから頻繁に東京女子師範学校附属幼稚園に出向き、積極的に子どもたちに関わっていました。その後、東京帝国大学に進学し、教育学や児童心理について学んだのち、1917（大正6）年に東京女子師範学校附属幼稚園主事となりました。

子どものありのままの生活を出発点とした保育の必要性を主張した倉橋は、幼児さながら（ありのまま）の生活をもとに保姆が環境を調え、そのなかで子どもが主体的に活動し、自己充実することが肝要であると述べました。そして、子ども一人ひとりが自己充実するような充実指導を行うことが保姆の役割であると考えました。さらに、子どもの断片的な遊びや生活を系統づけることで、より活動を発展させ、豊かな経験につながるような保姆の働きかけを「誘導」とよびました。このように、倉橋が提唱した子どもの自然な生活や興味・関心を中心に置きつつ、保姆の援助によって行われる保育法を「誘導保育論」といいます。倉橋の言葉である「生活を　生活で　生活へ」は、子どもの経験をもとに展開する誘導保育の考え方をよく表した言葉といえるでしょう。すなわち、子どもの自然な生活に保育環境の整った園生活を重ね合わせ、よりいっそう豊かな経験をはらんだ生活へと転化させてゆく

ということです。倉橋は、長年にわたる幼児教育の研究成果を多くの文章に残していますが、そのなかでも『幼稚園真諦』や『子供讃歌』にその保育思想を読み取ることができます。

　従来のフレーベル恩物を用いた知識注入型の教育を脱し、子どもの主体的な活動を重視した倉橋の保育思想は、児童中心主義的な思想だといえます。大正デモクラシー期の自由な思想や文化的背景のもとに展開された倉橋の保育思想は、その後の日本の保育に大きな影響を与えています。現在私たちが目指している、子どもを主体とする保育のあり方の一つの源流をなしているといってもよいでしょう。ここで、倉橋の『育ての心』から一節を引用します[†5]。

▶出典
†5　倉橋惣三『育ての心（上）』フレーベル館、1976年、34頁

飛びついてきた子ども
　子どもが飛びついてきた。あっと思う間にもう何処かへ駆けて行ってしまった。その子の親しみを気のついた時には、もう向こうを向いている。私は果たしてあの飛びついてきた瞬間の心を、その時ぴったりと受けてやったであろうか。それに相当する親しみで応じてやったろうか。
　後でやっと気が付いて、のこのこ出かけていって、先刻はといったところで、活きた時機は逸し去っている。埋めあわせのつもりで、親しさを押しつけてゆくと、しつこいといったようの顔をして逃げていったりする。其の時にあらずんば、うるさいに相違ない。時は、さっきのあの時であったのである。
　いつ飛びついてくるか分からない子どもたちである。

3．戦中の保育

1　城戸幡太郎と保育問題研究会

　大正から昭和初期にかけて名実ともに日本の保育をリードした倉橋の考え方は、子ども一人ひとりの育ちに即し、個性を大切にするという点を強調していましたが、昭和期を迎え、倉橋の保育思想に批判的な意見が現れてきました。倉橋が主張した児童中心主義的な保育が、あまりにも子どもを賛美しすぎているという批判です。この考え方を主張した中心人物が城戸幡太郎です。

　城戸は、1936（昭和11）年に「**保育問題研究会***」を結成し、子ども

✳用語解説
保育問題研究会
乳幼児保育の実践者と研究者が、共同で保育の実際問題を研究する団体。社会的共同精神を育てる「社会教育」を大切に考えた。

の実態をとらえなおして実際に即した保育法を実践すべきだと主張しました。現実の子どもは「利己的生活」を送っているのであり、それを「共同的生活」へと導くような指導が必要であると考えたのです。「社会協力」ができる子どもを育成すべきだとする城戸の考え方は、「集団主義保育」と呼ばれます。集団主義保育では、子どもたちの話し合いや協力して行う活動を重視し、仲間と一緒に考え合うことで、よりよい集団をつくるとともに、集団のなかで自己発揮できる個人の育成を目指しました。子どもが将来的に、社会の一員として生活する力を養えるようにとの思いから生まれた考え方です。また城戸は、この考え方を幼稚園でも託児所でも実践すべきだとしています。施設の種別を超えて同じ保育方針をとるべきだと主張した点は、先進的であったといえるでしょう。

2　戦時下の保育

　1930年代を迎え、日本に戦争の影が差し始めると、幼稚園や託児所にもその影響が色濃く出始めました。幼稚園の保育内容にも戦争に関する談話や歌が増え、ものを粗末にしないようなしつけや、忍耐、節約を指導し、心身の鍛錬に重きを置くようになりました。第二次世界大戦が激しくなり、本土空襲が始まると、活動の形態も室内での一斉保育や子どもを敏速に動かすための集団訓練に多くの時間をとるようになりました。

　また、勤労動員の強化にともない、幼稚園の保育時間を延長したり、託児所に転換するケースもみられ、戦時託児所が増設されました。その後、幼稚園は、空襲の激化によって罹災（りさい）したり、都市部では疎開による園児数の減少で休園や廃園に至るケースがみられ、終戦直後の園数は大きく減少してしまいました。

4．戦後の保育

1　幼稚園と保育所の位置づけ

　わが国では1945（昭和20）年8月に終戦を迎えた後、1946（昭和21）年には「日本国憲法」が発布されました。この新しい憲法に則って1947（昭和22）年に「教育基本法」「学校教育法」が成立しました。そして幼稚園は、「学校教育法」に定められた学校の一種として、戦後の保育をスタートすることになったのです。一方、1947（昭和22）年に制定された「児童福祉法」によって、保育所は児童福祉施設として明確

に位置づけられました。同時に、保育所に入所するのは**「保育に欠ける」乳幼児**とされました。ここに、幼稚園と保育所は法律上性格が異なるものとして規定され、戦後も幼保二元化の様相を保ったまま、わが国の保育は歩みを進めることになったのです。

2 「保育要領」の制定

「保育要領」は、1948（昭和23）年、文部省によって、新しい幼児教育の方向性を指し示すものとして刊行されました。これは幼稚園だけでなく、保育所や家庭でも参考にされることを意図して編纂されました。1926（大正15）年の「幼稚園令」の施行以来、5項目とされてきた保育内容を12項目に増やすとともに、「楽しい幼児の経験」という副題をつけました。保育の出発点は子どもの興味や要求であるとし、**保育12項目**には子どもの生活経験に基づいた多様な活動が盛り込まれました。また、「一日の生活は自由遊びが主体となる」として、子どもが自ら選び取り組む遊びを重視しました。教師は環境を整え、自由遊びをとおして、子ども一人ひとりに適した指導をすることが望ましいとされました。あらかじめ決められた時間のなかで日課をこなすのではなく、子どもの生活に即して活動時間を緩やかに設定することにも留意されました。

3 「幼稚園教育要領」の制定

「**幼稚園教育要領**」は、1956（昭和31）年、文部省によって、全国の幼稚園が準拠すべき保育の基準として制定されました。当時は小学校との一貫性が意識され、指導計画の導入や保育内容の系統的な組み立てが目指されました。しかし一方では、幼児期ならではの生活が失われないよう、小学校の教科とは異なる領域の考え方が用いられました。幼稚園教育は、子どもの生活をとおして各領域に示された内容を総合的に経験させるものであることを強調しつつ、「健康、社会、自然、言語、音楽・リズム、絵画・製作」の6領域が設定されました。

その後、1964（昭和39）年に告示化され、社会や子どもを取り巻く環境の変化に応じて改訂を重ねています。

4 「保育所保育指針」の制定

「**保育所保育指針**」は、1965（昭和40）年、厚生省（現・厚生労働省）によって、保育所保育のガイドラインとして制定されました。保育の内容や保育所の運営について定め、「養護と教育が一体となって、豊かな人間性を持った子どもを育成する」ことが保育所保育の特性だとしてい

◆補足
「保育に欠ける」乳幼児
2015（平成27）年の「児童福祉法」改正により、「保育を必要とする子ども」になった。

◆補足
12項目の保育内容
見学、リズム、休息、自由遊び、音楽、お話、絵画、制作、自然観察、ごっこ遊び・劇遊び・人形芝居、健康保育、年中行事。

◆補足
幼稚園教育要領の改訂
第1回 1964（昭和39）年（告示化）。
第2回 1989（平成元）年。
第3回 1998（平成10）年。
第4回 2008（平成20）年。
第5回 2017（平成29）年。

◆補足
保育所保育指針の改定
第1回 1990（平成2）年。
第2回 1999（平成11）年。
第3回 2008（平成20）年（告示化）。
第4回 2017（平成29）年。

ます。

1963（昭和38）年に文部省・厚生省の両局長連名通知として出された「幼稚園と保育所との関係について」では、「保育所の持つ機能のうち、教育に関するものは、幼稚園教育要領に準ずることが望ましいこと。このことは、保育所に収容する幼児のうち幼稚園該当年齢の幼児のみを対象とすること」と述べています。このことを受け、「保育所保育指針」の教育に関する記述は、「幼稚園教育要領」にならって記載されました。

その後は「幼稚園教育要領」が改訂されると、約1年後に「保育所保育指針」が改定されるというかたちで相互の整合性が図られてきました。2008（平成20）年の改定は「幼稚園教育要領」と同時期に行われ、**告示***化されたことで、保育所保育に対して強い規範性をもつ基準となりました。

さらに、2017（平成29）年の改定では、3歳未満児の保育に関する記載が充実するとともに総則のなかに「幼児教育を行う施設として共有すべき事項」という項目が設けられ、児童福祉施設である保育所も幼稚園と同じように「幼児教育」を行っていることがわかりやすく明言されました。

このことで、「幼稚園教育要領」と「保育所保育指針」の整合性がさらに高くなったといえます。

> ✳ 用語解説
> **告示**
> 国や地方公共団体が必要な事項を公示すること。告示された「保育所保育指針」はすべての保育所が準拠すべきものとしての規範性を有する。

5. 現代の保育

1 社会の変化と保育ニーズ

わが国が高度経済成長期を迎えた1960年代、女性の社会進出が加速したことを背景に、保護者の就労を支える保育所のニーズが高まりました。「ポストの数ほど保育所を」をスローガンに、各地で保育所建設を要望する運動が起こりました。また、低年齢児の保育に対するニーズも高くなり、都市部を中心に0歳児保育がスタートしたのも同じころです。

その後、さらに男女共同参画社会化が進み、必要とされる保育形態は多様化しています。保育時間の長時間化をはじめとして、休日保育や夜間保育、一時預かり保育、病児・病後児保育、地域子育て支援拠点事業など、幼稚園、保育所等はそれぞれにさまざまな取り組みを行っています。

2 子ども・子育て支援新制度と幼保一体化

2015（平成27）年にスタートした子ども・子育て支援新制度とは、2012（平成24）年成立の「**子ども・子育て関連三法**」に基づく制度のことで、地域の実情にあわせた保育の提供や、子育て支援施策の充実を図ることを目的としています。

誰もが安心して子どもを産み、幼い子どもを育てながらでも安定して働き続けられるように社会全体で子育てを支援していくようなさまざまな改革が行われています。幼稚園と保育所の機能を一体化した、**認定こども園**の普及もその一つです。また、増加する待機児童問題を受けて、新たに地域型保育給付も始まりました。

認定こども園は、日本の保育関係者が長年議論を重ねてきた、「幼保一体化」を実現するものとして期待されています。「保育を必要とする」か否かを問うことなく、0歳から就学前までの教育・保育を一貫して行うことができ、保護者にとっては、就労や生活形態の変化にかかわらず、継続して同じ施設に子どもを通わせることが可能になりました。また、地域型保育では、特に**待機児童**が多い0歳児から2歳児に特化して保育の受け皿を増やし、小規模な保育環境で過ごせるよう配慮されています。

参照
子ども・子育て関連三法 →レッスン8

参照
認定こども園 →レッスン8

参照
待機児童 →レッスン8

演習課題

① 現在発売されている育児雑誌、保育雑誌にはどのような話題が取り上げられているか調べてみましょう。また、過去のものと比較して、記事内容の変化をとらえてみましょう。

② 倉橋惣三の保育思想を次のキーワードを用いて説明してみましょう。
（生活　さながら　中心　充実）

③ 子ども・子育て支援新制度下での保育所、幼稚園、認定こども園、地域型保育施設の違いと、それぞれの特徴を調べてみましょう。

参考文献

レッスン13

荒井洌 『エレン・ケイ 保育への夢――「児童の世紀」へのお誘い』 フレーベル館 2001年

井ノ口淳三 『コメニウス教育学の研究』 ミネルヴァ書房 1998年

岩崎次男編 『近代幼児教育史』 明治図書出版 1979年

梅根悟監修 世界教育史研究会編 『幼児教育史Ⅰ』 講談社 1974年

梅根悟監修 世界教育史研究会編 『幼児教育史Ⅱ』 講談社 1975年

小川正通 『世界の幼児教育――歴史・思想・施設』 明治図書出版 1966年

長田新 『ペスタロッチ（第3版）』 岩波書店 1950年

オスワルト, P.、シュルツーベネシュ, G. 編／平野智美訳 『モンテッソーリ教育学の根本思想――モンテッソーリの著作と活動から』 エンデルレ書店 1974年

乙訓稔 『西洋近代幼児教育思想史――コメニウスからフレーベル』 東信堂 2005年

乙訓稔 「子どもの権利論の系譜と展開――E・ケイとJ・コルチャックを焦点として」『実践女子大学生活科学部紀要』46 2009年 61-71頁

乙訓稔 『西洋近代幼児教育思想史――デューイからコルチャック』 東信堂 2009年

久保いと「イギリス産業革命期の幼児教育（一）――ロバート・オーエン：社会改革と幼児教育」『幼児の教育』69（10） 1970年 64-71頁

児玉衣子 『フレーベル近代乳幼児教育・保育学の研究――フリードリッヒ・フレーベル著『母の歌と愛撫の歌』の教育方法学的検討から』 現代図書 2009年

子安美知子ほか 『シュタイナー教育入門――子どものいのちを育む』 学習研究社 2000年

近藤二郎 『コルチャック先生』 朝日新聞社 1990年

芝野庄太郎 『ロバート・オーエンの教育思想』 御茶の水書房 1961年

荘司雅子 『フレーベルの教育学』 フレーベル館 1955年

荘司雅子 『幼児教育の源流』 明治図書出版 1977年

白川蓉子 『フレーベルのキンダーガルテン実践に関する研究――「遊び」と「作業」をとおしての学び』 風間書房 2014年

鈴木由美子 『ペスタロッチー教育学の研究――幼児教育思想の成立』 玉川大学出版部 1992年

高浦勝義 『デューイの実験学校カリキュラムの研究』 黎明書房 2009年

田口仁久 『イギリス幼児教育史』 明治図書出版 1976年

知野根和子 「ロバート・オーエンの幼児教育について」『教育学雑誌』5 1971年 66-83頁

塚本智宏 『コルチャック子どもの権利の尊重――子どもはすでに人間である』 子どもの未来社 2004年

塚本智弘 「ヤヌシュ・コルチャックの子ども観と子どもの権利尊重の思想――子どもを人間としていかに愛するか」『市立名寄短期大学紀要』40 2007年 49-95頁

津田道夫 『障害者教育の歴史的成立――ルソー・イタール・セガン・モンテッソーリ』 三一書房 1982年

長尾十三二・福田弘 『ペスタロッチ（新装版）』 清水書院 2014年

西平直 『シュタイナー入門』 講談社 1999年

日本ペスタロッチー・フレーベル学会編 『ペスタロッチー・フレーベル事典』 玉川大学出版部 1996年

早田由美子 『モンテッソーリ教育思想の形成過程――「知的生命」の援助をめぐって』 勁草書房 2003年

広瀬俊雄 『シュタイナーの人間観と教育方法――幼児期から青年期まで』 ミネルヴァ書房 1988年

プリューファー, ヨハネス／乙訓稔・廣嶋龍太郎訳 『フリードリヒ・フレーベル――その生涯と業績』 東信堂 2011年

ボイド, ウィリアム／中野善達ほか訳 『感覚教育の系譜――ロックからモンテッソーリへ』 日本文化科学社 1979年

ボードマン, J. H.／乙訓稔訳『フレーベルとペスタロッチ――その生涯と教育思想の

比較』 東信堂 2004年
堀内守 『コメニウスとその時代』 玉川大学出版部 1984年
山田英世 『J.デューイ（新装版）』 清水書院 2016年
ラスク, R. R.／田口仁久訳 『幼児教育史』 学芸図書 1971年
レングボルン, トールビョルン／小野寺信・小野寺百合子訳 『エレン・ケイ教育学の研究──「児童の世紀」を出発点として』 玉川大学出版部 1982年

レッスン14
梅津みちこ 「フレネ教育における幼児教育──『個』の確立と Travail」『聖学院大学論叢』13（2） 2001年 45-61頁
梅津みちこ 「幼児教育における市民的資質形成の基礎・基本に関する一考察──フレネ学校の教育実践が示唆するもの」『聖学院大学論叢』21（3） 2009年 173-190頁
エウセ, ラースロー／谷本一之訳 『コダーイ・ゾルターン──生涯と作品』 全音楽譜出版社 1974年
江島正子 『世界のモンテッソーリ教育』 サンパウロ 2005年
カタリン, フォライ、エルジェーベト, セーニ／羽仁協子ほか訳 『コダーイ・システムとは何か──ハンガリー音楽教育の理論と実践』 全音楽譜出版社 1991年
金子仁 「自然体験が育む幼児の生きる力の形成──森の幼稚園での活動を通して学ぶこと」『育英短期大学幼児教育研究所紀要』13 2015年 23-31頁
菊池誠子 「子どもの感性を育てる教育についての一考察──シュタイナーの人間観と幼児期の教育より」『盛岡大学短期大学紀要』3 1993年 27-33頁
グルネリウス, E. M.／高橋巖・高橋弘子訳 『七歳までの人間教育──シュタイナー幼稚園と幼児教育』 創林社 1984年
子安美知子 『魂の発見──シュタイナー学校の芸術教育』 音楽之友社 1981年
コルチャック, ヤヌシュ, ジョウゼフ, サンドラ編著／津崎哲雄訳 『コルチャック先生のいのちの言葉──子どもを愛するあなたへ』 明石書店 2001年
庄司泰弘 「フリードリヒ・フレーベルの教育遊具の研究（その1）──フリードリヒ・フレーベルの遺稿を中心として」『人間教育の探究』5 1992年 37-54頁
白川蓉子 『フレーベルのキンダーガルテン実践に関する研究──「遊び」と「作業」をとおしての学び』 風間書房 2014年
鈴木昌世 『イタリアの幼児教育思想──アガッツィ思想にみる母性・道徳・平和』 福村出版 2012年
ゾルターン, コダーイ／中川弘一郎編訳 『コダーイ・ゾルターンの教育思想と実践──生きた音楽の共有をめざして』 全音楽譜出版社 1980年
中村紘子 「デンマークの［森の幼稚園］における保育観──［詩的ファンタジー］に着目して」『お茶の水女子大学子ども学研究紀要』4 2016年 79-89頁
猪原和子 「生活から自然な学びへ──フレネ学校の幼児たち」『幼児の教育』102（9） 2003年 16-23頁
ニーダーホイザー, ハンス・ルドルフ／高橋巖訳 『シュタイナー学校のフォルメン線描』 創林社 1983年
馬場結子 「ルドルフ・シュタイナーの幼児教育に関する一考察」『淑徳短期大学研究紀要』50 1993年 69-82頁
船越美穂 「フレーベルの［庭園］に関する人間学的考察」『人間教育の探究』12 1999年 51-79頁
室町さやか 「幼児教育におけるわらべうたの意義と指導法──コダーイ・メソッドに鑑みて」『千葉経済大学紀要』9 2013年 45-54頁
森眞理 『レッジョ・エミリアからのおくりもの = DONI DA REGGIO EMILIA──子どもが真ん中にある乳幼児教育』 フレーベル館 2013年
ヤフケ, フライヤ／高橋弘子監訳, 井手芳弘訳 『シュタイナー幼稚園の遊びと手仕事──生きる力を育む7歳までの教育』 地湧社 2009年
山本理絵・原明子 「資料・翻訳 力強い［子どものイメージ］──レッジョ・エミリア・アプローチの原理（翻訳と解説）」『人間発達学研究』7 2016年 123-135頁

第4章 保育の歴史的変遷と思想

ユーネマン, M.、ヴァイトマン, F.／鈴木一博訳 『シュタイナー学校の芸術教育——6歳から18歳までの美術の授業を中心に』 晩成書房 1988年
百合草禎二 「ドイツ『森の幼稚園』の実践と子どもの発達——森のなかで育つ子ども」『常葉学園短期大学紀要』33 135-165頁
ルーメル, K.ほか 『モンテッソーリ教育——基礎編・応用編』 中央出版社 1980年
レッジョ・チルドレン著、ワタリウム美術館企画・編集／田辺敬子・ 木下龍太郎・辻昌宏・志茂こづえ訳 『子どもたちの100の言葉——レッジョ・エミリアの幼児教育実践記録』 日東書院本社 2012年

レッスン15

上笙一郎・山崎朋子 『日本の幼稚園——幼児教育の歴史』 筑摩書房 1994年
文部省編 『幼稚園教育百年史』 ひかりのくに 1979年

おすすめの1冊

宍戸健夫 『日本における保育園の誕生——子どもたちの貧困に挑んだ人びと』 新読書社 2014年
　この本は、貧しい生活を送っていた子どもたちにも教育・保育を受けさせようと尽力した人々の記録や、そこでいきいきと生活する子どもたちの姿が豊富な史料をもとに描かれている。幼児をいつくしむ保育者の原点が感じられる1冊。

さくいん

●かな

あ
アガッツィ法 ・・・・・・・・・・・・・・ 199
アクティブ・ラーニング ・・ 46, 74, 136
遊び ・・・・・・・・・・・・・・・・・・・・・・ 136
　　──による保育 ・・・・・・・・・・ 41
　　──の機能 ・・・・・・・・・・・・・ 139
アトリエスタ ・・・・・・・・・・・・・・ 197
亜米利加婦人教授所 ・・・・・・・・ 202

い
生きる力の基礎 ・・・・・・・・・・・・・ 64
育児 ・・・・・・・・・・・・・・・・・・・・・・・・ 2
石井十次 ・・・・・・・・・・・・・・・・・・ 100
イタリアの幼児教育 ・・・・・・・・ 196
遺伝要因 ・・・・・・・・・・・・・・・・・・・ 73

う
歌いやすい 5 音階 ・・・・・・・・・・ 193

え
『エミール』 ・・・・・・・・・・・・・・・・ 174
エレン・ケイ ・・・・・・・・・・・・・・ 182
園舎をもたない園 ・・・・・・・・・・ 195
園丁 ・・・・・・・・・・・・・・・・・・・・・・ 126
園庭開放 ・・・・・・・・・・・・・・・・・・・ 21

お
オイリュトミー ・・・・・・・・・・・・ 192
応能負担方式 ・・・・・・・・・・・・・・ 104
オーエン, R. ・・・・・・・・・・・・・・・ 181
オーベルラン, J. F. ・・・・・・・・・ 180
幼稚小学 ・・・・・・・・・・・・・・・・・・ 202
大人の役割 ・・・・・・・・・・・・・・・・ 183
恩物 ・・・・・・・・・・・・・・・・・・・ 99, 178

か
貝原益軒 ・・・・・・・・・・・・・・・・・・・ 99
核家族 ・・・・・・・・・・・・・・・・・・・・・ 31
学制 ・・・・・・・・・・・・・・・・・・・・・・・ 99
香月牛山 ・・・・・・・・・・・・・・・・・・・ 98
学校教育法 ・・・・・・・・・・・・・・・・ 100
家庭的保育事業 ・・・・・・・・・・・・・ 18

家庭保育 ・・・・・・・・・・・・・・・・・・・ 15
ガラクタ博物館 ・・・・・・・・・・・・ 200
環境 ・・・・・・・・・・・・・・・・・・・・ 73, 76
　　──による保育 ・・・・・・・・・・ 43
　　──を通して行う教育 ・・・・ 51
　　──を通しての保育 ・・・・・・ 76
環境構成 ・・・・・・・・・・・・・・・・・・・ 80
環境要因 ・・・・・・・・・・・・・・・・・・・ 73

き
城戸幡太郎 ・・・・・・・・・・・・・・・・ 209
期別指導計画 ・・・・・・・・・・・・・・ 148
教育 ・・・・・・・・・・・・・・・・・・・ 5, 7, 141
居宅訪問型保育事業 ・・・・・・・・・ 16
キルパトリック, W. H. ・・・・・ 184
キンダーガルテン ・・・・・・・・・・ 177

く
倉橋惣三 ・・・・・・・・・・ 54, 126, 208

け
ケアリング・マインド ・・・・・・・ 39
月間指導計画 ・・・・・・・・・・・・・・ 149
言語教育 ・・・・・・・・・・・・・・・・・・ 180

こ
合計特殊出生率 ・・・・・・・・・・・・ 106
子育て ・・・・・・・・・・・・・・・・・・・・・・ 2
子育てサークル ・・・・・・・・・・・・・ 35
子育て支援 ・・・・・・・・・・・・・・ 21, 33
子育て支援センター ・・・・・・・・・ 19
コダーイの器楽教育 ・・・・・・・・ 193
子ども観 ・・・・・・・・・・・・・・・・・・・ 50
子ども・子育て関連三法
　　・・・・・・・・・・・・・・・・・・・ 108, 213
子ども・子育て支援新制度
　　・・・・・・・・・・・・・・・・・・・・ 16, 108
子ども・子育てビジョン ・・・・ 106
子どもの家 ・・・・・・・・・・・・・・・・ 185
子どもの権利 ・・・・・・・・・・・・・・ 188
子どもの人権 ・・・・・・・・・・・・・・・ 22
コメニウス, J. A. ・・・・・・・・・・ 172
　　──の学校教育体系 ・・・・・ 172

5 領域 ・・・・・・・・・・・・・・・・ 62, 122
　　──のねらい ・・・・・・・・・・ 148
コルチャック, J. ・・・・・・・・・・・ 187
今後の子育て支援のための施策の
　基本的方向について（エンゼルプ
　ラン） ・・・・・・・・・・・・・・・・・・ 106
近藤濱 ・・・・・・・・・・・・・・・・・・・・ 203
コンピテンシー ・・・・・・・・・・・・ 133

さ
佐藤信淵 ・・・・・・・・・・・・・・・・・・・ 99
参酌 ・・・・・・・・・・・・・・・・・・・・・・ 104

し
事業所内保育 ・・・・・・・・・・・・・・・ 18
施設保育 ・・・・・・・・・・・・・・・・・・・ 17
自然主義教育（消極教育） ・・・ 175
児童館 ・・・・・・・・・・・・・・・・・・・・・ 18
児童虐待 ・・・・・・・・・・・・・・・・ 11, 32
　　──の分類 ・・・・・・・・・・・・・ 32
指導計画 ・・・・・・・・・・・・・・・・・・ 146
児童憲章 ・・・・・・・・・・・・・・・・・・・ 10
児童権利宣言 ・・・・・・・・・・・・ 10, 13
児童の権利に関する条約 ・・・・・・ 8
『児童の世紀』 ・・・・・・・・・・・・・・ 182
児童福祉施設 ・・・・・・・・・・・・・・・ 20
児童福祉施設の設備及び運営に関
　する基準 ・・・・・・・・・・・・・・・・ 103
児童福祉法 ・・・・・・・・・・・・・・・・・ 84
児童福祉法施行規則 ・・・・・・・・・ 85
自由遊び ・・・・・・・・・・・・・・・・・・・ 41
週間指導計画 ・・・・・・・・・・・・・・ 149
自由作文 ・・・・・・・・・・・・・・・・・・ 194
重点的に推進すべき少子化対策の
　具体的実施計画について（新エ
　ンゼルプラン） ・・・・・・・・・・ 106
12の感覚 ・・・・・・・・・・・・・・・・・・ 192
守孤扶独幼稚児保護会 ・・・・・・ 204
主体的・対話的で深い学び
　→アクティブ・ラーニング
シュタイナー, R. ・・・・・・・・ 186, 191
　　──の音楽教育 ・・・・・・・・ 192
シュタイナー学校 ・・・・・・・・・・ 187

守秘義務・・・・・・・・・・・・・・・・・・・ 22
小1プロブレム・・・・・・・・・・・・・・ 65
小規模保育事業・・・・・・・・・・・・・ 17
少子化社会対策大綱に基づく重点施策の具体的実施計画について（子ども・子育て応援プラン）・・・・・・・・・・・・・・・・・・・・・・・ 106
省令・・・・・・・・・・・・・・・・・・・・・・・・ 206
女子高等師範学校・・・・・・・・・・ 205
新教育運動・・・・・・・・・・・・・・・・ 182
人的環境・・・・・・・・・・・・・・・・・・・ 77
信用失墜行為・・・・・・・・・・・・・・ 86

せ
性格形成新学院・・・・・・・・・・・・ 181
生態学的環境の重層構造・・・・・ 44
世界図絵・・・・・・・・・・・・・・・・・・ 174
全国保育士会・・・・・・・・・・・・・・ 88
全国保育士会倫理綱領・・・・・・ 88
全体的な計画・・・・・・・・・・・・・・ 146

た
『大教授学』・・・・・・・・・・・・・・・・ 172
短期入所生活援助事業・・・・・・ 20

ち
地域子育て支援拠点事業・・・・ 34
地域子育て支援センター ・・・・ 34
勅令・・・・・・・・・・・・・・・・・・・・・・・ 206
直観教授・・・・・・・・・・・・・・・・・・ 173

つ
通告義務・・・・・・・・・・・・・・・・・・ 22

て
デイリープログラム・・・・・・・・ 146
デューイ, J.・・・・・・・・・・・・・・・ 184

と
東京女子師範学校附属幼稚園
・・・・・・・・・・・・・・・・・・・・・ 40, 202
ドキュメンテーション・・・・・・ 197
豊田芙雄・・・・・・・・・・・・・・・ 40, 203

な
中村五六・・・・・・・・・・・・・・・・・・ 207
喃語・・・・・・・・・・・・・・・・・・・・・・・ 67

に
新潟静修学校付設託児所・・・・ 204
日案・・・・・・・・・・・・・・・・・・・・・・・ 149
『人間の教育』・・・・・・・・・・・・・・ 178
人間の成長や発達をもたらす3つの力・・・・・・・・・・・・・・・・・・・ 175
認定こども園・・・・・・・・・・・・・・ 107
──の種類・・・・・・・・・・・・・・ 108
任用資格・・・・・・・・・・・・・・・・・・ 84

ね
ねらい及び内容 ・・・・・・・・・・・ 122
年間指導計画・・・・・・・・・・・・・・ 148

の
ノイホーフ ・・・・・・・・・・・・・・・・ 176
農繁期託児所・・・・・・・・・・・・・・ 204
野口幽香・・・・・・・・・・・・・・・・・・ 99

は
育みたい資質・能力
・・・・・・・・・・・・・・ 65, 74, 120, 133
発達過程・・・・・・・・・・・・・・・ 38, 60
発達の課題・・・・・・・・・・・・・・・・ 55
母親学校・・・・・・・・・・・・・・・・・・ 172
『母の歌と愛撫の歌』・・・・・・・・ 180
ハンガリーの音楽教育 ・・・・・・ 193

ひ
東基吉・・・・・・・・・・・・・・・・・・・・・ 207
秘密保持・・・・・・・・・・・・・・・・・・ 86
ヒル, P. S.・・・・・・・・・・・・・・・・ 184
敏感期・・・・・・・・・・・・・・・・・・・・・ 186

ふ
ファミリー・サポート・センター 20, 35
二葉幼稚園・・・・・・・・・・・・・・・・ 205
フレーベル, F. W. A.・・・・・・・ 177
──の墓碑・・・・・・・・・・・・・・ 177
フレーベル会・・・・・・・・・・・・・・ 206
フレーベル主義・・・・・・・・・・・・ 185
フレネ学校・・・・・・・・・・・・・・・・ 194
プロジェッタツィオーネ ・・・・ 197
ブロンフェンブレンナー, U.・・・・ 43

へ
ペスタロッチ, J. H.・・・・・・・・・ 176
ペタゴジスタ・・・・・・・・・・・・・・ 198

ほ
保育・・・・・・・・・・・・・・・・・・・・・・・ 2
──の「ねらい」・・・・・・・・・ 120
──の方法の7つの視点・・ 165
──の目的 ・・・・・・・・・・・・・ 114
──の目標・・・・・・・・・・ 75, 147
保育教諭・・・・・・・・・・・・・・・・・・ 110
保育士・・・・・・・・・・・・・・・・・・・・・ 84
──資格・・・・・・・・・・・・・・・・ 85
──の業務・・・・・・・・・・・・・・ 84
──の専門性・・・・・・・・・・・・ 87
保育12項目・・・・・・・・・・・・・・・・ 211
保育所の役割・・・・・・・・・・・・・・ 87
保育内容・・・・・・・・・・・・・・・・・・ 128
保育問題研究会・・・・・・・・・・・・ 209
保育要領・・・・・・・・・・・・・・・・・・ 211
保護と教育のための施設・・・・ 180
保姆・・・・・・・・・・・・・・・・・・・・・・・ 203

ま
マクミラン姉妹の保育学校 ・・・・ 181
マズロー, A. H.・・・・・・・・・・・・ 129
松野クララ・・・・・・・・・・・・・・・・ 203

み
未就学児を対象とする施設 ・・・ 108
3つの視点・・・・・・・・・・・・・・・・ 61

め
名称独占・・・・・・・・・・・・・・・・・・ 85

も

森の幼稚園 ・・・・・・・・・・・・・ 195
モンテッソーリ, M. ・・・・・・・・ 185
モンテッソーリ・メソッド ・・・ 186, 189

や

夜間養護等事業・・・・・・・・・・・・ 20

ゆ

遊児廠・・・・・・・・・・・・・・・・・・ 202

よ

養護・・・・・・・・・・・・・・・・ 7, 141
　──と教育の一体性 ・・・・・・・ 7
幼児学校・・・・・・・・・・・・・・・・ 181
幼児期の終わりまでに育ってほしい
　姿・・・・・・・・・・・ 64, 66, 120, 133
幼稚園設置基準・・・・・・・・・・・ 101
幼稚園の目的 ・・・・・・・・・・・・ 117
幼稚園保育及設備規程・・・・・・ 99
幼稚園令・・・・・・・・・・・・・・・・ 100
幼稺遊嬉場・・・・・・・・・・・・・・ 202
幼保連携型認定こども園 ・・・・ 109

り

倫理観・・・・・・・・・・・・・・・・・・ 88

る

ルソー, J. J. ・・・・・・・・・・・・ 174

れ

レッジョ・エミリア・アプローチ ・・・ 45
レッジョ・エミリア市の幼児教育実践
　・・・・・・・・・・・・・・・・・・・・ 196

わ

和田実・・・・・・・・・・・・・・・・・・ 208
わらべうた・・・・・・・・・・・・・・ 193

●欧文

I

ICT ・・・・・・・・・・・・・・・・・・・ 80

P

PDCAサイクル ・・・・・・・・・・ 155

W

well-being ・・・・・・・・・・・・・・ 115

監修者

名須川知子（なすかわ ともこ）　兵庫教育大学 教授

大方美香（おおがた みか）　大阪総合保育大学 学長

執筆者紹介（執筆順、＊は編著者）

戸江 茂博＊（どえ しげひろ）
担当：はじめに、レッスン1、レッスン3第2節、レッスン9

神戸親和女子大学 副学長・教授

主著：『保育原理——保育の本質を探し求めて』（編著）　あいり出版　2013年
『現代保育論——保育の本質と展開（改訂版）』（編著）　聖公会出版　2009年

佐藤 智恵（さとう ちえ）
担当：レッスン2、レッスン3第1節

神戸親和女子大学 准教授

主著：『発達が気になる子どもの行動が変わる——保育者のためのABI（活動に根ざした介入）実践事例集』（共著）　福村出版　2017年
『つながる・つなげる障害児保育——かかわりあうクラスづくりのために』（共著）　保育出版社　2015年

日坂 歩都恵（ひさか ほづえ）
担当：レッスン4、レッスン5

兵庫大学短期大学部 教授

主著：『新・保育原理——すばらしき保育の世界へ（4版）』（共著）　みらい　2018年
『保育者論——教職の学び』（共著）　あいり出版　2015年

三宅 茂夫（みやけ しげお）
担当：レッスン6、レッスン10

神戸女子大学 教授

主著：『新・保育原理——すばらしき保育の世界へ（4版）』（編著）　みらい　2018年
『保育内容総論——保育所・幼稚園の保育内容の総合的理解と実践の探求』（編著）　あいり出版　2013年

大塚 優子（おおつか ゆうこ）
担当：レッスン7、レッスン8

姫路獨協大学 教授

主著：『生活環境学ライブラリー3』（共著）　朝倉書店　2003年
『近代日本政治思想史入門——原典で学ぶ19の思想』（共著）　ミネルヴァ書房　1999年

瀧川 光治（たきがわ こうじ）
担当：レッスン11、レッスン12

大阪総合保育大学 教授

主著：『保育の考え方と実践——その基本を学ぶ』（編著）　久美出版　2005年
『はじめて学ぶ日本児童文学史』（共著）　ミネルヴァ書房　2001年

布村 志保（ぬのむら しほ）
担当：レッスン13、レッスン14

頌栄短期大学 教授

主著：『子どもの心によりそう保育内容総論（改訂版）』（共著）　福村出版　2018年
『子どもの心によりそう保育原理（改訂版）』（共著）　福村出版　2018年

澤田 真弓（さわだ まゆみ）
担当：レッスン15

兵庫大学 准教授

主著：『新版保育と表現』（共著）　嵯峨野書院　2019年
『保育と人間関係』（共著）　嵯峨野書院　2012年

編集協力：株式会社桂樹社グループ
装画：後藤美月
本文デザイン：中田聡美

MINERVA はじめて学ぶ保育①
保育原理

2019年5月30日 初版第1刷発行　　〈検印省略〉

定価はカバーに
表示しています

監修者	名須川 知子
	大方 美香
編著者	戸江 茂博
発行者	杉田 啓三
印刷者	坂本 喜杏

発行所　株式会社　ミネルヴァ書房
607-8494 京都市山科区日ノ岡堤谷町1
電話代表 (075) 581-5191
振替口座 01020-0-8076

©戸江ほか, 2019　　冨山房インターナショナル

ISBN978-4-623-07962-9
Printed in Japan

名須川知子／大方美香 監修
MINERVAはじめて学ぶ保育

全12巻／B5判／美装カバー

① 保育原理　　　　　　　　　　　　戸江茂博 編著　本体2200円

② 教育原理　　　　　　　　　　　　三宅茂夫 編著

③ 保育者論　　　　　　　　　　　　山下文一 編著　本体2200円

④ 保育の計画と評価　　　　　　　　卜田真一郎 編著

⑤ 保育内容総論──乳幼児の生活文化　鈴木裕子 編著　本体2200円

⑥ 保育内容の指導法　　　　　　　　谷村宏子 編著　本体2200円

⑦ 乳児保育　　　　　　　　　　　　馬場耕一郎 編著　本体2200円

⑧ 乳幼児心理学　　　　　　　　　　石野秀明 編著

⑨ インクルーシブ保育論　　　　　　伊丹昌一 編著　本体2200円

⑩ 保育所・幼稚園・幼保連携型認定こども園実習
　　　　　　　　　　　　　　　　　亀山秀郎 編著　本体2200円

⑪ 施設実習　　　　　　　　　　　　立花直樹 編著　本体2200円

⑫ 子育て支援　　　　　　　　　　　伊藤 篤 編著　本体2200円

———— ミネルヴァ書房 ————　（定価のないものは続刊）
http://www.minervashobo.co.jp/